PROLÉGOMÈNES À LA PHILOSOPHIE DE PLATON

COLLECTION DES UNIVERSITÉS DE FRANCE
publiée sous le patronage de l'ASSOCIATION GUILLAUME BUDÉ

PROLÉGOMÈNES À LA PHILOSOPHIE DE PLATON

TEXTE ÉTABLI
PAR
L. G. WESTERINK
Professeur à l'Université de New York à Buffalo

TRADUIT
PAR
J. TROUILLARD

AVEC LA COLLABORATION
DE
A.-PH. SEGONDS
Directeur de recherche au CNRS

Quatrième tirage

PARIS
LES BELLES LETTRES
2023

Conformément aux statuts de l'Association Guillaume Budé, ce volume a été soumis à l'approbation de la commission technique, qui a chargé M. A.-Ph. Segonds d'en faire la révision et d'en surveiller la correction en collaboration avec M. L. G. Westerink.

95 boulevard Raspail, 75006 Paris
www.lesbelleslettres.com

Premier tirage 1990

ISBN : 978-2-251-00412-9
ISSN : 0184-7155

INTRODUCTION

I. Les prolégomènes à la philosophie de Platon[1]

Tant qu'il y a eu des cours de philosophie platonicienne, il a dû y avoir, sous une forme ou sous une autre, des introductions à ces cours. Les introductions que l'Antiquité nous a transmises sont inégalement réparties dans les siècles. La plupart d'entre elles datent de l'époque médio-platonicienne : l'*Isagoge* d'Albinus[2] (sur le dialogue comme genre littéraire et sur la classification des œuvres de Platon), l'*Epitome* ou *Didascalicus* d'Alcinous[3] (exposé sommaire de philosophie platonicienne), le *Liber de Platone et ejus dogmate* d'Apulée[4] (qui

1. Pour les principales abréviations, voir *infra*, p. XCV-XCIX.

2. On trouvera le texte de l'*Isagoge* d'Albinus dans l'*Appendix platonica* publiée par C. F. Hermann (*Platonis dialogi*, VI, Lipsiae, 1853), p. 147-151. Signalons qu'il existe une traduction française de ce texte due à R. Le Corre dans la *Revue Philos.* 81 (1956), p. 28-38.

3. Voir J. Whittaker, 'Parisinus graecus 1962 and the writings of Alcinous', *Phoenix* 28, 1974, 320-354 ; 450-456 ; id., 'Platonic Philosophy in the Early Centuries of the Empire', *ARNW* 36, 1, p. 81-123 (83-102). Le premier article est maintenant repris dans *Studies in Platonism and Patristic Thought*, London, Variorum Reprints, 1984. On trouvera une nouvelle édition du texte d'Alcinous avec une nouvelle traduction française du texte dans la coll. Budé, Paris, 1990 par J. Whittaker et P. Louis.

4. Voir l'édition de J. Beaujeu, *Apulée. Opuscules philosophiques et fragments*, Paris, 1973, p. 49-107, ainsi que la monographie de C. Moreschini, *Studi sul* 'De dogmate Platonis' *di Apuleio*, Pisa, 1966 (le même auteur prépare une nouvelle édition du texte dans la coll. Teubner, Stuttgart) ; voir encore S. Gersh, *Middle Platonism and Neoplatonism. The Latin Tradition*, 2 vol., Notre-Dame, 1986, p. 215-328.

commence par une biographie aussi sommaire et incomplète que l'exposé de la philosophie, qui suit) et le 3e livre de Diogène Laërce[5], qui contient une vie de Platon, une introduction aux dialogues et une doxographie. Les deux introductions restantes appartiennent au VIe siècle : la *Vie de Platon* qui occupe la place d'une introduction générale dans le *Commentaire de l'Alcibiade* d'Olympiodore, et les *Prolegomena* transmis par le *Vindobonensis phil. gr. 314,* que l'on désignait autrefois comme *Auctor Heerenii,* d'après le nom du premier éditeur de la vie de Platon, qui forme le premier chapitre. Le texte complet de ces prolégomènes a été édité pour la première fois par C. F. Hermann dans l'*Appendix platonica* ; puis séparément avec une traduction anglaise par L. G. Westerink[6].

Bien avant ces éditions, notre anonyme avait été identifié avec Olympiodore par P. Lambecius[7], qui soulignait l'affinité entre les deux biographies de Platon. Un examen systématique de la question fut entrepris par L. Skowronski dans une thèse de Breslau[8], où il rassembla un nombre considérable de parallèles en plus de ceux qui se trouvent dans la *Vie de Platon,* et bien que seule la première partie du livre ait été publiée, l'auteur ne laisse planer aucun doute sur le fait que, pour lui, Olympiodore était bien l'auteur des *Prolegomena.* C'était aussi l'avis de W. Norvin qui, en 1936, annonçait une nouvelle édition du texte[9], mais

5. Ce livre de Diogène Laërce a été publié séparément et richement annoté par H. Breitenbach, Fr. Buddenhagen et alii dans *Iuuenes dum sumus*, Basel, 1907.

6. *Anonymous Prolegomena to Platonic Philosophy*, Introduction, Text, Translation and Indices. L. G. Westerink, Amsterdam, 1962, LII-70 p.

7. Cf. P. Lambecius, *Commentationes Aug. Bibliothecae Caesareae Vindobonensis*, VII, Vienne, 1675, p. 129.

8. L. Skowronski, *De auctoris Heerenii et Olympiodori Alexandrini scholis cum universis tum iis singulis quae ad vitam Platonis spectant capita selecta*, Vratislaviae 1884.

9. *Olympiodorus, In Platonis Gorgiam*, ed. W. Norvin, Leipzig 1936, p. I.

qui n'eut pas le temps d'accomplir sa promesse. En revanche, la thèse n'est pas admise par R. Beutler dans l'article *Olympiodoros*[10] de la *Realencyclopädie,* en raison de certains désaccords que Skowronski avait déjà relevés, mais qu'il n'avait pas jugés décisifs.

Depuis la publication de l'étude de Skowronski, il y a maintenant un siècle, les *Commentaria in Aristotelem graeca* ont tous été publiés, et nous sommes maintenant mieux informés sur le dernier siècle de l'École d'Alexandrie, et mieux à même de juger des méthodes d'enseignement alors en usage et des relations entre les générations successives de professeurs. A soi seul c'est déjà une raison suffisante pour un réexamen approfondi de la question.

Les faits suivants peuvent être considérés comme définitivement acquis : (1) les *Prolegomena* ne sont pas un traité composé pour être publié, mais des notes de cours, comme le montrent le titre tel qu'il est donné dans la table des chapitres (28.1-2 Προτέλεια τῆς συναναγνώσεως), une référence à la discussion des *Seconds Analytiques* (5.18) et surtout le type de fautes que l'on rencontre et dont beaucoup ne peuvent être expliquées comme des fautes de copiste[11] ; (2) le professeur dont on a ici les leçons est postérieur à Proclus (25.5-6 ; 26.7) et doit avoir appartenu à l'école d'Alexandrie car, alors qu'on trouve à chaque instant des liens avec Ammonius et Olympiodore, on ne voit rien qui le mette en rapport avec l'Académie du VIe siècle (Damascius).

Je vais donc passer en revue les représentants connus de l'école d'Alexandrie depuis le temps de Proclus : Hermias, Ammonius, Eutocius, Olympiodore, Élias, David et Étienne[12]. Les détails biographiques sur ces

10. *RE* XVIII 1 [1939], col. 219-220.

11. Erreurs sur des titres de dialogue : 2.31 ; 38 ; 27.15-16 ; erreurs sur des noms de personne : 4.5, 31 ; autres inexactitudes : 2.34-35 ; 3.12 ; 4.29-30 ; 5.19 ; 32-34 ; 58-59. Voir aussi *infra*, p. LXXI-LXXII.

12. Cf. mon introduction à Élias, *Sur les premiers Analytiques* dans *Mnemosyne*, S. IV, vol. 14 (1961), p. 126-139 (repris maintenant dans *Texts and Studies in Neoplatonism and Byzantine Literature*, Amsterdam 1980, p. 59-72).

auteurs sont rares ; il est cependant possible, dans certains cas, d'obtenir des informations plus exactes que celles qu'on trouve dans les manuels. En outre, la question de connaître ceux qui parmi eux ont enseigné la philosophie platonicienne, leur attitude à l'égard du Christianisme, sont aussi des problèmes qui méritent examen.

II. L'école d'Alexandrie après Hermias

Hermias, le premier professeur d'Alexandrie à considérer, a aussi été le premier à introduire la doctrine de l'École d'Athènes à Alexandrie. C'est du moins ce que nous laisse supposer le fait qu'il fut élève de Syrianus ; en réalité rien n'est connu de son enseignement, car le *Commentaire du Phèdre* que nous possédons sous son nom n'est qu'un ensemble de notes non révisées prises au cours de Syrianus sur ce dialogue[1]. Damascius le présente comme industrieux et généreux, mais limité[2]. La possibilité qu'il ait quoi que ce soit à faire avec les *Prolegomena* est faible, car on conçoit mal qu'il ait pu se référer à son camarade d'études plus jeune, Proclus, en l'appelant 'le divin Proclus', et il était mort bien avant que Proclus eût atteint le statut de grand homme. Sa femme, Aedesia, était une parente de Syrianus, qui l'avait d'abord destinée à Proclus, jusqu'à ce qu'un avertissement divin

1. K. Praechter, *Byz. Zeitschr.* 18 (1909), p. 524 et n. 4. La suggestion faite par A. Bielmeier (*Die neuplatonische Phaidrosinterpretation*, Paderborn 1930, p. 33-35), selon qui Hermias aurait inséré des extraits tirés du commentaire de Jamblique, requiert d'autres preuves. — Signalons que la réimpression de l'éd. Couvreur, due à C. Zintzen (Hildesheim 1971), est pourvue d'un petit *index verborum*.

2. Cf. *Vita Isidori*, éd. C. Zintzen (Hildesheim, 1967), p. 100.9-12. On trouvera une traduction française commode des parties transmises par Photius de la *Vie d'Isidore* dans Photius, *Bibliothèque*, éd. R. Henry, Paris, t. II, *cod.* 181, p. 189-192 et t. VI, *cod.* 242, p. 8-56.

empêche le mariage. Hermias et Aedesia eurent au moins trois fils : un fils aîné qui mourut à l'âge de sept ans, puis Ammonius et Héliodore[3].

Comme Proclus est arrivé à Athènes en 432, la date la plus basse pour la naissance d'**Ammonius** se situe *ca.* 435 ; il est probable même qu'il faut la reporter quelques années plus tard ; d'un autre côté, Syrianus était sans doute pressé d'établir sa belle pupille, car Aedesia n'était alors plus toute jeune, selon les canons de l'époque en tout cas. Elle était 'une vieille dame'[4] entre 470 et 475, lorsque le jeune et précoce Damascius fit sa connaissance à Alexandrie ; à quelque temps de là, il récita une poésie lors de ses obsèques. Tout cela fait de 445 un *terminus ante quem* pour la naissance d'Ammonius. P. Tannery[5] a présenté des arguments pour établir qu'il était probablement encore vivant en 517, lorsque Philopon publia le cours sur la *Physique* d'Aristote. Ses arguments sont confirmés par le fait qu'Olympiodore, dont le *Commentaire des Météorologiques* est postérieur à 565, peut difficilement avoir suivi ses cours sur le *Gorgias* avant 515. Si Asmus[6] a raison de soupçonner que lorsque Damascius écrivait sa *Vita Isidori,* Ammonius était mort, on doit alors placer sa mort entre 517 et 526.

Le seul livre sorti de la plume d'Ammonius qui subsiste est son *Commentaire du De interpretatione* ; c'est aussi, semble-t-il, le seul livre de grande dimension qu'il ait jamais écrit, bien qu'il ait, à l'occasion, eu recours

3. *Ibid.*, p. 106.1-108.8 ; 109.7-9 (voir aussi 100.7-8).

4. γραῦν γυναῖκα, *ibid.* p. 109.7-9.

5. «Sur la période finale de la philosophie grecque» dans *Revue philosophique* 42 (1896), p. 274-275 (repris dans *Mémoires scientifiques*, t. 7, Toulouse-Paris 1925, p. 223-224).

6. *Das Leben des Philosophen Isidoros von Damaskios aus Damaskos*, Leipzig 1911, p. 186 (note à propos de 110.22 = 250.2-3 Zintzen). Sur la datation de la *Vie d'Isidore*, cf. L. G. Westerink - J. Combès, *Damascius. Traité des premiers principes*, t. I, Paris 1986, p. XXXV-XXXVI (avant 526) ; voir aussi V. Trabattoni, «Per una biografia di Damascio» dans *Riv. di storia della filosofia*, 40 (1985), p. 179-201.

au commode μονόβιβλος pour développer ses idées sur quelque question particulière, comme Proclus l'avait fait avant lui et comme le fera après lui Damascius. C'est à ce genre littéraire qu'appartiennent son traité sur *Phédon* 69 D 4-6, où il défendait Platon contre l'accusation de scepticisme[7]; un autre sur les syllogismes hypothétiques[8]; et probablement un ouvrage sur la théologie d'Aristote, cité par Simplicius[9]. Dans l'ensemble, cependant, M. Richard[10] a raison de dire qu'Ammonius n'aimait pas écrire et préférait laisser la publication de ses cours à ses étudiants. Trois de ces publications portent le nom d'Ammonius *(Isagoge, Catégories, Premiers Analytiques)*, deux celui d'Asclépius (*Métaphysique,* et *Introduction arithmétique* de Nicomaque), et huit celui de Philopon (*Catégories, Premiers* et *Seconds Analytiques, Physique, De generatione et corruptione, Météorologiques, De anima,* et une édition révisée du cours sur Nicomaque). Philopon mit par écrit ses propres notes (ou celles d'un camarade d'études) et ajouta 'quelques observations de son cru', comme le précisent d'ordinaire les titres de ses éditions ; Asclépius, n'ayant rien à ajouter de son fond propre, a mélangé ses notes de cours sur la *Métaphysique* avec des extraits d'Alexandre, mais seulement en ce qui concerne le 3e livre — les livres Δ, E et Z étant, apparemment, du pur Ammonius.

La réputation d'Ammonius comme commentateur repose entièrement sur ses travaux aristotéliciens. Damascius dit déjà qu'Aristote était sa spécialité[11];

7. Ol. *In Phd.* 8 § 17.6-7.

8. Amm. *In Anal. pr.* 67.32-69.28.

9. *In Arist. de caelo* 271.13-21 ; *In Arist. phys.* 1363.8-12.

10. 'Απὸ φωνῆς dans *Byzantion* 20 (1950), p. 192 (repris dans *Scripta minora*, 3 vol., Turnhout-Louvain, t. III, No. 60).

11. *V. Isid.* p. 110.1-2 : μᾶλλον δὲ τὰ 'Αριστοτέλους ἐξήσκητο. Sur l'œuvre 'scientifique' d'Ammonius, cf. O. Neugebauer, *A History of Ancient Mathematical Astronomy* (Studies in the History of Mathematics and Physical Sciences 1), Berlin-New York, 3 vol. 1975, t. II, p. 1037 ; on trouvera aussi une notice sur Héliodore, p. 1038-1041.

outre des préférences personnelles, un souci de précaution peut avoir joué un certain rôle ici, mais rien ne prouve que cette prudence ait pu prendre tant d'importance qu'elle ait causé une rupture dans la tradition platonicienne à Alexandrie. A une date indéterminée entre 475 et 485 Damascius avait suivi un cours de philosophie platonicienne donné par Ammonius[12], et environ quarante ans plus tard Olympiodore suivit un cours du vieil homme sur le *Gorgias*[13]. Asclépius se réfère à des cours sur la philosophie platonicienne en général[14] et à une discussion du *Théétète* en particulier[15]. Cela laisse peu de chance à l'hypothèse[16] selon laquelle le pacte qu'il conclut avec le Patriarche Athanase II (*ca.* 489-496)[17] l'aurait obligé à se borner à l'explication d'Aristote. Si rien n'a survécu de son interprétation de Platon, la raison en est, sans aucun doute, que la production de l'école d'Athènes était regardée comme beaucoup plus importante : tout comme, inversement, les commentaires de Proclus sur Aristote n'ont laissé que peu de traces[18].

12. *Ibid.* p. 111.10-11.
13. Ol. *In Gorg.* p. 199.8-10.
14. *In Met.* 77.4.
15. *Ibid.* 70.31.
16. H. D. Saffrey, «Le chrétien Jean Philopon et la survivance de l'école d'Alexandrie» dans *REG* 67 (1954), p. 400-401.
17. Damascius, *V. Isid.*, p. 250.2-3 et 251.12-14, deux extraits provenant de Photius et dont l'un donne le nom du Patriarche Athanase II. Étant donné que le contexte paraissait se rapporter à la persécution des philosophes pendant la rebellion d'Illus (484-488), R. Asmus (*Byz. Zeitschr.* 18 [1909], p. 469-470), en concluait qu'il devait s'agir d'une erreur pour Pierre III Monge (482-489); par suite C. Zintzen dans son édition condamne le nom d'Athanase dans le texte (p. 250.2-3). Cependant le nom doit provenir de Damascius, et le fait que l'ouvrage était rempli de digressions rend toute inférence à partir d'un contexte extrêmement hasardeuse; on doit en particulier souligner que le motif attribué à Ammonius était non pas la peur mais l'appât du gain (Ἀμμώνιος αἰσχροκερδὴς ὢν καὶ πάντα ὁρῶν εἰς χρηματισμὸν ὁντιναοῦν ...).
18. Proclus sur l'*Isagoge* : cf. Asclep. *In Met.* 142.36-37; introduction aux *Catégories* : Élias, *In cat.* 107.24-26; cours sur le *De interpretatione* : Ammonius, *De int.* 1.6-11; cf. 181.30-32;

Quelle qu'ait été la nature des concessions faites par Ammonius, elles doivent avoir été considérables au point de le faire paraître comme un renégat aux yeux de Damascius, qui rapporte l'épisode avec un amer mépris. L'explication la plus vraisemblable est qu'Ammonius avait promis de faire silence sur certaines doctrines essentielles, contraires à la fois chrétienne (en particulier l'éternité ou la divinité du monde). Une remarque incidente dans le *Commentaire du De anima* de Philopon va dans le même sens : «Bien qu'elle [*scil.* l'âme] puisse être forcée par des tyrans à professer une doctrine impie, elle ne peut néanmoins jamais être contrainte à donner un assentiment intime et à croire[19]», point de vue peu héroïque, qui semble plutôt l'expression de sentiments personnels qu'une formule toute faite. Aussi longtemps, évidemment, qu'on n'est pas parvenu à faire le départ, dans les commentaires de Philopon, entre ses observations personnelles et la simple transcription de notes de cours, il est hasardeux d'utiliser Philopon comme une source relative à l'enseignement d'Ammonius. Il y a, assurément, une phrase occasionnelle qui rend un son chrétien[20]; ailleurs, on reconnaît croire en un dieu qui opère des miracles[21] et, fait plus important, dans le *Commentaire des Météorologiques,* un effort considérable est fait pour éliminer le cinquième élément[22] et, par implication, l'éternité des cieux. En règle générale, cependant, Philopon répète objectivement et sans aucun commentaire les opinions tranchées d'Ammonius sur des problèmes comme l'éternité du monde,

Étienne, *De int.* 46.25-47.12; sur les *Premiers analytiques* : Philop. *In anal. pr.* 40.30-31, cf. 31.24; 39.2; sur les *Seconds analytiques* : Philopon, *In anal. post.* 111.31-112.36.

19. *De an.* 104.21-23.

20. *In cat.* 126.29-31.

21. *Ibid.* 169.19 (cf. El. 242.11); la remarque ne figure pas dans Amm. *In cat.*

22. Voir maintenant l'ouvrage de C. Wildberg, *John Philoponus' criticism of Aristotle' s theory of aether* (Peripatoi, 16), Berlin, 1988.

l'âme du monde, la préexistence et la réincarnation de l'âme humaine. Toutes ces thèses, qui étaient les questions qui séparaient alors chrétiens et païens, sont abordées aussi dans le cours sur la *Métaphysique,* mais Asclépius, soit par conviction soit par prudence, s'arrange toujours pour faire savoir qu'il ne fait que rapporter l'enseignement d'Ammonius[23]. En ce qui concerne Ammonius lui-même, il est évident que son accord avec le Patriarche, quels qu'aient pu en être les termes, ne peut avoir eu d'influence notable sur son enseignement : vingt ans plus tard, il continuait de donner des cours sur Platon et de développer des vues peu orthodoxes même dans ses cours sur Aristote, qui doivent avoir été donnés devant un auditoire plus nombreux et plus mêlé que ceux sur Platon. Le dialogue intitulé *Ammonius,* dû à Zacharie de Mitylène, reflète la réaction d'au moins un étudiant chrétien devant cette croyance persistante à l'éternité du monde[24]. Cela semble indiquer, en premier lieu, que la situation des païens était devenue plus facile vers 520 qu'un quart de siècle plus tôt.

Olympiodore appelle Ammonius son πρόγονος, et bien qu'il faille peut-être rappeler ici l'explication selon laquelle Olympiodore voulait simplement appeler Ammonius grand-père ou arrière-grand-père, néanmoins

23. *In Met.* 89, 4-5 : εἰ δὲ ἀίδιος, *ὥς φασιν,* ὁ κόσμος. 90, 27-28 : *ὡς ὁ ἡμέτερος φιλόσοφος ἔφασκε,* περὶ τῆς τοῦ κόσμου ψυχῆς λέγει. 171, 9-11 : ἔστι δὲ καὶ νοητὴ ἰατρική, ὁ λόγος ὁ παρὰ τῷ δημιουργῷ, *φησί,* καθ' ὃν λόγον ἐστὶν ὁ κόσμος, *ὥς φησιν,* ἄνοσος καὶ ἀγήρως. 186, 1-2 : ὥστε κατ' οὐσίαν μὲν φθαρτός ἐστι ὁ οὐρανός, διαρκεῖ δέ, *φησίν,* ἐπιναόμενος ἐκ τῆς μιᾶς τῶν πάντων ἀρχῆς, μέχρις ὅτε ἐπινάεται. 194, 23-26 : ... διὰ μέσων τῶν οὐρανίων, ἅτινα, *φησί,* καὶ αὐτὰ ἀίδια ὑπάρχουσιν, ἀλλ' οὐκέτι ἔχουσι τοιαύτην ἀϊδιότητα. Κατὰ μὲν γὰρ τὴν οὐσίαν, *φησίν,* ἀίδια τὰ οὐράνια, κατὰ δὲ τὴν ἐνέργειαν οὐκέτι ἀίδια. 226, 12-15 : εἰ γὰρ πάντα, *φησί,* προάγει διὰ τὴν γόνιμον αὐτοῦ δύναμιν καὶ οὐ δεῖται χρόνου, ἀλλὰ χωρὶς πάσης μεταβολῆς, τί, *φησί,* δεῖ λέγειν ὅτι ἤρξατο ἀπό τινος χρόνου παράγειν ; οὐ γὰρ καλῶς λέγουσιν, ὡς δέδεικται, *φησίν,* ἐν ἄλλοις.

24. Voir l'édition de M. Minniti Colonna, *Zacaria Scolastico, Ammonio,* Introduzione, testo critico, traduzione, commentario, Napoli 1973.

l'explication habituelle qu'il y eut un professeur entre eux, est la plus évidente[25]. Selon toute vraisemblance le successeur direct d'Ammonius a été le mathématicien **Eutocius,** qui, d'après Elias[26], donna un cours sur l'*Organon* d'Aristote. **Philopon** n'a jamais occupé la chaire, puisqu'il reçoit toujours le titre de γραμματικός (professeur de grammaire)[27] et jamais celui de φιλόσοφος. H. D. Saffrey[28], qui a fait remarquer qu'il y avait probablement un lien entre la fermeture de l'école d'Athènes en 529 et la publication de l'ouvrage de Philopon, *Contre Proclus sur l'éternité du monde,* la même année, pense que Philopon peut avoir eu dans l'école une position semi-officielle, en qualité d'éditeur des cours d'Ammonius : en ce cas, son ouvrage aurait eu pour but de rassurer les autorités sur les opinions religieuses de l'école. Il est également possible, cependant, que Philopon ait écrit l'ouvrage pour son propre

25. Ol. *In meteor.* 153.7 ; cf. l'emploi de προπάτωρ par Proclus, *In Parm.* VI 1058.22 (cf. Marinus, *Proclus,* 29) pour désigner Plutarque d'Athènes.

26. *In Arist. anal. pr.* 134.4-5 (de l'éd. citée *supra,* p. IX et n. 12) ; cf. *ibid.,* p. 130. Élias y examine une question qui, sans avoir beaucoup d'intérêt, était néanmoins de rigueur : à quel point du cours faut-il poser la question de savoir si la logique est une partie de la philosophie, ou bien son instrument ? Est-ce dans l'introduction à l'*Isagoge* (Eutocius) ou plutôt dans celle aux *Analytiques* (Alexandre) ? La même question est soulevée, en des termes à peu près identiques, par David, *Sur les Analytiques,* texte arménien, p. 54 Arevchatian (*infra,* p. XXXVII et n. 102). Un extrait du commentaire d'Eutocius sur l'*Isagoge* (p. 2.10-11) se trouve chez Aréthas, *In Isagogen* dans le *Vat. Urb. gr.* 35, f. 4r, ligne 9 (texte inédit ; éd. en préparation par M. Share).

27. Sur la profession de grammairien dans l'Antiquité, voir R. A. Kaster, *Guardians of Language : The Grammarian and Society in Late Antiquity* (The Transformation of Classical Heritage, XI), Berkeley, 1988, où l'on trouvera une notice sur Philopon, p. 334-338.

28. *Art. cit., supra* p. XIII et n. 16. Philopon continue la polémique dans son *Contre Aristote sur l'éternité du monde,* dont les fragments ont été rassemblés et traduits récemment par Chr. Wildberg, *Philoponus, Against Aristotle on the Eternity of the World,* London, 1987. Sur la date de l'ouvrage, cf. *ibid.,* p. 24.

compte, pour désavouer son allégeance antérieure à l'école qui, par la suite, sous Olympiodore, confessa son paganisme plus ouvertement qu'elle n'avait osé le faire sous Ammonius[29].

La naissance d'**Olympiodore** doit être placée avant 505, autrement il n'aurait pu être l'élève d'Ammonius, et après 495 (ou en tout cas peu avant), étant donné qu'il enseignait encore en 565. De ses trois commentaires de Platon (*Alcibiade, Gorgias* et *Phédon*) et des deux sur Aristote (*Catégories* et *Météorologiques*), seul celui sur les *Météorologiques* peut être daté avec certitude d'après 565[31] ; un commentaire anonyme sur Paul d'Alexandrie (le Ps.-Héliodore), écrit en 564, représente aussi très vraisemblablement un cours donné par Olympiodore[32]. Les indices de datation dans le *Commentaire de l'Alcibiade* sont contradictoires. F. Creuzer[33] croyait que le cours avait été donné avant 529, en s'appuyant sur le fameux passage relatif aux biens de l'Académie : « Peut-être Platon refusait-il tout salaire parce qu'il était un

29. Sur la position religieuse de Philopon cf. le travail considérable (malheureusement encore inédit) de K. L. Verrycken, *God en Wereld in de Wijsbegeerte van Ioannes Philoponus,* 3 vol., Leuven 1985 (diss.) et R. Sorabji [ed.], *Philoponus and the Rejection of Aristotelian Science,* London 1987.

30. Notice générale sur Olympiodore dans L. G. Westerink, *The Greek Commentaries on Plato's Phaedo,* vol. I, p. 20-29.

31. *In meteor.* 51.30-53.2.

32. Cf. J. Warnon, « Le commentaire attribué à Héliodore sur les ΕΙΣΑΓΩΓΙΚΑ de Paul d'Alexandrie » dans *Rercherches de Philol. et de Linguistique* (Louvain 1969), p. 197-217 ; L. G. Westerink, « Ein astrologisches Kolleg aus dem Jahre 564 » dans *Byz. Zeitschr.* 64 (1971), p. 6-21 (= *Texts and Studies in Neoplatonism ...*, p. 279-294).

33. Dans son édition d'Olympiodore, *In Alc.* (Frankfurt 1821), p. XIV. Sur la question en général, il existe trois articles par A. Cameron : « The End of the Ancient Universities » dans *Cahiers d'Histoire Mondiale* 10 (1967), p. 653-673 ; « The Last Days of the Academy at Athens » dans *Proceedings of the Cambridge Philological Society,* 195 (1969), p. 7-29 ; « La fin de l'Académie » dans *Le Néoplatonisme,* Coll. CNRS, Paris 1971, p. 281-290. Le second article est reproduit dans A. Cameron, *Literature and Society in the Early Byzantine World,* Variorum Reprints, Londres 1985.

homme riche ; c'est pourquoi la dotation a été préservée jusqu'à présent, et ce en dépit des multiples confiscations qui ont lieu »[34]. Je ne puis comprendre l'objection de E. Zeller[35], pour qui les διαδοχικά peuvent désigner le salaire d'un professeur de philosophie dans n'importe quelle ville. La remarque d'Olympiodore n'a de signification que si elle se réfère à la richesse de l'École d'Athènes. L'argument d'Olympiodore avait été soutenu auparavant et avait reçu une réponse de la part de Damascius[36], qui explique que, contrairement à l'opinion courante, les biens de l'Académie ne provenaient pas de la fortune privée de Platon, mais de legs faits par les amis et les bienfaiteurs de l'École au cours des siècles. Cette discussion jette un jour curieux sur les relations entre l'École d'Athènes, fière de son indépendance financière, et l'université d'Alexandrie, dont les professeurs dépendaient des salaires versés par la Cité et des droits de scolarité payés par les étudiants[37] ; elle fournit aussi l'arrière-plan des remarques peu aimables de Damascius sur la prétendue avarice d'Ammonius.

La raison qu'avait Zeller pour défendre une date tardive pour le commentaire était l'intervalle de près de quarante ans qu'il aurait fallu mettre entre le *Commentaire de l'Alcibiade* et celui des *Météorologiques*. Ce n'est pas une objection recevable, car Olympiodore peut fort bien avoir accédé au professorat avant 530, mais il y a d'autres difficultés chronologiques. Dans la biographie

34. *In Alc.* 141.1-3 : διὸ καὶ μέχρι τοῦ παρόντος σῴζονται τὰ διαδοχικά, καὶ ταῦτα πολλῶν δημεύσεων γινομένων.

35. *Philosophie der Griechen,* III 2⁵, Leipzig 1923 (réimpr. Hildesheim 1963), p. 917-919.

36. *V. Isid.*, p. 212.1-5 = p. 213.8-14. Il faut remarquer que Damascius identifie l'Académie avec l'école athénienne du VIe siècle, comme le fait A. Cameron. Mme Hadot (*Le problème du néoplatonisme alexandrin,* Paris 1978, p. 33) a fait remarquer que c'était là une erreur du point de vue archéologique, c.-à-d. en ce qui concerne le site. Néanmoins l'institution était considérée comme étant la même, et c'est de cette façon que Damascius comprenait son titre de διάδοχος Πλατωνικός.

37. Cf. Ol. *In Gorg.* 224.20-24 ; 225.19-21 ; 225.24-26.

de Platon qui occupe le début de son *Commentaire de l'Alcibiade,* Olympiodore raconte comment Hephaestus fut accueilli comme gouverneur d'Alexandrie par un grammairien, un certain Anatolius. Il fait clairement allusion à un événement qui s'était produit quelques années plus tôt : «*un certain* Anatolius, un grammairien, s'acquit *un jour* un succès considérable en citant ce vers [*Il.* XVIII 392] en l'honneur d'Hephaestus, alors qu'il faisait son entrée comme gouverneur de la ville»[38]. Hephaestus aussi bien qu'Anatolius sont mentionnés par d'autres contemporains. Hephaestus est présenté par Procope dans les *Anecdota*[39] comme une créature méprisable de Justinien, qui avait commencé sa carrière comme avocat (ῥήτωρ) et qui, par la suite, en qualité d'Augustalis d'Égypte, fut responsable du monopole du blé et de la confiscation du fonds d'aide aux pauvres créé par Dioclétien. Jean Lydus[40] le connut comme ὕπαρχος τῶν πραιτωρίων à Constantinople, et c'est Hephaestus qui fit le discours lorsque Jean quitta le service en 551. Il nous apprend aussi ce détail intéressant qu'Hephaestus provenait d'une famille égyptienne noble et qu'il descendait du premier des Pharaons, l'Hephaestus-Ptah mentionné par Diodore (I 13, 3). On rencontre, d'autre part, un grammairien du nom d'Anatolius dans la *Topographie chrétienne* de Cosmas Indicopleustès : c'est à sa demande que Cosmas ajoute un 7e livre sur l'éternité des cieux, peu après 547[41]. Bien qu'il soit toujours possible qu'il s'agisse

38. *In Alc.* 2.80-82. Sur Anatolius, voir R. A. Kaster, *op. cit.,* p. 242.

39. *Anecdota* 26.35-44. Cf. L. Cantarelli, «La serie dei Prefetti di Egitto», III, dans *Atti della R. Accademia dei Lincei, classe di sc. mor., stor. e filol.,* vol. XIV, Roma 1909, 413-414. Le *terminus a quo* est ca. 520 (Licinius), le *terminus ad quem* 535 (Dioscorus); mais E. Stein, *Histoire du Bas-Empire,* t. II, Paris-Bruxelles 1949, p. 754-755 et n. 1, préfère placer Hephaestus *ca.* 545-546.

40. *De Magistratibus* III 30 (p. 178.31-180.3 éd. A. C. Bandy, Philadelphia 1983).

41. Cf. *Topogr. Chrétienne* VII 97, p. 167 éd. W. Wolska (Sources Chrétiennes, t. 197, Paris 1973).

d'un proche parent, son identité avec l'Anatolius dont il est question dans l'histoire d'Olympiodore est pratiquement certaine. Si Olympiodore a donné ses cours avant 529, l'épisode de l'accueil peut difficilement s'être produit après le début des années vingt. Or c'est impossible si Hephaestus a dû sa nomination à Justinien (comme Procope semble l'impliquer, bien qu'il ne le dise pas ouvertement); c'est hautement improbable en tout cas, étant donné que cela reviendrait à faire et du nouveau gouverneur et de l'orateur officiel de la ville deux très jeunes hommes.

L'utilisation d'un participe présent (γινομένων) par Olympiodore montre que l'expropriation des biens ne s'est faite que graduellement. Cela laisse place à deux explications : ou bien les confiscations se poursuivaient depuis un certain temps et la fermeture de 529 ne fut que le coup de grâce, ou bien l'action fut commencée en 529 et menée doucement à terme[42]; et d'autant plus lentement, peut-on penser, que les autorités locales ne peuvent avoir collaboré qu'à contre-cœur. Si nous admettons qu'elles ont réussi à faire traîner les choses jusqu'en 532, on peut s'accommoder de l'hypothèse de Tannery que Chosroès, dans le traité de paix conclu cette année-là, avait obtenu la restitution, en tout ou en partie, de ces revenus en faveur de ses protégés[43]. Le traité lui-même, comme le rapporte Agathias, stipulait seulement que ces hommes devaient être libres de retourner dans leur pays et d'y vivre tranquillement sans être contraints d'accepter aucune croyance contraire à leur conviction ou de renoncer à la foi de

42. Sur la fermeture de l'École d'Athènes en 529, cf. les articles de A. Cameron cités *supra* p. XVII et n. 33 ; voir aussi I. Hadot, *Le problème du néoplatonisme alexandrin,* p. 21-28 ; id., «La vie et l'œuvre de Simplicius d'après des sources grecques et arabes», dans *Simplicius, Sa vie, son œuvre, sa survie* (Peripatoi, 15) Berlin 1987, p. 3-39 (voir p. 7-10); H. J. Blumenthal, «529 and its Sequel : What Happened to the Academy?» dans *Byzantion* 48 (1978) 369-385.

43. *Art. cit.*, p. 286 (= *Mémoires,* p. 240).

leurs pères[44] : si nous acceptons une datation tardive du *Commentaire de l'Alcibiade,* alors un accord de ce genre a pu intervenir. L'interdiction d'enseigner — remarquons-le — fut formellement maintenue[45], et le reste des διαδοχικά peut avoir servi seulement à donner à Simplicius et à son groupe le loisir de se livrer à une activité littéraire.

La thèse de la datation tardive est renforcée par certains traits caractéristiques de l'*In Gorgiam,* qui amènent à placer ce commentaire au commencement de la carrière d'Olympiodore. Le commentaire abonde en effet en souvenirs et anecdotes relatifs à Ammonius, tandis que son contenu est des plus pauvres. On a l'impression qu'Olympiodore n'a rien d'autre à sa disposition que les notes prises au cours d'Ammonius et le commentaire de Proclus sur le mythe ; au contraire, dans ses deux autres commentaires de Platon, il paraît mieux équipé, la différence la plus significative étant l'attention désormais portée à Damascius.

L'identification erronée d'Olympiodore avec son homonyme, l'archidiacre et exégète, faite par le Ps.-Anastase le Sinaïte[46], à quoi s'ajoute le témoignage problématique d'un traité alchimique[47], ont fait croire

44. Agathias, *Hist.* II 31, p. 81.17 éd. Keydell.

45. Βιοτεύειν ἀδεῶς τὸ λοιπὸν ἐφ' ἑαυτοῖς. I. Hadot, *art. cit.,* p. 8, préfère entendre ἐφ' ἑαυτοῖς = selon leur choix («il fallait que ces hommes, retournant dans leur patrie, pussent y vivre selon leur choix sans crainte...»). J. B. Frendo (tr. angl., Berlin, 1975) traduit : «to live out their lives in peace». — Sur ce que sont devenus les philosophes après leur retour de Perse, voir l'important article de M. Tardieu, «Ṣābiens coraniques et 'Ṣābiens' de Ḥārran» dans *Journal Asiatique,* 1986 (274), p. 1-44 ou bien le résumé de cet article par I. Hadot, *art. cit.,* p. 9-19.

46. *In hexaemer.,* PG 89, col. 936 C 9-11 et 1189 A 12-13. L'ouvrage peut être du IXe ou même du XIe siècle : voir *Clavis Patrum Graecorum,* III, Turnhout 1979, p. 462.

47. M. Berthelot - Ch. Ém. Ruelle, *Collection des anciens Alchimistes grecs,* 3 vol., Paris, 1887-1888 [réimpr. Londres, 1963] : commentaire d'Olympiodore sur le livre *Kat' energeian* de Zosime ; texte grec : III, p. 69-104 ; tr. fr., II, p. 75-113 et voir l'Anonyme, texte grec, III, p. 425.4-9 ; tr. fr., II, p. 406. Sur le problème, voir

qu'il était chrétien[48], en dépit de ses déclarations sans équivoques à ce sujet, dont certaines ont déjà été soulignées par Skowronski et Norvin[49]. R. Vancourt pouvait pourtant encore écrire : «En tout cas, il est certain qu'à l'époque d'Olympiodore, on n'eût pas toléré à Alexandrie un enseignement qui aurait été en opposition avec le dogme»[50]. Comme ce problème intéresse la question qui nous occupe ici et qu'il est de très grand intérêt pour la situation religieuse sous le règne de Justinien, je vais maintenant citer les principaux passages de ses écrits pour montrer ce qui était effectivement toléré à Alexandrie à l'époque d'Olympiodore.

Un passage très éclairant se trouve dans l'*In Gorgiam*[51], où Olympiodore se déclare monothéiste, tout en se distinguant expressément de son propre auditoire (chrétien). Après avoir expliqué Héra allégoriquement comme l'air ou comme l'âme rationnelle, Olympiodore continue ainsi : «Vous ne devriez pas, par conséquent, donner une interprétation aussi superficielle de doctrines présentées sous forme de mythe (ἐν μύθων σχήματι) : de fait *nous aussi nous* savons bien qu'il n'y a qu'une seule première cause, Dieu, étant donné qu'il ne peut y

L. G. Westerink, *Greek Commentaries,* I, p. 22-23 ; P. Tannery, *art. cit.*, p. 278 ; A. J. Festugière, *La Révélation d'Hermès Trismégiste,* I, p. 239 (croit à l'identité) ; M. Plessner, *Vorsokratische Philosophie und Griechische Alchemie* (Boethius, IV), Wiesbaden, 1975, p. 92-101 (croit fermement à l'identité) ; G. Fowden, *The Egyptian Hermes. A Historical Approach to the Late Pagan Mind,* Cambridge, 1986, p. 64, 178 (accepte l'identité). R. Halleux reviendra sur la question dans sa préface au t. II de la Coll. des *Alchimistes grecs* (coll. Budé).

48. Tannery, *art. cit.* p. 277 (= *Mémoires,* p. 226-227) ; K. Praechter, «Richtungen und Schulen im Neuplatonismus» dans *Genethliakon Carl Robert,* Berlin 1910), p. 151.

49. L. Skowronski, *op. cit.* ; W. Norvin, *Olympiodoros fra Alexandria,* Copenhague 1915, p. 319.

50. Cf. R. Vancourt, *Les derniers commentateurs alexandrins d'Aristote : l'école d'Olympiodore, Étienne d'Alexandrie,* Lille 1944, p. 24.

51. *In Gorg.* p. 32.15-33.3.

avoir une pluralité de premières causes (ἓν τὸ πρῶτον αἴτιον τὸν θεόν, οὐδὲ γὰρ πολλὰ πρῶτα). La première cause n'a même pas de nom, car les noms dénotent de certains attributs, et si Dieu transcende tous les attributs, il ne peut y avoir non plus de nom pour le désigner». A l'appui de sa théologie négative Olympiodore cite le grand hymne Ὦ πάντων ἐπέκεινα[52], puis conclut qu'il doit y avoir certaines entités intermédiaires entre la Première Cause et ses créations les plus humbles.

Ce passage est complété par un texte parallèle, vers la fin du même commentaire[53] : «Il faut savoir que *les philosophes* tiennent qu'il n'y a qu'un unique principe de toutes choses et une unique cause hypercosmique, à partir de laquelle toutes choses sont nées, et à laquelle ils n'ont même pas donné de nom. D'ailleurs quel nom pourrait-on lui donner? de fait quelqu'un dit dans un hymne : [citation du même hymne que *supra*]. [Les philosophes] disent donc que le principe de toutes choses est unique, mais qu'il ne produit pas directement les choses d'ici bas; car cela serait contraire à l'ordre naturel des choses, si notre monde était créé immédiatement par la première cause [...]. Il était donc nécessaire que d'autres grandes puissances fussent créées par la Première Cause et qu'ensuite nous le fussions par ces puissances, nous le rebut [τρύξ] de l'univers[54], nous qui devions exister, sinon le monde eût été incomplet. Il existe donc d'autres puissances supérieures, que les poètes dénomment «Chaîne d'or» [*Il.* IX 19] à cause de leur continuité. Il y a d'abord la puissance intellective

52. Imprimé dans les éditions de Grégoire de Nazianze (p. ex. dans PG 37, 507 A - 508 A), il a pourtant été attribué à Proclus par V. Cousin, F. Creuzer et par A. Jahn, *Eclogae e Proclo de Philosophia chaldaica* (Halle, 1891), p. 62 ss. Sur cet hymne voir en dernier lieu M. Sicherl, «Ein neuplatonischer Hymnus unter den Gedichten Gregors von Nazianz» dans *Gonimos, Neoplatonic and Byzantine Studies Presented to L. G. Westerink,* Buffalo 1988, p. 61-83, qui apporte de nouveaux arguments à l'appui de l'attribution au Ps.-Denys.

53. *In Gorg.* 243.16-244.17.

54. Sur cette expression, cf. Damascius, *In Phaed.* I § 168.11 (et la note *ad loc.*, p. 101-102).

(νοερὰ δύναμις); ensuite la puissance vivifiante (ζωοποιός) et la péonienne (παιωνία) et ainsi de suite; et lorsqu'ils veulent les nommer au moyen de noms, ils les désignent symboliquement. Par conséquent, ne vous laissez pas abuser par de simples noms, quand vous entendez parler de puissance Kronienne ou Jovienne etc., mais préoccupez-vous des réalités que ces noms représentent; [considérez] que nous cherchons à signifier quelque chose d'autre en usant de ce langage. *Si vous le voulez,* vous pouvez considérer que ces puissances n'ont pas une essence particulière et qu'elles ne sont pas séparées les unes des autres; vous pouvez les faire reposer dans la Première Cause[55] et dire qu'il y a en elle des puissances intellectives et vivifiantes. Quand donc nous parlons de Kronos, ne vous laissez pas troubler par le nom, mais recherchez ce que je veux dire : Kronos, en effet, est *koros nous* [*Crat.* 396 B 3-7], c'est-à-dire un intellect pur». Ces textes ne peuvent s'interpréter que d'une seule et unique façon : les 'philosophes' sont les néoplatoniciens païens, et Olympiodore se compte parmi eux, comme le prouve l'usage de la première personne du pluriel. Il faut encore souligner que le contexte ne permet d'aucune façon d'entendre 'nous' comme signifiant «nous les chrétiens».

A première vue, il y a une certaine ressemblance entre le raisonnement d'Olympiodore et la théologie d'Hiéroclès[56], qui interprétait aussi les Dieux comme des êtres créés (c.-à-d. ayant une cause), que nous devons postuler pour combler l'abîme qui s'étend entre le Dieu suprême et ses créatures les plus humbles. Mais alors que Hiéroclès attribuait la divinité au sens strict

55. Εἰ βούλει μὴ νόμιζε ταύτας τὰς δυνάμεις ἔχειν ἰδίας οὐσίας καὶ διακεκρίσθαι ἀπ' ἀλλήλων, ἀλλὰ ἀποτίθεσο αὐτὰς ἐν τῷ πρώτῳ αἰτίῳ (244, 12-14).

56. Sur la théologie de Hiéroclès, cf. I. Hadot, *Le problème du néoplatonisme alexandrin. Hiéroclès et Simplicius,* Paris, 1978, p. 77-143 et maintenant N. Aujoulat, *Le néo-platonisme alexandrin. Hiéroclès d'Alexandrie* (Philosophia Antiqua, 45), Leiden, 1986 et *Hierokles* II dans RAC 15, col. 109-117 (L. G. Westerink).

du terme seulement au Dieu suprême, Olympiodore ne fait aucune concession réelle et s'efforce seulement de rendre acceptable son Panthéon pour ses auditeurs chrétiens. C'est seulement en leur faveur, pour apaiser leur conscience chrétienne, qu'il leur suggère de considérer les ordres inférieurs de déités comme des fonctions ou des attributs de Dieu. C'est, en fait, une invite délibérée à parler à double entendre, chacun, professeur aussi bien qu'étudiants, attachant une signification particulière aux termes employés.

Olympiodore s'aventure même à terminer sur une brève défense du culte des images : « Et n'allez pas croire que *les philosophes* rendent un culte divin à des pierres ou à des idoles. Il en va plutôt ainsi : étant donné que nous vivons dans le monde sensible et que, par suite, nous sommes incapables d'atteindre la puissance incorporelle et immatérielle, les idoles ont été inventées pour nous rappeler ces sortes d'être, afin que, en regardant et *en adorant* (προσκυνοῦντες) ces idoles, nous soyons amenés à concevoir les puissances incorporelles et immatérielles »[57]. On se demande si c'est l'étudiant dont nous possédons les notes qui a remplacé le terme d'ἀγάλματα par l'expression chrétienne εἴδωλα, ou bien si c'est Olympiodore qui l'a fait.

Par la suite, Olympiodore est peut-être devenu plus prudent, mais ses opinions n'ont subi aucun changement. Concernant le problème crucial de l'éternité du monde, sur lequel Énée de Gaza et Zacharie de Mitylène avaient attaqué Ammonius et que Philopon avait choisi pour clairement marquer son adhésion au dogme chrétien, il n'y a pas la moindre trace de compromis, même dans son commentaire des *Météorologiques*[58]. La conséquence inévitable de l'éternité du monde est la réincarnation ; car, si le monde a existé de toute éternité, ou bien il doit y avoir un nombre infini d'âmes

57. *In Gorg.* 246.7-12.

58. *In meteor.* 115.11-13 ; 118.5-119.8 ; 120.13-14 ; 20-21 ; 153.19-21 ; *In Gorg.* 65.24-66.4.

(inférence contraire à la vérité fondamentale qui veut que la forme soit finie) ou bien l'âme doit être mortelle, et c'est précisément pour cette raison que, croit-on, Aristote en est venu à nier l'immortalité individuelle[59].

Olympiodore n'est pas moins clair sur la question des punitions éternelles qui ont toujours été rejetées par les néoplatoniciens depuis Plotin. «Mais nous ne sommes pas punis pour toujours ; car mieux vaut nier l'immortalité de l'âme que d'affirmer cela»[60], et si Platon dans le *Gorgias* parle de châtiments ἀεί (525 C 6 ; E 1), il faut entendre l'expression au sens où ils durent une «grande année» parce qu'un châtiment éternel est impossible[61]. Le *Commentaire du Phédon*[62] développe la même vue : la punition, pour les âmes qui ont péché, consiste à retourner à la vie, mais même les âmes des théurges, c.-à-d. de ceux qui ont atteint la plus haute perfection, ne peuvent pas rester pour toujours dans le monde intelligible. La discussion la plus complète se trouve dans le *Commentaire des Météorologiques* aux p. 141-150, qui constituent une digression consacrée au Mythe du *Phédon*. Ce que Platon appelle le Tartare est simplement le monde de la *genesis*, considéré soit du point de vue physique comme le monde du changement perpétuel soit du point de vue moral comme l'endroit où les âmes sont purifiées. Car la punition n'est pas infligée à cause de la colère de Dieu ; lorsque chaque péché a été expié, l'âme est libérée. *Le Commentaire du Phédon*

59. *In Phaed.* 10 § 1.2-10 ; 12 § 2.14-18. (Le passage 9 § 6 a été mal formulé ou mal transmis ; son objet, comme le montre 10 § 5.1-6, était de prouver que l'âme irrationnelle aussi est réincarnée.) *In Gorg.* 97.5-9 ; 97.24-98.2 ; 109.18-22 ; *In Alc.* 27.10-16 ; 213.20-23 ; *In meteor.* 147.24-148.6.

60. *In Gorg.* 263.17-264.26.

61. Le texte d'Olympiodore est accompagné de la note suivante d'un scoliaste indigné (*ad* 263.26) : «ση. τὸ ἀεὶ τὴν κόλασιν εἶναι παναληθὲς ὄν, πῶς αὐτὸ τοῦτο παρερμηνεύει οὗτος». (Notez que cet individu [= οὗτος] se débarrasse de l'éternité du châtiment, alors qu'elle est absolument vraie).

62. *In Phd.* 10 § 14.

présente un au-delà très différent de celui des chrétiens : il n'est pas sûr que nous y retrouverons ceux qui nous sont chers, parce que chaque âme retourne à la sphère à laquelle elle appartient naturellement[63].

La position d'Olympiodore à l'égard du suicide entre aussi en conflit avec l'éthique chrétienne. Après avoir longuement cité les arguments *contra* et *pro*, Olympiodore conclut que le suicide peut quelquefois être justifié, lorsqu'un bien spirituel plus grand peut être obtenu par là — opinion qui doit avoir paru tout à fait choquante à l'opinion chrétienne[64].

Quelques expressions, à l'occasion, montrent qu'il partageait avec Proclus et Damascius leur mépris pour la société chrétienne : « Ils [*scil.* les poètes de l'ancien temps] ne savaient pas qu'il existerait une société corrompue qui honore seulement l'apparence et ne cherche absolument pas ce qui est caché dans les profondeurs du mythe »[65]. Ailleurs il dit : « Autrefois les hommes libres étaient distingués des esclaves par leur nom et leur coiffure, les esclaves ayant des noms comme le Gète, le Dave ou le Phrygien ; mais de nos jours, la confusion règne dans ce domaine aussi »[66]. Autrement le ton dans le *Commentaire de l'Alcibiade* est discret et même, d'une certaine façon, conciliant. Un exemple curieux est l'exégèse d'*Alcibiade* 111 A 5-D 1, où Socrate présente l'accord mutuel comme le critère de la vraie connaissance. Proclus avait fait observer que l'accord mutuel n'est pas nécessairement la preuve de la vérité, citant les chrétiens à titre d'exemple : ils sont d'accord pour nier l'existence des Dieux, mais seulement en

63. *Ibid.* 7 § 4.1-12.

64. *Ibid.* 1 § 2-9 ; cf. 3 § 11.7-8.

65. *In Gorg.* 238, 16-19 : οὐ γὰρ ᾔδεσαν ὅτι μοχθηρὸς ἔχει βίος ἀνθρώπων γενέσθαι, ὃς τιμᾷ μόνον τὸ φαινόμενον καὶ οὐδὲ ὅλως ζητεῖ τὸ ἐν βάθει τοῦ μύθου κεκρυμμένον.

66. *In Alc.* 149, 3. La phrase νῦν δὲ καὶ ταῦτα συνεχύθησαν est due à Olympiodore lui-même, cf. *In Gorg.* 34, 18 ; cf. Palladas, *Anth. Pal.* X 90, 7 : ἀνεστράφη γὰρ πάντα νῦν τὰ πράγματα.

raison de leur ignorance[67]. Olympiodore répète cette remarque, mais remplace les chrétiens par les disciples de Démocrite et leur doctrine du vide[68]. Il ne fait pas mystère de la raison de son attitude. Après une longue discussion des opinions traditionnelles sur le problème de la démonologie, il conclut ainsi[69] : « Et c'est là ce que les commentateurs ont à dire touchant les génies et les esprits gardiens ; de notre côté, cependant, nous nous efforcerons de donner une interprétation adaptée aux circonstances présentes[70]. Car Socrate, lui aussi, a été condamné à boire le poison pour avoir propagé parmi les jeunes gens des divinités que l'État ne reconnaissait pas. Notre opinion doit donc être que le démon qui nous a reçus en lot (εἰληχὼς δαίμων) est la conscience, ce qui est l'essence la plus pure de l'âme et la seule partie en nous qui soit libre du péché, un juge sans pitié et un témoin parfait de tout ce qui est arrivé ici bas, lorsque nous comparaissons devant Minos et Rhadamanthe ». Le terme δαίμων était, évidemment, d'un usage dangereux à cause de la connotation péjorative dont l'avait doté l'usage juif et chrétien, et de toute évidence Olympiodore ne voulait pas être dénoncé comme un adorateur des démons. Dans le reste du commentaire il évite par suite le mot assez systématiquement : en deux endroits même, il introduit le mot de conscience là où Proclus avait comparé Socrate à l'ἐφεστὼς δαίμων ou à l'ἀγαθὸς δαίμων[71]. Avant d'évoquer cette solution, il

67. *In Alc.* 264,6-8 et l'article de H. D. Saffrey, « Allusions antichrétiennes chez Proclus le Diadoque » dans *Rev. Sc. Philos. et Théol.* 59 (1975), p. 533-543.

68. *In Alc.* 92.6-7.

69. *Ibid.* 22,14-23,4.

70. Συμβιβαστικῶς τοῖς παροῦσι. Damascius aussi utilise le terme τὰ παρόντα au sens de « le présent état de choses, *i.e.* la suprématie du Christianisme » ; cf. *V. Isid.*, p. 69.1. A. Cameron, « The Last Days of the Academy at Athens » (cité *supra* p. XVII et n. 33), p. 15, appelle ces expressions des « code-words ».

71. Proclus, *In Alc.* 199.13-23 / Olymp. 68.24 et Proclus 229.24-26 / Olymp. 87.19.

avait pourtant établi un parallèle entre les esprits gardiens et les anges gardiens[72] : «Mais puisque nous avons mentionné les esprits gardiens, il faut observer qu'ils sont aussi connus dans la confession ordinaire (παρὰ τῇ κοινῇ συνηθείᾳ), bien que non pas sous le même nom. En effet, au lieu de 'démon' ils parlent 'de l'ange' de chacun d'entre nous ; et ainsi, l'on peut les entendre dire 'par votre ange', une expression utilisée à propos de ceux qui mènent la vie qui plaît le plus à dieu». La dernière phrase n'est pas parfaitement claire ; Olympiodore peut vouloir dire que la phrase était d'ordinaire adressée aux moines[73]. Il continue en disant que, alors que Platon parle seulement de démons, les *Oracles chaldaïques* (οἱ Χαλδαῖοι) distinguent entre anges, héros et démons. Les Anges avaient été, on le sait, incorporés dans le système néoplatonicien depuis longtemps[74].

Plus intéressant est la façon particulière dont συνήθεια est ici employé. S'il n'y avait que ce passage, on pourrait donner à ce terme sa signification linguistique ordinaire ; mais le terme ne peut signifier que 'religion populaire' dans le paragraphe précédent, où Olympiodore, à la suite de Proclus, discute les particularités du δαιμόνιον de Socrate. Le δαιμόνιον se manifestait à Socrate comme une voix, explique Proclus[75], non pas parce que le démon parlait effectivement, mais parce que l'illumination venait chez Socrate sous une forme

72. *In Alc.* 21.15-19.

73. Une scholie du IXe siècle paraphrase ainsi le texte : «Puisse votre ange être disposé de telle ou telle façon (à votre égard), si vous faites cela».

74. Sur l'angélologie païenne, cf. Porphyre, *Lettre à Anebon* (éd. Sodano), p. 7 ; *De philos. ex orac.*, 144-147 Wolff ; Jamblique, *De myst.* II 3-4 avec les notes précieuses de A. R. Sodano, *Giamblico, I misteri egiziani*, Firenze 1984, 272-274 ; Proclus, *In Alc.* 32.4 ss. et la n. 4 (p. 141-142 des Notes compl.) ; Voir aussi l'article de F. Cumont, «Les anges du paganisme» dans *RHR* 72 (1915), p. 159-182.

75. *In Alc.* 79.17-80.22 et n. 1 p. 64 (p. 166 des Notes complémentaires) ; voir aussi Ph. Hoffmann, *C.R. des Conférences, EPHE Ve section*, CVI (1987-8), p. 272-279.

qui affectait son organe de l'ouïe. Olympiodore[76] ajoute une observation de son cru : « De la même façon nous pouvons voir arriver cela dans la pratique religieuse commune (ἐν τῇ συνηθείᾳ), où ceux qui suivent le genre de vie hiératique deviennent tout à coup conscients d'une bonne odeur et disent que c'est la présence d'un ange, l'illumination affectant, dans leur cas, les organes de l'odorat ». Dans ce passage, on ne peut douter qu'il s'agisse de moines, et l'addition de ἐν τῇ συνηθείᾳ sert simplement à les distinguer de ceux qui pratiquent la vieille religion égyptienne, pour lesquels la même expression ἱερατικῶς ζῆν est également utilisée[77]. Mais ce fait même indique une attitude plus positive à l'égard des expériences et des pratiques religieuses des chrétiens. Olympiodore semble avoir accepté le christianisme au moins comme une croyance pour la masse sans éducation — façon de voir déjà suggérée, deux siècles plus tôt, par son compatriote, Alexandre de Lycopolis[78]. Deux passages où Olympiodore fait allusion à la confession et à la charité peuvent être mentionnés encore pour être complet[79].

Le fait que rien des cours ni des écrits d'Ammonius relatifs à Platon n'ait survécu rend difficile toute comparaison entre lui et Olympiodore en ce qui concerne leurs relations avec l'Église. La philosophie platonicienne soulevait des questions plus controversées, et le professeur pouvait compter sur un auditoire plus restreint et plus loyal. Néanmoins tout porte à croire qu'Olympiodore jouissait d'un peu plus de liberté dans les questions religieuses. Une raison peut être le schisme monophysite, qui paralysait alors en partie même le pouvoir politique de Constantinople en Égyp-

76. *In Alc.* 21.9-14.

77. *Ibid.* 18.14.

78. *Contra Manichaeos,* 3.1-18 Brinkmann (Leipzig 1895) ; trad. fr. par A. Villey, *Contre la doctrine de Mani* (Sources gnostiques et manichéennes, 2), Paris 1985, p. 56-57.

79. *In Gorg.* 152.11-21 et 125.25-26.

te[80]. Ensuite vient l'incapacité à édifier une tradition continue en philosophie chrétienne ; pour les classes sociales qui autrefois fournissaient les étudiants des écoles de philosophie, le titre de philosophe signifiait la même chose que pour Olympiodore : « un penseur païen ». Même les chrétiens qui ont continué l'œuvre d'Olympiodore n'ont fait que peu de chose pour changer cet état de fait.

En dépit du manque de détails biographiques, il est raisonnable de penser, pour des raisons qu'on indiquera par après, qu'**Élias**[81] a été le premier des successeurs chrétiens d'Olympiodore. Le titre de son commentaire incomplet des *Premiers Analytiques* le présente comme φιλόσοφος καὶ ἀπὸ ἐπάρχων. Alors que le premier de ces deux titres peut sans hésitation être regardé comme désignant un professeur de philosophie[82], le second est plus problématique. R. Guilland écrit à propos de ce titre[83] : « Le titre ἀπὸ ἐπάρχων, ancien éparque, s'il n'est pas précédé [lire : suivi] par l'expression τῆς Πόλεως, éparque de la Ville, ou τῶν πραιτωρίων, éparque des prétoires et, plus rarement, τοῦ πραιτωρίου, du prétoire, prête à confusion. Il peut désigner, en effet, soit un ancien éparque, préfet, soit, enfin, un titre nobiliaire, apoéparque ». L'usage d'attribuer ce titre p. ex. à des hommes de lettres (comparable à l'anoblissement d'écrivains, d'acteurs ou de musiciens en Grande Bretagne ou, autrefois, en Allemagne) remonte au moins au VIe siècle. Guilland[84] cite comme exemples les historiens

80. Sur la situation religieuse à Alexandrie au début du VIe siècle, cf. E. Stein, *op. cit.*, p. 161 ss, 623 ss. Voir aussi W. H. C. Frend, *The Rise of the Monophysite Movement*, Cambridge, 1972.

81. Cf. mon article cité *supra* p. IX et n. 12 ; ses conclusions biographiques peuvent cependant être mises en doute.

82. Sur le sens de φιλόσοφος = professeur de philosophie, cf. M. Richard, Ἀπὸ φωνῆς (cité *supra* p. XII et n. 10) ; *Théol. plat.* I, p. XXXVII et n. 1 ; p. 5 et n. 1.

83. « Études sur l'histoire administrative de l'Empire Byzantin, III, L'apo-éparque » dans *Byzantinoslavica* 43 (1982), p. 30-44 (nous citons p. 30).

84. *Ibid.* p. 38 ; Westerink, *art. cit.*, *supra* p. IX, n. 12, p. 127-128 (= *Texts and Studies*, p. 60-61).

Évagre le Scholastique, Jean d'Épiphanie et Théophylacte Simocatta (ce dernier, du VIIe siècle) aussi bien que Zacharias, le médecin personnel de l'Empereur Tiberius II. Il est bien plus probable qu'Élias le philosophe ait appartenu à ce groupe, plutôt que d'imaginer qu'il ait été identique à l'Élias, préfet d'Illyrie, auquel Justinien adresse sa *Nouvelle* CLIII en décembre 541[85]. Des cours d'Élias ne restent que ceux concernant l'*Organon* d'Aristote : *Prolégomènes à la philosophie* et *Commentaire de l'Isagoge; Prolégomènes à Aristote* et *Commentaire des Catégories*; quelques scholies sur le *De interpretatione*[86]; et le début de son commentaire des *Premiers Analytiques*. Il n'y a pourtant aucune raison de ne pas le croire lorsqu'il déclare qu'il enseignait la philosophie d'Aristote en préliminaire de celle de Platon[87]. Une référence dans son *Commentaire de l'Isagoge*[88] prouve qu'il a aussi donné des cours sur le *De Sectis* de Galien.

La façon de voir traditionnelle, selon laquelle Élias était un disciple d'Olympiodore, est une simple déduction du fait qu'il existe de nombreux parallèles dans l'œuvre des deux auteurs. Ces parallèles, cependant, sont assez frappants pour justifier une telle supposition. Je citerai les parallèles les plus importants *in extenso*[89], non seulement pour établir la relation entre Olympiodore et Élias, mais aussi parce que ces correspondances

85. Sur cet Élias cf. E. Stein, *op. cit.*, II p. 434, n. 1.

86. Publiées dans la préface de *Ammonius, De interpr.* (CAG IV 5), p. XXVI-XXVII, éd. Busse.

87. Cf. *In categ.* p. 123.9-11 δεῖ αὐτὸν (c.-à-d. l'exégète d'Aristote) πάντα εἰδέναι τὰ Πλάτωνος, ἵνα σύμφωνον ἑαυτῷ τὸν Πλάτωνα ἀποδείξῃ τὰ 'Αριστοτέλους τῶν Πλάτωνος εἰσαγωγὴν ποιούμενος. Cf. 110.28-30. — A Constantinople la philosophie platonicienne a été enseignée au moins jusqu'en 511 par Agapios, un élève de Proclus, cf. Lydus, *De magistratibus* III 26, p. 172.18-23 Bandy; J. R. Martindale, *The Prosopography of the Later Roman Empire*, vol. II, Cambridge 1980, p. 32-33 et notice de R. Goulet dans DPhA no 31, p. 63.

88. Cf. *In Porph. isag.* 6.7-9.

89. La plupart des passages parallèles ont été traduits (et commentés, s'il y a lieu) dans les notes de la traduction.

entre deux auteurs, assurément différents, constitueront un matériel utile pour les comparaisons que l'on examinera plus tard, lorsque nous aurons à apprécier la valeur de parallèles du même type entre Olympiodore et les *Prolégomènes*.

Élias 3, 17-20 ἢ καὶ ὥς φησιν Ἀριστοτέλης ἐν τῷ Προτρεπτικῷ ἐπιγεγραμμένῳ... 'εἰ μὲν φιλοσοφητέον φιλοσοφητέον, καὶ εἰ μὴ φιλοσοφητέον φιλοσοφητέον· πάντως ἄρα φιλοσοφητέον.' (Cf. David 9, 2-5)[90].	Ol., *Alc.* 144, 15-17 καὶ Ἀριστοτέλης μὲν ἐν τῷ Προτρεπτικῷ ἔλεγεν ὅτι 'εἴτε φιλοσοφητέον, φιλοσοφητέον· εἴτε μὴ φιλοσοφητέον, φιλοσοφητέον· πάντως δὲ φιλοσοφητέον'.
El. 16, 20-25 οἱ γὰρ ποιηταὶ τρισσῶς τὸ θεῖον χαρακτηρίζουσι, τῷ ἀγαθῷ τῷ δυνατῷ τῷ γνωστικῷ, ὡς δηλοῖ τὸ 'θεοὶ δωτῆρες ἐάων', 'θεοὶ δέ τε πάντα δύνανται', 'θεοὶ δέ τε πάντα ἴσασιν'. (Cf. Ammon., *Isag.* 3, 9-15; David 17, 2-9)[91].	Ol., *Gorg.* 65.20-24 καὶ ἁπλῶς ἰστέον ὅτι παρὰ τῷ δημιουργῷ ἐστι τρία ταῦτα· ἀγαθόν, ὡς καὶ οἱ ποιηταὶ μαρτυροῦσι λέγοντες 'θεοὶ δωτῆρες ἐάων', καὶ γνῶσις, ὅθεν εἴρηται 'θεοὶ δέ τε πάντα ἴσασι', καὶ δύναμις, ἐπειδὴ 'θεοὶ δέ τε πάντα δύνανται'.
El. 22, 19-23 οὕτω τρωθείς τις ἐν πολέμῳ ὑπὲρ φίλου ἔφη 'αὐτόν μ' ἐξεσάωσα· τί μοι μέλει ἀσπὶς ἐκείνη; ἐρρέτω', αὐτὸν μὲν τὴν ἰδίαν ψυχὴν εἰπών, ἀσπίδα δὲ τὸ ἴδιον σῶμα καλέσας. (Cf. Ps.-Élias, 12.19)[92].	Ol., *Gorg.* 140.28-144.2 φροντίσωμεν οὖν τοῦ σωθῆναι τὴν ψυχὴν εἰδότες ὡς τὰ χρήματα καὶ τὸ σῶμα οὐδὲν συμβάλλονται· ποιήσωμεν οὖν ὃ εἶπεν ἐκεῖνος· 'αὐτὸν μέν μ' ἐσάωσα· τί μοι μέλει ἀσπὶς ἐκείνη; ἐρρέτω'.
El. 22, 25-26 καὶ τὸ 'πτίσσε, πτίσσε τὸν Ἀναξάρχου θύλακον, αὐτὸν γὰρ Ἀνάξαρχον οὐ μὴ πτίσῃς ποτέ'. (Cf. Ps.-Élias 12.18)[93].	Ol., *Gorg.* 185.20-22 οὕτω τοίνυν καὶ ὁ Ἀνάξαρχος ἔλεγε 'πτίσσε, πτίσσε τὸν Ἀναξάρχου θύλακα, αὐτὸν γὰρ Ἀνάξαρχον οὐ πτίσσεις ποτέ'. (Cf. *Alc.* 105, 5).

90. Aristote, *Protreptique*, fr. 2 Ross, 51 Rose³; voir aussi *infra* p. LII et n. 16.

91. Sur ces trois citations d'Homère (respectivement θ 325, δ 379 et κ 306), voir *infra* p. LVI.

92. Archiloque, fr. 6, 3-4 Diehl; fr. 13, 3-4 Bonnard-Lasserre; voir aussi Proclus, *In Alc.* 139, 26.

93. Anecdote très célèbre dans l'Antiquité, cf. Philon, *Quod omnis probus liber sit*, 16; D.L. IX 59 etc.

El. 27, 16 τὸ ἐκ παίδων φιλομύθους εἶναι. (Cf. Ps.-Élias 18-14).	Ol. *Gorg*. 237.22-23 ἐπεὶ οὖν ἐκ παίδων καὶ ἁπαλῶν ὀνύχων συντρεφόμεθα μύθοις.
El. 31, 11-13 ὅτι δὲ ἰᾶται ψυχῶν πάθη ἡ μουσική, φασί ποτε τὸν Πυθαγόραν θεασάμενον παιδάριον ἑπόμενον κόρῃ αὐλούσῃ ἐπιτρέψαι αὐτῇ στρέψαι τοὺς αὐλούς, καὶ τοῦ μέλους διαφθαρέντος ἔπαυσε αὐτὸν τοῦ ἐρᾶν. (Cf. Ammon., *Isag*. 13, 24-27)[94].	Ol., *Gorg*. 41.7-13 οὕτω γοῦν ὁ Πυθαγόρας ἀπαντήσας νέῳ ὄντι μετὰ κιθαριζούσης κόρης καὶ γνοὺς ὡς φυσιογνωμονικὸς ὅτι φύσεώς ἐστι δεξιᾶς ὁ νέος καὶ δύναται ὠφεληθῆναι, ἠλέησεν αὐτὸν καὶ ἐπέτρεψεν τῇ κόρῃ μεταστρέψαι τὸν αὐλὸν ἤτοι τὴν κιθάραν καὶ τοιῶσδε χρήσασθαι, καὶ μέλος κατεσκεύασεν εὐθέως ἀποπαῦσαν τὸν νέον τοῦ ἔρωτος.
El. 39, 12-14 ἀποδημήσαντος αὐτοῦ Πορφυρίου ἐν Σικελίᾳ διὰ τοὺς ἐν τῇ Αἴτνῃ τοῦ πυρὸς κρατῆρας, διότι δεῖ τὸν φιλόσοφον φιλοθεάμονα εἶναι τῶν τῆς φύσεως ἔργων[95].	Ol., *Alc*. 2, 94-96 ἐπειδὴ δὲ δεῖ τὸν φιλόσοφον φιλοθεάμονα εἶναι τῶν τῆς φύσεως ἔργων, στέλλεται (Platon) καὶ εἰς Σικελίαν θεασόμενος τοὺς κρατῆρας τοῦ πυρὸς τοὺς ἐν τῇ Αἴτνῃ. (Cf. Philop., *De opif*. 182, 10 οἱ ἐν Σικελίᾳ τοῦ πυρὸς κρατῆρες).
El. 109, 10-14 ἀμφοτερόγλωσσος δ' ἐκλήθη (Zenon) οὐχ ὅτι διαλεκτικὸς ἦν, ὡς ὁ Κιττιεύς, καὶ τὰ αὐτὰ ἀνεσκεύαζε καὶ κατεσκεύαζεν, ἀλλ' ὅτι τῇ ζωῇ διαλεκτικὸς ἦν ἄλλα μὲν λέγων ἄλλα δὲ φρονῶν · ἐρωτηθεὶς γὰρ οὗτος ὑπό του τυράννου τίνες εἰσὶν οἱ μάλιστα ἐπιβουλεύοντες τῇ τυραννίδι αὐτοῦ τοὺς δορυφόρους ἔδειξεν · ὁ δὲ πεισθεὶς καὶ ἀνελὼν αὐτοὺς διεφθάρη.	Ol., *Alc*. 140, 12-16 τοιοῦτος γὰρ ἦν ὁ Ζήνων, προσποιεῖσθαι ἱκανός, ὃς καὶ διὰ τοῦτο 'ἀμφοτερόγλωσσος' ἤκουεν, οὐχ ὅτι ἑκατέρῳ τῶν ἀντικειμένων συνηγόρει, ἀλλ' ὅτι προσεποιεῖτο. Διὸ καί τινος τυράννου ἐρομένου αὐτὸν τοὺς σὺν αὐτῷ ἐπιβουλεύσαντας τῇ τυραννίδι τοὺς δορυφόρους αὐτοῦ ὑπέδειξεν, ὁ δὲ ἀνελὼν ἐκείνους ἑτοίμως ἀνηρέθη[96].

94. Sur cette anecdote, cf. *infra* p. LVI.

95. Voir encore Ol. *In Gorg*. 211.23-24 (τοὺς πυρίνους κρατῆρας); l'anecdote est peu vraisemblable, cf. J. Bidez, *Vie de Porphyre le philosophe néo-platonicien,* Gand, 1913, p. 57 et n. 2.

96. Cf. *Vorsok*. 29 A 15; voir aussi Proclus, *In Parm*. I 632, 18 et 23; 684, 27; le surnom de Zénon lui venait de Timon le Sillographe.

El. 110, 18-20 καὶ ἐν τῷ Φαίδωνι ὅτι ἀδαμαντίνοις δεῖ δεσμοῖς τὴν δόξαν ταύτην ἔχοντα περὶ τῆς ἀθανασίας τῆς ψυχῆς εἰς Ἅιδου ἰέναι (Pl. *Rép*. X 619 A : ἀδαμαντίνως δὴ δεῖ ταύτην τὴν δόξαν ἔχοντα εἰς Ἅιδου ἰέναι).	Ol., *Phaed*. 6 § 14 αὐτός ἐστιν ὁ λέγων ὅτι ἀδαμαντίνοις δεσμοῖς δεῖ ταῦτα ἔχοντα κατιέναι εἰς Ἅιδου (Cf. 8 § 17.7-10, *Gorg*. 239.26-27).
El. 130, 28 φιλοκαθόλου γὰρ οἱ φιλόσοφοι.	Ol., *Alc*. 160, 16 διὰ τὸ φιλοκαθόλου τῶν φιλοσόφων. (*Meteor*. 2, 11-12 ; 55, 9).
El. 236, 6 τὸ γὰρ ᾱ στερητικόν.	Ol., *Alc*. 171, 8 τὸ γὰρ μα στερητικόν.

Les exemples proviennent pratiquement tous des introductions des commentaires de l'*Isagoge* (p. 1-39) et des *Catégories* (p. 107-134), et non pas des commentaires eux-mêmes. C'est un phénomène commun : dans son introduction le professeur suit étroitement un schéma traditionnel, tandis que lorsqu'il s'occupe du texte, il est mieux à même d'improviser et d'arranger ses développements en fonction des circonstances. Néanmoins, si les correspondances étaient le résultat d'une familiarité générale avec la phraséologie et les idées d'Olympiodore, on s'attendrait à en trouver aussi dans le commentaire. L'explication la plus probable est donc un emprunt direct. Si tel est le cas, Élias ne peut avoir utilisé la version conservée des *Prolégomènes aux Catégories*, où l'on ne trouve rien qui corresponde aux extraits cités d'Élias (j'ai, à dessein, omis toute les correspondances directes dans un même contexte, qui seront discutées plus loin). Le commentaire d'Olympiodore sur l'*Isagoge* est perdu, mais l'explication la plus naturelle d'une correspondance mot à mot telle que celle que l'on observe entre Élias 39.12-14 et Olympiodore *In Alc*. 2.94-96, est qu'Olympiodore s'exprimait en des termes quasi-identiques dans son introduction à Porphyre. Cette dépendance littéraire n'exclut pas, évidemment une relation personnelle : si Élias a suivi Olympiodore plus que, par exemple, Philopon (qu'il a aussi connu), la raison la plus obvie est qu'il a été son élève.

Tant son nom que son statut social semblent impliquer qu'Élias ait été un chrétien. En règle générale, cependant, il ne permet pas à ses convictions chrétiennes d'interférer avec ses opinions philosophiques, bien qu'il admette la possibilité de miracles conçus comme des interventions directes de la Providence, point sur lequel il suit Philopon[97]. Des expressions comme κατὰ τὰς Ἑλλήνων φημὶ ψευδεῖς δόξας[98], qui ont été condamnées en toute tranquillité par l'éditeur A. Busse, sont sans doute un peu suspectes parce qu'elles contredisent purement et simplement l'importance attachée dans ces passages à ces 'fausses doctrines' ou à ces 'mythes mensongers'. On peut donc les regarder comme des insertions du *reportator,* mais il est au moins aussi vraisemblable qu'Élias lui-même ait utilisé ces phrases commodes comme des sortes de boucliers contre des attaques possibles. Dans le problème crucial de l'éternité du monde on voit bien qu'il n'est pas disposé à abandonner l'ancienne croyance[99]. Cette liberté personnelle de pensée, couplée avec une attitude extérieure de conformisme doit avoir été assez commune dans les rangs de l'intelligentsia sous Justinien. Son représentant le plus notable est, évidemment, Procope de Césarée[100].

David est encore moins connu qu'Élias. Les données biographiques détaillées conservées dans les sources arméniennes[101] se rapportent à un théologien du

97. Cf. *supra* p. XIV, n. 21.

98. Cf. *In isag.* 7.3 ; 12.1 ; 69.22.

99. Cf. *In categ.* 120.16-17 ; 187.6-7.

100. *De bellis,* V 3.5-9. Voir Averil Cameron, *Procopius and the sixth century,* London 1985, p. 113-133.

101. Cf. C. Neumann, «Mémoire sur la vie et les ouvrages de David, philosophe arménien du Ve siècle de notre ère» dans *Nouveau Journal Asiatique,* III (1829) ; M. Khostikian, *David der Philosoph* (Berner Studien, 58), Bern 1907 ; A. K. Sanjian (éd.), *David Anhaght', the «Invincible Philosopher»* (Studies in Near Eastern Culture and Society, 7), [Atlanta, GA, 1986] ; M. Rapava,

ve siècle, tandis que le θεοφιλέστατος καὶ θεόφρων φιλόσοφος, dont nous possédons le commentaire sur l'*Isagoge,* ainsi que, en arménien, celui sur les *Analytiques,* était de l'avis général un disciple tardif d'Olympiodore, vivant dans la seconde moitié du VIe siècle ou même au début du VIIe siècle ; le texte arménien[102] est une traduction à partir du grec et non pas un texte original. Le David de la tradition arménienne est, par conséquent, soit le résultat de la confusion entre deux personnes différentes, soit un personnage fictif qui représente le commentateur grec dont les ouvrages, traduits en arménien, devaient vite devenir des classiques de la littérature arménienne.

Il n'est pas certain que David ait aussi donné des cours sur Platon. Les citations de Platon sont sans doute assez fréquentes, mais elles sont loin d'être de première main. Parmi ses cours, il ne mentionne que ceux sur l'*Organon* et sur la *Physique* (d'Aristote)[103].

Étroitement lié au *Commentaire* de David, bien qu'il n'en soit pas dérivé, est le texte publié comme Pseudo-Élias (Pseudo-David), *Cours sur l'Isagoge de Porphyre*[104].

«Traditions et innovations dans l'école néoplatonicienne d'Alexandrie : Ammonius Hermias et David l'Invincible» dans *Bedi Kartlisa* 40 (1982), p. 216-227 et enfin J.-P. Mahé dans DPhA, n° 141.

102. David l'Invincible, *Définitions et divisions de la philosophie,* texte arménien et traduction russe par S. S. Arevshatian, Erevan 1960 ; *Commentaire de l'Isagoge de Porphyre,* par le même, Erevan 1976 ; *Commentaire des Analytiques d'Aristote,* par le même, Erevan 1967 (Youri Chitchaline, Moscou, dans une lettre d'avril 1989, constate des rapports très étroits entre ce commentaire et celui d'Élias, ci-dessous p. IX). Pour d'autres éditions et traductions, voir la bibliographie de A. K. Sanjian, *op. cit.,* p. 119-124. On a maintenant une tradition anglaise (avec texte arménien) des *Définitions* par B. Kendall et R. W. Thomson (Armenian Texts and Studies, 5), Chico, CA, 1983.

103. Cf. l'*Index nominum* de l'éd. Busse (CAG XVIII 2) s.v. Δαβίδ.

104. Lectures on Porphyry's *Isagoge,* éd. L. G. Westerink, Amsterdam 1967. Pour l'identification du Ps.-Élias avec Étienne, proposée par Mme Wolska-Conus, voir *infra* p. XL, n. 118.

Étant donné que le début est perdu, l'attribution à David n'a pas d'autorité ; de longs extraits sous le nom d'Élias peuvent venir d'une copie complète, mais l'ouvrage est bien trop différent de ce qui est authentiquement d'Élias pour pouvoir passer pour une version différente. L'auteur est familier avec la littérature médicale et il est possible qu'il ait enseigné la médecine aussi, ou même qu'elle ait été son occupation principale.

Pour autant qu'on puisse conclure à partir de quelques déclarations incidentes, les vues religieuses de David et du Ps.-Élias sont tout à fait semblables à celles d'Élias lui-même. Sans se prononcer eux-mêmes très clairement, ces auteurs se réfèrent à la doctrine de l'éternité de la matière[105] ; à la divinité des corps célestes[106] ; à des esprits vengeurs irrationnels[107] ; et aux Nymphes à longue vie, familières à la démonologie néoplatonicienne[108]. La remarque que Dieu créa d'abord les éléments, puis l'homme[109], ressemble à une citation de la Bible[110], mais peut être aussi bien une adaptation assez libre du *Timée*. Dans l'ensemble, le but principal de tous ces auteurs semble avoir été de tenir, dans toute la mesure du possible, la philosophie à l'écart de leur religion.

105. Ps.-Élias, 42.20.

106. Cf. *ibid.*, 34.27 : τοῦτο μὲν μέχρι τοῦ νῦν ἀμφιβάλλεται περὶ τοῦ οὐρανοῦ, εἴτε ἔμψυχός ἐστιν εἴτε ἄψυχος. Assez curieusement on retrouve pratiquement mot à mot la même phrase dans Théophile, *In Hippocr. Aphor.* 247.35-248.2 (éd. F. R. Dietz, *Scholia in Hippocratem et Galenum,* vol. II, Königsberg 1834) : καὶ γὰρ μέχρι τοῦ νῦν ἀμφιβάλλουσιν οἱ φιλόσοφοι περὶ τοῦ οὐρανοῦ, εἴτε σῶμά ἐστιν εἴτε ἀσώματον, καὶ εἴτε πεπερασμένος εἴτε ἄπειρος. Le lien pourrait bien être Étienne, bien qu'on ne trouve pas la phrase dans le texte (légèrement abrégé) de cet auteur (commentaire des *Aphorismes, CMG* XI 1,1, p. 40.6-9).

107. Ps.-Élias, 41.29-31.

108. *In isag.* 15.21-26; 24.11-12; 14-15; cf. Ol. *In meteor.* 301.18-19.

109. *In isag.* 129.8-10.

110. Quelques expressions bibliques : Ps.-Élias 15,4 βασιλεὺς βασιλευόντων (1 *Tim.* 6.15 ; revient aussi chez Élias, 21.4) ; 13.26 : τοῖς βραβείοις τῆς νίκης... παρὰ τοῦ δημιουργοῦ στεφανοῦται (1 *Cor.* 9.24).

Il faut cependant répéter qu'il est difficile de juger de ces matières simplement à partir d'un traité de logique, dans lequel les questions fondamentales sont rarement abordées. Dans le cas d'**Étienne (Stephanus)** nous sommes en meilleure position, parce que nous possédons son commentaire du 3e livre du *De anima*[111], où un certain nombre de points cruciaux ne pouvaient pas ne pas être abordés. Sa façon de les traiter est cependant confuse. D'une part, en effet, il accepte inconditionnellement l'autorité du dogme chrétien[112] et de la Bible[113]; mais d'un autre côté aucun effort n'est tenté pour réviser fondamentalement, d'un point de vue chrétien, le matériel traditionnel. Toutes les vieilles positions réapparaissent; l'éternité du monde ('selon Aristote'[114]) et de la cinquième substance ('selon certains'[115]), la préexistence de l'âme humaine[116] et le caractère rationnel des corps célestes[117] (dans les deux cas sans qu'il soit fait d'effort pour réfuter ou atténuer les doctrines). La clarté et la détermination avec laquelle Philopon mène les controverses entre philosophie et dogme dans ses ouvrages contre Proclus et Aristote et, dans le domaine exégétique, dans son *De opificio mundi,* fait ici complètement défaut. Philopon, cependant, avait l'avantage d'être un 'outsider', qui pouvait tour à tour jouer le

111. Publié comme troisième livre de Philopon, *De anima,* p. 446-607. Voir la préface de M. Hayduck (p. v) et R. Vancourt, *Les derniers commentateurs ...,* p. 43-48. Récemment W. Bernard, dans R. Sorabji (éd.), *Philoponus and the rejection of Aristotelian science* (London 1987), p. 154, n. 3 (voir aussi p. 231-232), a mis en doute cette attribution, mais sans tenir compte du fait que les caractéristiques formelles du livre III prouvent qu'il est d'origine post-olympiodoréenne. Cela admis, il ne reste aucune raison pour se méfier du témoignage explicite des manuscrits de Paris et de Modène.

112. Ps.-Philopon (= Étienne), *De an.* 527.29-32.

113. *Ibid.* 547.11-14.

114. *Ibid.* 540.27.

115. *Ibid.* 448.6-7.

116. *Ibid.* 541.20-542.5.

117. *Ibid.* 595.33-598.7. Cf. *supra* p. XXXVIII et n. 106 et Philopon, *De opif. mundi* VI 2.

rôle d'un adversaire ou d'un juge impartial, tandis qu'Étienne était handicapé par le fait qu'il était le représentant officiel de la philosophie classique, bien avant qu'un point de vue purement historique ait pu se développer.

Qu'Étienne ait déjà occupé une chaire de philosophie à Alexandrie avant d'être appelé à Constantinople, n'est pas certain mais seulement probable. Peu de temps après l'accession au trône d'Héraclius (en 610), il fut nommé οἰκουμενικὸς διδάσκαλος, c.-à-d. professeur à l'Académie impériale qui venait d'être fondée ou restaurée[118]. Selon l'auteur d'un faux astrologique, écrit

118. H. Usener, *De Stephano Alexandrino,* Bonn 1880 (= *Kleine Schriften,* Leipzig 1912-13 [réimpr. Osnabrück 1965], III 247-322; volume qui réunit trois publications antérieures : *De Stephano Alexandrino,* Bonn 1879; *Stephani Alexandrini opus apotelesmaticum,* Bonn 1879; *De Stephano Alexandrino commentatio altera,* Bonn 1880). Au sujet du professorat, voir p. 3-4 (= 247-248). Sur la vie et l'œuvre d'Étienne en général, cf. R. Vancourt, *op. cit.,* p. 26-42; P. Lemerle, *Le premier humanisme byzantin,* Paris 1971, p. 79-81. La question de son identité avec le professeur de médecine Étienne d'Athènes réclame des recherches supplémentaires; les commentaires sur Hippocrate et Galien de celui-ci sont édités en partie par F. R. Dietz, *Scholia in Hippocratem et Galenum,* Königsberg 1834 (réimpr. Amsterdam 1963); de nouvelles éditions sont en cours de publication dans le *Corpus Medicorum Graecorum* (*Pronostic,* éd. J. M. Duffy, Berlin, 1983; *Aphorismes,* vol. I, éd. L. G. Westerink, 1985 (t. II et III en prép.); *Ad Glauconem,* éd. K. M. Dickson en prép.). L'auteur des textes médicaux enseignait à Alexandrie (I 335, 5 Dietz); il est appelé φιλόσοφος (*Progn.* 27.4 Duffy; *Aphor.* I 28.3 W.; *Ad Glauc.* 233.1 Dietz) et montre plus de familiarité avec les idées philosophiques courantes que Jean d'Alexandrie et Palladius, ses collègues; ses cours sont édités selon le plan-type en usage dans l'école d'Olympiodore. Le fait que dans le titre du *Commentaire aux Aphorismes* il soit appelé Étienne d'Athènes n'est pas un obstacle : H. Rabe, *Prolegomenon sylloge,* Lipsiae 1931, p. LVIII n. 1 écrit : *Quot grammaticis ethnicon Ἀλεξανδρεύς tribuit Suidas! Nemo credit eos Alexandriae natos esse omnes.* — Il faut maintenant tenir compte d'un article récent de Mme W. Wolska-Conus, «Stéphanos d'Athènes et Stéphanos d'Alexandrie. Essai d'identification et de biographie», *Rev. Ét. Byz.* 47, 1989, 5-89. Cette étude bien documentée et bien raisonnée amène aux conclusions que voici : (1) Étienne d'Alexandrie, philosophe et mathématicien, et Étienne d'Athènes, professeur de médecine, sont une seule et même

sous son nom 170 ans plus tard, Étienne enseignait la philosophie platonicienne et aristotélicienne, le quadrivium, l'alchimie et l'astrologie[119]. Pour autant que nous

personne ; la mention de l'iatrosophiste Gessius (c. 500), *In Aphor.* I 236.3-8, qui suggère une connaissance personnelle, doit alors être une anecdote d'un caractère tout à fait traditionnel (et les nombreuses méprises en matière d'astronomie et de philosophie seront mises sur le compte de l'étudiant-rapporteur) ; (2) il est aussi le philosophe Étienne d'Alexandrie, dont le commentaire de l'*Isagoge* est cité par l'écrivain syrien Sévère bar Šakkô († 1241) ; (3) avec une certaine probabilité, ce commentaire peut être identifié avec celui du Ps.-Élias traité *ci-dessus,* p. xxxvii-xxxviii ; (4) le *vardapet* (didascale) anonyme d'Athènes, qui fut à Constantinople le maître de Tychicus de Trébizonde, d'après Anania de Shirak, auteur arménien du vi[e]/viie siècle (voir J. P. Mahé, «Quadrivium et cursus d'études au viie siècle, en Arménie et dans le monde byzantin, d'après le K'nnikon d'Anania Širakac'i» dans *Travaux et mémoires,* 10 (1987), p. 159-206), n'est autre que ce même Étienne ; (5) c'est aussi lui dont Jean Moschus (PG 87, 2929 D) et son ami Sophronius le sophiste suivirent les cours à Alexandrie ; (6) enfin, rien ne s'oppose à la supposition qu'il soit aussi le sophiste Étienne accusé d'hétérodoxie par l'église jacobite d'Alexandrie à la fin du vi[e] siècle (mentions chez Timothée de Constantinople et chez deux historiens syriens). — Le Commentaire en latin *Sur les Aphorismes*, datant du début du viie siècle, que P. Courcelle (*Les lettres grecques en Occident,* Paris, 1943, 1948, p. 387-388) attribuait à Étienne, ne peut servir de preuve, étant donné que les bases sur lesquelles l'attribution est faite, sont insuffisantes.

119. Usener, *op. cit.* p. 17 (= p. 267) ; sur ce texte, qui contient un important horoscope du fondateur de l'Islam, cf. O. Neugebauer - H. B. van Hoesen, *Greek Horoscopes* (Memoirs of the American Philosophical Society, 48), Philadelphia 1959, p. 158-160 ; voir encore O. Neugebauer, *A History ...,* p. 1050, n. 48. — M. Hayduck (*CAG* XVIII 3, p. v-vi) signale aussi un commentaire des *Premiers Analytiques*, livre II. Le seul exemplaire connu était *Scor.* B.V.1 (f. 31[v] suiv.), acheté à Démétrios Tribolios (à Arta) par Ianos Laskaris, et qui, avec les livres de D. Hurtado de Mendoza, finit par passer dans la bibliothèque de l'Escorial, où il fut détruit dans l'incendie de l'an 1671 (K. K. Müller, «Neue Mittheilungen über Janos Laskaris und die Mediceische Bibliothek», Centralblatt für Bibliothekswesen, 1, 1884, p. 333-412 [395 : Στεφάνου φιλοσόφου Ἀλεξανδρείας εἰς τὸ β′ τῶν προτέρων ἀναλυτικῶν σχόλια, ἀτελές] ; G. de Andrès, *Catálogo de los códices griegos desaparacidos de la Real Biblioteca de El Escorial,* 1968, p. 59, N° 119). On se demande s'il faut l'identifier avec un

puissions le vérifier, le faussaire n'était pas mal informé : des commentaires d'Étienne sur le *De interpretatione* et le *De anima III* sont conservés ; un cours d'arithmétique est mentionné par Étienne lui-même[120], un ouvrage d'astronomie a été partiellement publié par H. Usener[121] et des traités d'alchimie et d'astrologie[122] circulaient, à tort ou à raison, sous son nom. Ce fait, avec une note qui n'a guère plus d'autorité dans un opuscule alchimique[123], est la seule confirmation formelle de la présomption (par elle-même raisonnable) que la philosophie platonicienne était encore enseignée publiquement au VIIe siècle[124].

commentaire anonyme du type olympiodoréen, qui nous est parvenu dans plusieurs manuscrits (*inc.* Διδάξας ἡμᾶς ἐν τῷ προτέρῳ βιβλίῳ τί τέ ἐστι συλλογισμός, *des.* ἐφ' ἑνὸς αὐτῶν λαμβανόμενος · ἐν οἷς ἡ πρᾶξις καὶ τὸ β' τῶν προτέρων ἀναλυτικῶν σὺν θεῷ πληροῦται). Extraits chez Chr. A. Brandis, *Scholia in Aristotelem,* Berlin 1836, p. 187 a 16 - 195 b 25 ; manuscrits : Jérusalem, *St. Sép.* 150, s. XIV, f. 49-65 ; Oxford, *Barocc. gr.* 145, s. XV-XVI, f. 179-207 ; gr. 155, s. XV, f. 215-263 ; *Canonician. gr.* 68, s. XV (68 f.) ; *Paris. gr.* 1943, s. XVI, f. 1-27 ; 1944, s. XVI, f. 1-55 ; 1945, s. XVI (87 f.). L'attribution à Alexandre d'Aphrodisias est sans doute due à André Darmarios ; elle se trouve dans *Paris. gr.* 1873, f. 1-76 (Darmarios, 1561), *Ambr. A 242 inf.* (62 f. ; Darmarios et un autre copiste), *D 122 inf.* (53 f. ; Manuel Moros).

120. Ps.-Philop. *De an.* 457.24-25.

121. Usener, *op. cit.* p. 33-54 (= p. 289-319) ; voir la notice de O. Neugebauer, *op. cit.,* p. 1045-1051.

122. Les textes alchimiques ont été publiés par J. L. Ideler, *Physici et medici graeci minores,* Berlin, 1841, et n'ont pas été repris dans l'édition Ruelle-Berthelot ; ils ont été republiés par F. S. Taylor, « The alchemical works of Stephanus of Alexandria » dans *Ambix* 1 (1937), p. 116-139 et 2 (1938), p. 39-49. — En ce qui concerne les ouvrages astrologiques, cf. O. Neugebauer, *op. cit.,* p. 1050 n. 49.

123. Dans *Vindob. med. gr.* 2 [olim 14], f. 53r (an 1564), cité par Usener, *op. cit.,* p. 3 (= p. 248).

124. La suite anonyme au *Commentaire du Parménide* de Proclus (éditée dans *Procli Opera,* éd. V. Cousin², Paris 1864, col. 1257-1314 ; nouvelle éd. avec traduction anglaise dans le *Corpus Philosophorum Medii Aevi,* Série byzantine, Athènes-Leiden 1989) est l'œuvre de Georges Pachymère (XIIIe siècle) et peut donc être négligée ici.

III. Les Prolégomènes à Aristote et à Porphyre

La plupart des philosophes dont on vient de parler sont représentés dans les *Commentaria in Aristotelem Graeca* par une introduction à la philosophie en général et à l'*Isagoge* de Porphyre, ou bien par une introduction à la philosophie d'Aristote et aux *Catégories*, ou bien par les deux ouvrages[1]. Les textes parallèles fournissent un utile matériel de comparaison, qui malheureusement n'existe pas pour les *Prolégomènes à la philosophie de Platon*. Une description de ces ouvrages, à côté de quelques traits particuliers, mettra surtout en évidence une caractéristique commune à tous ces textes : leur extrême conservatisme. Ils présentent un tel air de famille, qu'on peut très aisément donner une comparaison sous forme synoptique. Cela est particulièrement vrai des introductions à Aristote.

Les cinq commentaires aux *Catégories* dont elles constituent le début sont les suivants : Ammonius (éd. A. Busse, 1887 ; CAG IV 1)[2] ; Philopon (éd. A. Busse,

1. Je viens seulement de prendre connaissance du livre de Marian Plezia, *De commentariis isagogicis,* (Archiwum Filologiczne, 23), Kraków 1949 où toutes ces introductions, y compris celles aux cours de grammaire et de rhétorique, sont résumées et discutées d'une manière plus détaillée qu'ici. Voir aussi I. Hadot, «Les introductions aux commentaires exégétiques chez les auteurs néoplatoniciens et les auteurs chrétiens» dans *Les règles de l'interprétation,* éd. M. Tardieu (Coll. Patrimoines. Religions du Livre), Paris 1987, p. 99-122 (qui éclaire la 'préhistoire' de ce schéma chez les Pères de l'Église — chez Origène en particulier) ainsi que Christel Hein, *Definition und Einteilung der Philosophie. Von der spätantiken Einleitungsliteratur zur arabischen Enzyklopädie* (Europäische Hochschulschriften, Reihe XX, Philosophie, Bd. 177), Frankfurt am Main, 1985, qui étudie tout particulièrement le devenir de tout le matériel qui va être présenté, dans les domaines syriaque et arabe.

2. Il existe une traduction française des prolégomènes à Aristote d'Ammonius par Y. Pelletier, *Les Attributions (Catégories),* Paris-Montréal 1983, p. 69-194.

1898; XIII 1); Olympiodore (éd. A. Busse, 1902; XII 1); Élias (éd. A. Busse, 1900; XVIII 1); et Simplicius (éd. K. Kalbfleisch, 1907; VIII)[3]. A l'exception de Simplicius, ces commentaires se présentent comme des collections de notes de cours. Voici une idée du contenu des introductions.

I. Introduction à Aristote en dix sections

L'ordre des sections peut varier légèrement : Amm. 1-6, 8-10, 7; Ol. et El. : 1-10; Philop. : 1-5, 8-9, 6-7, 10; Simpl. : 1-5, 8-9, 7, 6, 10.

1. Origine des noms des diverses écoles philosophiques. Ces noms peuvent dériver : (a) du nom du fondateur; (b) de sa cité ou de sa contrée de naissance; (c) de la localité où il a enseigné; (d) d'un type particulier de vie (les Cyniques); (e) d'une croyance (les Sceptiques; arguments de Platon contre eux); (f) de circonstances accidentelles (Péripatos); (g) de leur avis concernant la fin de la philosophie (les Hédonistes).

Arrangement ci-dessus chez Amm. et Ol.; Philop. et El. ont l'ordre abcedgf, Simpl. abcfegd. Ol. et El. ajoutent une division pour montrer que cette liste épuise toutes les possibilités. Simpl. est très bref, et omet les digressions; El. est plus explicite qu'Ol.

2. Classification des écrits d'Aristote[4] : (i) écrits particuliers (μερικά) p. ex. les *Lettres*; (ii) écrits intermédiaires : v.g. les Πολιτεῖαι; (iii) écrits généraux (καθόλου), subdivisés en (a) ὑπομνηματικά (notes pour l'usage per-

3. Traduction française en cours sous la direction de I. et P. Hadot et Ph. Hoffmann à paraître dans la collection *Philosophia antiqua*, vol. 50-51, Leiden, 1990.

4. Sur cette classification, cf. l'article de I. Hadot, 'La division néoplatonicienne des écrits d'Aristote' dans *Aristoteles, Werk und Wirkung*, Paul Moraux gewidmet, éd. J. Wiesner, 2 vol., Berlin, 1985-1987, t. II, p. 249-285; voir en particulier le tableau d'ensemble, p. 254. C. Hein, *op. cit.*, p. 260-381 a rassemblé quantité de textes syriaques et arabes reproduisant cette classification.

sonnel, soit μονοειδῆ soit ποικίλα) et (b) συνταγματικά, consistant en (α) dialogues (ἐξωτερικά) et (β) ouvrages non dialogués (ἀκροαματικά). Le dernier groupe comprend (1) philosophie théorique (vrai ou faux) : théologie, mathématique, physique ; (2) philosophie pratique (bien ou mal) : éthique, économie, politique ; (3) l'*Organon* : ses éléments *(Cat., De interpr., Anal. pr.)*, la méthode elle-même *(Anal. post.)*, sujets accessoires *(Top., Soph. el.)*.

Amm. omet la division de iiia. Ol. et El. discutent la différence entre iii b α et iii b β et l'opinion d'Alexandre à ce sujet. Seul El. donne une classification plus complète des ouvrages de physique. En iii b β3 Ol. distingue ἡ μέθοδος, τὰ συμβάλλοντα, τὰ καθαίροντα ; El. et Simpl. τὰ πρὸ τῆς μεθόδου, αὐτὴ ἡ μέθοδος, τὰ ὑποδυόμενα τὴν μέθοδον.

3. Point de départ : les leçons doivent commencer par la logique, l'éthique ne venant au premier rang qu'entendue comme morale pratique[5].

Philop. et El. tout particulièrement donnent une doxographie plus complète : Boethus place en tête la physique ; Andronicus, la logique ; les platoniciens, l'éthique ou les mathématiques. Amm. et Ol. y ajoutent un exposé sommaire du cours entier, comme dans la section 5.

4. But de la philosophie : connaissance de Dieu, le premier principe.

Ol., El. et Simpl. citent Hom., *Il.* 2, 204 (Ar., *Met.* Λ 10, 1076 a 4).

5. Façon de parvenir à cette fin : éthique, physique, mathématique, théologie.

6. Qualités requises chez l'étudiant.

La formulation varie beaucoup d'un texte à l'autre : Ol. et El. citent Platon, *Alc.* 114 E 7-9, El. et Simpl., Ar., *Top.* I 11, 105 a 3-5.

5. Voir W. Speyer, *Die literarische Fälschung im heidnischen und christlichen Altertum,* Munich 1971, p. 84 et 112, qui cite l'article de C. W. Müller, « Die neuplatonischen Aristoteleskommentatoren über die Ursachen der Pseudepigraphie », *Rhein. Mus.* 112 (1969), p. 120-126.

7. Qualités de l'exégète : on attend de lui une attitude critique.

El. et Simpl. indiquent qu'il faut être familiarisé avec tout l'ensemble du *Corpus aristotelicum* et avec la philosophie platonicienne pour pouvoir démontrer leur accord fondamental.

8. Le style d'Aristote : variable suivant le type d'ouvrage.

Ol. et El. qualifient tous les deux son style épistolaire comme κοινὸς ἅμα καὶ ἴδιος (Hermogène). Simpl. traite de la nature des ouvrages d'Ar. en général.

9. But de l'obscurité d'Aristote : écarter ceux qui ne le méritent pas (comparable à la fonction des rideaux dans certains temples).

Série complète d'analogies chez Ol. et particulièrement chez El.

10. Préliminaires à chaque ouvrage particulier : (a) sujet ; (b) utilité ; (c) ordre de lecture de l'ouvrage ; (d) titre ; (e) authenticité ; (f) disposition.

Philop. donne l'ordre abdcfe, puis (dans la partie II) discute dans l'ordre abdcef ; chez Ol. on a respectivement abcdef et abdecf ; chez El. : respectivement abdecf et abcdef ; chez Simpl., abdcef et abcdef. Philop., Ol., El. et Simpl. insistent sur la question de l'authenticité en général, indiquant de manière légèrement différente les motifs qui ont amené les faux[6].
Entre I et II Ol. introduit, à titre d'introduction à la logique, un texte sur la question de savoir si la logique est une partie de la philosophie ou tout simplement son instrument. C'est un sujet généralement réservé pour une introduction aux *Premiers analytiques*[7].

6. Sur ce point, cf. P. Moraux, *Der Aristotelismus bei den Griechen. Von Andronikos bis Alexander v. Aphrodisias* (Peripatoi, 5), Berlin, 1973, p. 78-79.

7. Voir mon article cité ci-dessus, p. IX, n. 12, p. 131-132 (= p. 64-65) ; voir aussi C. Hein, *op. cit.*, p. 153-162.

II. Introduction aux *Catégories*

(a) Sujet : ni des 'mots' (φωναί) ni des 'choses' (πράγματα) ni des 'pensées' (νοήματα), mais des 'mots qui dénotent des choses au moyen de pensées'[8] (περὶ φωνῶν σημαινουσῶν πράγματα διὰ μέσων νοημάτων, Jamblique), avec une restriction supplémentaire : 'des mots simples et selon la première imposition des mots (κατὰ τὴν πρώτην θέσιν, pour distinguer par rapport aux propositions et aux syllogismes[9]).

Les données doxographiques varient : Philop. attribue les définitions rejetées respectivement à Alexandre, Eustathe et Porphyre ; Ol. à Porphyre, Herminus et Alexandre ; El. (qui combine Philop. et Ol.) à Alexandre et Eustathe, Herminus, Porphyre. Seul Simpl., qui avait consulté les sources, donne des détails utilisables. Philop. ajoute une digression sur le principe ἡ ἀρχὴ τῆς πράξεως τέλος τῆς θεωρίας, qui reparaît sous (b) chez Simpl. et sous (c) chez Ol.

(b) Utilité : une voie de preuve.

(c) Ordre de lecture de l'ouvrage : commencement de la logique.

(d) Titre[10].

Amm. et Philop. n'expliquent que le terme κατηγορίαι, Ol. discute deux titres mutuellement exclusifs, El. et Simpl. un plus grand nombre.

(e) Authenticité : les bibliothèques anciennes possédaient deux versions des *Catégories* ; une seule a résisté à l'épreuve de la critique. Critères.

8. Cf. *infra*, p. LXXIV, n. 43. — Sur le *skopos* des *Catégories* consulter Ph. Hoffmann, « Catégories et langage selon Simplicius — La question du 'skopos' du traité aristotélicien des '*Catégories*' » dans *Simplicius. Sa vie, son œuvre, sa survie*, Berlin 1987, p. 61-90.

9. Sur les deux « impositions » des noms, cf. Ph. Hoffmann, *art. cit.*, p. 78-81.

10. Ce matériel est examiné par M. Frede, « Titel, Einheit und Echtheit der Kategorienschrift » dans *Zweifelhaftes im Corpus Aristotelicum* (Peripatoi, 14) Berlin 1983, p. 1-30 ; traduit en anglais dans *Essays in Ancient Philosophy*, Oxford 1987, p. 11-28.

Amm., Philop. et Ol. comparent les 40 (El., 42) livres des *Analytiques,* dont il ne reste que quatre. Ol. mentionne des arguments spécifiques contre l'authenticité des *Catégories*.

(f) Plan : (i) notions préliminaires, ch. 1 ; (ii) catégories, ch. 2-9 ; (iii) explications de certains termes, ch. 10-15. La partie i traite des notions entièrement nouvelles, tandis que la partie iii donne une signification technique à des mots familiers.

Dans les introductions à Porphyre, et en particulier dans les *Prolégomènes à la philosophie* qui les précèdent, il y a beaucoup plus de variation. Avec le temps, les prolégomènes tendent à devenir plus prolixes et plus schématiques. Ammonius (éd. A. Busse, 1891 ; CAG IV 3), qui a peut-être introduit l'*Isagoge* à Alexandrie, commence sur une échelle modeste, avec un traité de 24 pages consacré à la définition et à la subdivision de la philosophie. L'introduction d'Olympiodore n'a pas été conservée, mais celle d'Élias (éd. A. Busse, 1900 ; CAG XVIII 1) devrait en donner une idée assez exacte. Élias consacre 15 leçons (39 pages) à cette partie introductive ; il lui faut deux leçons et demie pour discuter la définition en général et il en emploie encore cinq autres à de longs commentaires sur les six définitions de la philosophie choisies par Ammonius. Chez David et le Ps.-Élias la longueur des prolégomènes est de nouveau presque doublée : la version de David (éd. A. Busse, 1904 ; CAG XVIII 2) est formée de 28 leçons (94 pages) ; la contrepartie chez le Ps.-Élias (éd. Westerink, Amsterdam 1967) comprend 27 leçons (dont 7 sont perdues)[11].

A cause de ces différences il sera plus commode d'analyser à part au moins les prolégomènes d'Ammonius.

11. Analyse détaillée de ces *Prolégomènes à la philosophie* chez C. Hein, *op. cit.*, p. 33-237.

I. Introduction à la philosophie

A. Définition de la philosophie. — Qu'est-ce qu'une définition ? — Tout art peut être défini soit à partir de sa matière soit à partir de sa fin. Entre les nombreuses définitions de la philosophie, Ammonius en choisit 'cinq ou un peu plus'[12] :

(1) 'Connaissance de la réalité comme telle' (γνῶσις τῶν ὄντων ᾗ ὄντα ἐστίν) ;
(2) 'Connaissance des choses tant humaines que divines' (γνῶσις τῶν θείων τε καὶ ἀνθρωπίνων πραγμάτων) ;
(3) 'Assimilation à Dieu dans la mesure possible à l'homme' (ὁμοίωσις τῷ θεῷ κατὰ τὸ δυνατὸν ἀνθρώπῳ) aussi bien en théorie qu'en pratique ; la restriction 'dans la mesure possible' s'explique par le fait que l'homme et Dieu sont essentiellement différents ;
(4) 'Préparation à la mort' (μελέτη θανάτου), mais non pas au suicide : *Phaed.* 62 B1-C8 ; mort 'naturelle' et mort 'volontaire' ;
(5) 'Art des arts et science des sciences' (τέχνη τεχνῶν καὶ ἐπιστήμη ἐπιστημῶν : cf. Ar., *Met.* A 2, 982 a 4-b 10) ; différence entre art et science ; tous les arts tiennent leurs principes de la philosophie ;
(6) 'Amour de la sagesse' (φιλία σοφίας), Pythagore : usage confus du terme σοφός dans l'ancien temps (Archiloque ; Hom. *Il.* 23, 712 ; 15, 412), limité à Dieu par Pythagore.

B. Subdivision de la philosophie. — Qu'est-ce qu'une διαίρεσις ? une ἐπιδιαίρεσις ? une ὑποδιαίρεσις ?

(I) Philosophie théorétique (θεωρητική) : (1) théologie ; (2) mathématique ; (3) physique (objets : l'immatériel, l'intermédiaire, le matériel ; les mathématiques comme transition). Les mathématiques sont

12. Sur l'origine de ces définitions, cf. *infra* p. LII-LIII.

subdivisés en (a) géométrie, (b) astronomie, (c) musique, (d) arithmétique (influence éthique de la musique); c'est-à-dire en quantité continue (a) immobile et (b) éternellement mue, et en quantité discrète (c) avec relation et (d) absolue.

(II) Philosophie pratique (πρακτική) : (1) éthique; (2) économie ; (3) politique. Ammonius rejette l'opinion selon laquelle ces trois disciplines seraient identiques. Chacune d'elles peut être subdivisée en (α) νομοθετικόν, (β) δικαστικόν.

II. Introduction à l'*Isagoge*

La notion de catégorie; développement de la catégorie de l'essence et, très brièvement, des autres. — Les cinq mots *(quinque uoces)* sont utilisés par Aristote dans les *Catégories*; Porphyre les explique. Sujet et titre du livre.

Προλεγόμενα ou προτεχνολογούμενα ordinaires :

(1) Sujet du livre : qu'est-ce qu'un genre, une espèce, une différence, une propriété, un accident ?
(2) Son utilité.
(3) Authenticité.
(4) Ordre de lecture : l'*Isagoge* vient avant les *Catégories*.
(5) Titre.
(6) Plan : préface, puis (i) les cinq mots séparément; (ii) en paires; (iii) ensemble.
(7) A quelle section de la philosophie appartient l'ouvrage (à la logique).

Busse fait observer que les 'prolégomènes habituels' répètent en partie ce qui a déjà été dit; il pense donc qu'ils ont été interpolés en accord avec la pratique plus tardive[13]. Il est vrai que le texte d'Ammonius n'a été traité qu'avec peu de respect par les savants et les scribes, et la répétition est indéniable. D'un autre côté,

13. Note à 21.5 de son édition, et *Praef.* p. v n. 4.

on ne saurait parler de 'pratique plus tardive', étant donné que les mêmes points sont discutés dans les introductions d'Ammonius à ses commentaires des *Catégories* et des *Premiers analytiques,* et le fait que Boèce, aussi, s'en occupe dans son commentaire sur Porphyre[14] est une confirmation indépendante qu'Ammonius a dû déjà en faire autant. Que le passage dans notre texte ait été ajouté par Ammonius comme une sorte de repentir ou par quelqu'un d'autre que lui, cela ne fait pas vraiment de différence.

La forme la plus élaborée de ces prolégomènes, la version de David, peut servir de base pour donner une synopse des trois autres prolégomènes (El., Dav., Ps.-Él.).

I. Introduction à la philosophie

L'introduction est calquée sur Aristote, *Anal. post.* II 1[15] : (i) εἰ ἔστι ; (ii) τί ἐστι ; (iii) ὁποῖόν τί ἐστι ; (iv) διὰ τί ἐστι.

Seulement chez David.

(i) La philosophie existe-t-elle ? Réponse à quatre arguments sceptiques : (1) τὸ ὄν est un terme équivoque ; par conséquent il ne peut être défini et est donc inconnaissable ; (2) toutes choses sont dans un flux perpétuel ; (3) toute connaissance dérive des sens ; (4) la philosophie est une connaissance générale, qui ne peut exister dans un sujet particulier. Une preuve positive de son existence est tirée de la croyance en la providence. Argumentation tirée de Platon, *Théétète* 170 C 2-171 C 7,

14. Boèce, *In Isag. a Victorino transl.,* p. 4.17-5.10 Brandt (*CSEL* 48), Vienne 1906. Un autre passage condamné par Busse (20.25-21.4) voit son authenticité prouvée par Boèce, *ibid.* 10.19-22.

15. Sur cette division, cf. C. Hein, *op. cit.,* p. 57 ss ; voir par ex., Proclus, *In Alc.* 275, 1-4 (et n. 1, p. 435 des Notes complémentaires).

et d'Aristote, *Protreptique,* fr. 51 R³ (2 Walzer et Ross)[16].

Él. règle la question en quelques lignes seulement, et ne reprend que le dernier argument.

(ii) Qu'est-ce que la philosophie ?

En tant qu'unité, la philosophie est connue au moyen de la définition (A); en tant que terme complexe, au moyen de la subdivision (B).

A. Définition de la philosophie. Neuf questions préliminaires :

(1) Qu'est-ce qu'une définition ?

(2) En quoi diffère-t-elle d'une description (ὅρος) et d'une définition descriptive (ὑπογραφή)[17] ?

(3) Origine du mot ὁρισμός.

(4) D'où sont tirées les définitions de la philosophie ? A partir de sa matière (= réalité) ou de son but (= devenir semblable à Dieu).

(5) Définitions parfaites, définitions imparfaites.

(6) Les six définitions de la philosophie (comme chez Amm., *supra* p. XLIX).

(7) Pourquoi sont-elles les seules possible ? Preuve à partir d'une division et à partir de l'arithmétique (six est le premier nombre parfait).

(8) (a) Ordre des six définitions. (b) On montre que deux définitions supplémentaires sont superflues.

(9) Origine de ces définitions : 1, 2 et 6 viennent de Pythagore ; 3 et 4, de Platon ; 5, d'Aristote.

Él. traite tout à fait des mêmes questions, bien qu'un peu moins schématiquement, dans l'ordre 1-4, 8a, 6, 9, 7, 8b. Ps.-Él. commence à 7, à quoi il ajoute un long traité sur les qualités des nombres 1-10 ; il laisse tomber 8b.

16. Cf. *supra* p. XXXIII et n. 90.

17. Sur la notion d'ὑπογραφή, cf. J. M. Narbonne, « Définition et description : le problème de la saisie des genres premiers et des individus chez Aristote dans l'exégèse de Simplicius » dans *Archives de Philosophie* 50 (1987), p. 529-554.

Explications particulières des définitions.

(1) 'Connaissance de la réalité comme telle'.

(2) 'Connaissance des choses tant humaines que divines'.

(3) 'Préparation à la mort' : quatre arguments contre le suicide. Vie et mort 'naturelles' et 'volontaires'. Cinq raisons en faveur du suicide selon les Stoïciens.

Él. couvre essentiellement les mêmes sujets, mais dans un ordre quelque peu différent.

(4) 'Assimilation à Dieu dans la mesure possible à l'homme'. Quatre sens du terme ὅμοιος. Différence essentielle entre l'homme et Dieu. Les vertus de *Théét.* 176 A 5-B 3.

Él. ne discute pas la notion d'ὅμοιος.

(5) 'Art des arts et science des sciences' : au sens où un roi est nommé souverain des souverains, et Dieu, rois des rois. Les autres arts tirent leurs principes de la philosophie et sont corrigés par elle. La définition n'implique pas que la philosophie *soit* elle-même une τέχνη. Définition de τέχνη et d'ἐπιστήμη ; différence entre les deux.

La digression sur τέχνη et ἐπιστήμη manque chez El.

(6) 'Amour de la sagesse' : le sens ancien de sagesse (*Il.* 23, 712), limité par Pythagore. Degrés de la connaissance : perception sensible ; imagination ; opinion (irrationnelle et rationnelle) ; pensée discursive ; intellection.

Les quatre groupes de définitions (1-2 à partir de la matière ; 3-4, du but ; 5, du rang ; 6, de l'étymologie) ; signification du nombre quatre.

Dav. ajoute un traité relatif aux propriétés des nombres allant de un à dix, qui précède la discussion des définitions séparées dans le Ps.-Él. Él. laisse de côté la digression sur les degrés de connaissance, mais en ajoute une sur les nombres parfaits.

B. Subdivision de la philosophie. — Qu'est ce qu'une διαίρεσις, une ἐπιδιαίρεσις et une ὑποδιαίρεσις ?

(I) Philosophie théorétique; (II) Philosophie pratique. Fondements de cette division. Alors que (II) a une extension plus grande, (I) a une fin plus élevée (le Bien). (I) Platon : (1) physique; (2) théologie (avec les mathématiques en guise de propédeutique). Aristote : (1) physique; (2) mathématique; (3) théologie (1 matérielle, 2 matérielle dans la substance, immatérielle dans l'idée, 3 immatérielle). Fonction des mathématiques : *Epin.* 992 A 3-6; Plotin I 3 [20], 3. Signification du nom. — Les mathématiques sont subdivisées[18] en : (a) arithmétique; (b) musique; (c) géométrie; (d) astronomie (dans l'ordre donné), correspondant à la quantité discrète, absolue (a) et relative (b), et à la quantité continue, immobile (c) ou mobile (d). La discipline (a) a été inventée par les Phéniciens, (b) par les Thraces, (c) par les Égyptiens et (d) par les Chaldéens. Contreparties pratiques de ces sciences théorétiques. Influence éthique de la musique.

Le Ps.-Él. omet le paragraphe sur la musique, mais en ajoute un sur les «inventeurs» qui ont découvert les disciplines du *quadrivium*.

Suit une longue discussion sur les διαιρετικοὶ τρόποι : quel est le principe de la division dans le cas de la philosophie? dans celui de la philosophie théorétique? dans celui des mathématiques?

Seulement chez Dav. et chez le Ps.-Él.

(II) Aristote subdivise la philosophie pratique en (1) éthique, (2) économie, (3) politique (d'après ses livres sur ces sujets). Les Platoniciens objectent que la politique inclut les deux autres sujets, et les divisent en

18. Sur la division des mathématiques, cf. C. Hein, *op. cit.*, p. 163 ss. — Le texte de Plotin se retrouve chez Proclus, *In Eucl.* 21,21-22. — En ce qui concerne le *quadrivium* des disciplines mathématiques (qui se retrouve aussi dans *In Eucl.* 35,21-38,1, attribué aux Pythagoriciens : voir par ex. Nicomaque de Gérase, *Intr. arithm.* I, p. 5.13-6.7. Hoche), voir aussi I. Hadot, *Arts libéraux et philosophie dans la pensée antique,* Paris, 1984, p. 167-171 et C. Hein, *op. cit.,* p. 182-202.

(1) νομοθετικόν et (2) δικαστικόν, pour lesquelles les trois autres disciplines fournissent les conditions matérielles.

El. aussi bien que le Ps.-Él. cherchent à montrer que Platon et Aristote sont, en réalité, d'accord, mais ils le font d'une façon entièrement différente.

(III) Nature de la philosophie : sur la base des définitions, elle peut être décrite comme θεωρητική, ἀρχική, καθαρτική et πολιτική.

(IV) But de la philosophie : *Tim.* 47 A 7-B 2. Aussi bien les facultés cognitives que vitales dans l'âme sont guidées par la philosophie.

Les chapitres III et IV manquent chez Él.

II. Introduction à l'*Isagoge*

(1) Sujet : genre, espèce, différence, propriété et accident. Division montrant que tous les mots peuvent être ramenés à ces cinq.

(2) Utilité : les φωναί contiennent les éléments (a) des *Catégories* d'Aristote ; (b) de toute la philosophie ; (c) des méthodes dialectiques (division, définition, démonstration, analyse).

(3) Titre.

(4) Authenticité.

(5) Ordre de lecture : avant les *Catégories*.

(6) Plan : (i) les cinq mots séparément ; (ii) correspondances et différences.

Dav. et le Ps.-Él. rejettent la division en trois parties, enseignée par Amm. et El.

(7) Méthodes d'instruction utilisées (comme sous 2c).

(8) Section de la philosophie à laquelle l'*Isagoge* appartient.

L'ordre de ces points est, chez Él., 1, 2, 5, 3, 4, 6-8 ; chez le Ps.-Él., 1, 2, 5, 3, 4, 6, 8, 7, avec un paragraphe final sur le style de Porphyre.

En dépit des additions successives, le schéma général est resté le même pendant un siècle ; non seulement l'arrangement est traditionnel, mais un grand nombre de détails, d'arguments, de citations illustratives ou d'anecdotes, aussi, ont été transmis de génération en génération. Par exemple, les mêmes vers d'Homère (*Od.* 8.325; 10.306; 4.379 et 468) sont cités comme preuves de la bonté, de l'omnipotence et de l'omniscience des Dieux chez Amm. (3.9-15), Él. (16.20-25) et Dav. (17.2-9); un autre vers (*Il.* 5.442) sert à marquer la différence entre les Dieux et les hommes (Amm. 3.22-23; Él. 17.7-8; Dav. 34.21-22; Ps.-Él. 14.27), vers cité également par Proclus, *In Alc.* 3.19 et *In Tim.* III 246.16 s., et donc bien commun. Dans la discussion du suicide, la référence à l'épigramme sur Cléombrote est obligatoire (Amm. 4.22-25; Él. 14.4-7; Dav. 32.30-33; Ps.-Él. 12.5). La même rare variante dans Homère *Il.* 23.712 sert à illustrer l'usage du terme σοφός avant Pythagore (Amm. 9.8-15; Él. 23.34-24.3; Dav. 45.7-9; Ps.-Él. 18.29; et déjà chez Proclus, *In Eucl.* 21.21). L'histoire de Pythagore convertissant un jeune homme par la musique est rapportée par Amm. 13.24-27; Él. 31.11-13 (cf. Ol., *In Gorg.* 41.7-13). La philosophie est caractérisée comme θεία καὶ ἐφετή avec référence à *Tim.* 47 A 7-B 2 par Amm. 16.17-19; Él. 1.19-2.2; Dav. 78.28-79.1. Dans Amm. 15.17-16.3, Él. 34.10-21 et Ps.-Él. 22.20-21, le *Carmen aureum* est cité pour des exemples de δικαστικόν dans le domaine de la morale individuelle. On pourrait étendre considérablement cette liste, et l'on pourrait dresser une liste semblable pour les introductions à Aristote. Dans chacun de ces textes seule une petite fraction représente la contribution personnelle du professeur, et l'on peut inférer avec un grand degré de sûreté la même chose touchant les prolégomènes à Platon, perdus ou conservés.

IV. Sources des Prolégomènes à la philosophie de Platon

Toute tentative pour assigner des sources directes aux *Prolégomènes à Platon* ou pour reconstituer une source commune aux vies de Platon chez Olympiodore dans l'*In Alc.* et dans les *Prolegomena* aboutirait à une simplification. L'analyse de textes comparables faite plus haut montre que les choses sont plus compliquées.

La plupart des professeurs de philosophie platonicienne doivent avoir répété leur cours d'introduction année après année (ou au moins à intervalles assez courts) ; ils commençaient peut-être avec leurs propres notes de cours ; ensuite, ils ajoutaient à partir de sources écrites ou de mémoire, réarrangeant, corrigeant, abrégeant et commettant des erreurs. A chaque fois un certain nombre de copies étaient prises par les étudiants, qui à leur tour abrégeaient sérieusement le texte et y introduisaient des fautes encore plus grossières. Ensuite, un nouveau processus de rédaction et de mise au point de ces notes commençait entre les mains de ceux qui conservaient leur intérêt pour la philosophie platonicienne.

Un point fixe dans ce flux véritablement héraclitéen nous est fourni par un traité écrit par Proclus, qui doit sa position centrale dans le néoplatonisme largement au fait qu'il éditait lui-même, avec beaucoup de soins, ses propres cours. Les introductions à Porphyre et à Aristote semblent, elles aussi, être venues à Alexandrie d'Athènes, c.-à-d. de Syrianus ou de Proclus. P. Tannery[1] pensait que l'*Isagoge* avait été introduit comme «textbook» par Ammonius, mais cela est impossible, puisqu'Ammonius cite à plusieurs reprises ses prédécesseurs, bien qu'il ne donne pas leurs noms[2]. Que Proclus ait connu l'*Isagoge,* c'est ce que montre une remarque rapportée par Asclépius[3], et *a priori,* la

1. *Art. cit., supra* p. XI, n. 5, p. 271 (*Mémoires,* p. 219).

2. *In Porph. isag.* 23.2 ; 26.18 ; 31.4 ; 37.21 ; 67.6 ; 103.9 ; 113.26. L'*Isagoge* était déjà en usage à la fin du IVe siècle de notre ère : cf. P. Courcelle, *op. cit.,* p. 38 (Jérôme) et P. Hadot, *Marius Victorinus. Recherches sur sa vie et son œuvre,* Paris, 1971, p. 193-196, pour qui c'est Marius Victorinus qui aurait introduit, au moins en Occident, l'*Isagoge* de Porphyre dans le *cursus* des études.

3. Ascl. *In met.* 142.36-37. On trouve une citation de *Isagoge,* p. 7.21-23 Busse dans un passage de l'*In Alc.* d'Olympiodore, qui prétend rapporter l'opinion de Proclus en ce passage (203.20-204.12 = Proclus, *In Alc.,* fr. 11, p. 374-375). Ce n'est pas une preuve absolument certaine, étant donné qu'Olympiodore pourrait avoir introduit la citation de Porphyre.

grande réputation dont jouissait Porphyre chez les néoplatoniciens explique bien mieux la position canonique de l'*Isagoge* que les mérites de ce petit ouvrage. Concernant les introductions à Aristote nous avons une information plus précise : selon Élias, les 'dix points' traditionnels étaient prescrits par Proclus, dans un ouvrage intitulé Συνανάγνωσις[4].

Un ouvrage comparable pour la philosophie platonicienne est mentionné par Proclus lui-même dans son *Commentaire de l'Alcibiade*. En premier lieu (10.4-16), nous apprenons que la comparaison des éléments du dialogue avec les éléments de l'univers telle qu'elle est indiquée en *Proleg.* 16-17, avait été développée « ailleurs » (ἐν ἄλλοις) ; et un peu plus loin, après avoir mentionné le cycle jambliquéen des dix principaux dialogues, Proclus poursuit : « Quels sont ces dix dialogues, comment il faut les ranger et comment ils sont résumés dans les deux dialogues qui les suivent, nous en avons traité ailleurs spécialement » (*In Alc.* 11.18-21)[5]. Il est question du canon de Jamblique dans les *Prolegomena* en 26.16-44 : quelques lignes plus haut, la liste des dialogues due à Proclus a été discutée. Un ouvrage traitant *ex professo* (προηγουμένως) de l'arrangement des dialogues peut difficilement avoir été autre chose qu'une introduction à la philosophie platonicienne. On peut se demander si cette introduction est l'ouvrage cité deux fois par Jean Lydus dans le *De mensibus* sous le titre d'Ὑποτύπωσις τῆς Πλάτωνος φιλοσοφίας (p. 27.18-28.1 : caractère monadique et triadique de l'ordre intelligible : p. 71.14-20 : les âmes humaines et leurs démons-gardiens)[6]. Toutefois, l'identité n'est rien moins que certaine ; le titre aussi bien que les références chez Lydus semblent indiquer un aperçu

4. Élias *In cat.* 107.24-26.

5. Texte grec cité *infra* p. 75, n. 215.

6. Voir encore *ibid.*, 8.23-9.4, où l'on trouve un résumé du *Parménide* selon l'interprétation de Proclus, et qui pourrait donc provenir du même ouvrage.

de la doctrine (correspondant aux ch. 7-12 des *Proleg.*) plutôt qu'une introduction générale.

Quoi qu'il en soit, ce qui nous importe ici c'est la préface aux dialogues telle qu'elle est décrite par Proclus lui-même. La question de savoir dans quelle mesure cet écrit a pu influencer les *Prolegomena* doit être examinée chapitre par chapitre[17].

I. Vie de Platon (1-6). Un examen général des biographies de Platon serait hors de propos ici[8]. Tout ce qui nous intéresse pour le moment, c'est la relation entre Ol. et *Proleg.* On remarque une certaine indépendance, particulièrement dans la façon dont les *Proleg.* organisent les faits : c'est un arrangement tout à fait méthodique. La passion de la division (διαίρεσις), tellement profonde dans l'école d'Alexandrie, amène à présenter la naissance de Platon de la façon suivante : «Afin de donner un exposé complet de la vie de Platon, procédons par divisions successives. Tout ce qui vient au monde, vient au monde et dans un temps et dans un lieu», etc. (2.1-4), et bien que le reste du plan ne soit pas formellement mentionné (il a, peut-être, été omis par le *reportator*), il est aisé de le repérer : (i) origine : 1.16-60 ; (ii) naissance et enfance : 2.1-29 ; (iii) éducation : 2.30-4.17 ; (iv) enseignement : 4.18-32 ; (v) réalisations : 5 ; (vi) mort : 6. C'est en raison de ce plan que les voyages en Sicile sont expédiés en une seule phrase (4.14-17). Bien que dans la forme traditionnelle de la biographie de Platon les voyages n'interrompent pas la section consacrée à l'éducation de Platon (comme c'est le cas chez Olympiodore), ils n'auraient pas trouvé leur place dans le plan général de la biographie. Une autre raison est peut-être qu'on discutait longuement de ces voyages lors du cours sur le *Gorgias*. La section 'origine'

7. Pour les détails, voir les notes sur le texte.

8. Mentionnons sans plus attendre l'ouvrage de A. S. Riginos, *Platonica. The Anecdotes concerning the Life and Writings of Plato* (Columbia Studies in the Classical Tradition, III), Leiden, 1976.

examine la provenance de Platon (1.16-19), son nom (1.19-25) ; Ol. et Diog. Laërce III 4 ne mentionnent son nom qu'en rapport avec celui qui le lui a donné, Ariston, son maître de gymnastique) et son rang divin (1.26-60). On prouve qu'il est un homme 'divin et apollinien' au moyen de cinq arguments : (1) l'expression 'compagnon d'esclavage des cygnes' dans le *Phédon,* 85 B 4-5, qui, on le sait, s'applique seulement à Socrate et non pas à Platon (même erreur chez Ol. 2.30-31) ; (2) le songe de Socrate, au cours duquel Platon lui apparaît comme un jeune cygne ; Ol., Diog. L. et la *Souda* lient ce songe à leur première rencontre, mais chez Apulée il se produit dans le même contexte que dans les *Proleg.* ; (3) un songe de Platon sur son lit de mort, où il se vit lui-même sous forme de cygne ; le songe est rapporté par Ol. dans le paragraphe consacré à la mort de Platon, ce qui est sans doute son lieu originel, étant donné qu'Ol. et les *Proleg.* enchaînent tous les deux sur une comparaison entre Platon et Homère, ce qui n'est que vaguement lié au songe, mais paraît un épilogue convenable pour une vie de Platon ; (4) son καθαρτικὸς βίος, qui n'est pas mentionné ailleurs dans cette connexion[9] ; (5) la date de sa naissance, qui coïncide avec le jour anniversaire d'Apollon (déjà chez Apulée). Si l'on a rassemblé ici toutes ces données diverses, c'est uniquement pour compléter le lignage humain de Platon en montrant qu'il était d'origine divine ; cependant il manque la pièce essentielle, qui remonte jusqu'à Speusippe, à savoir qu'Apollon était, en fait, son père. On retrouve trace de cette pièce dans le récit de la naissance de Platon, mais il n'en reste que l'avertissement divin adressé à Ariston de ne pas toucher à sa femme pendant sa grossesse — avertissement entendu ici comme un simple article de morale conjugale. L'épigramme de Diogène Laërce sur les deux fils d'Apollon, Asclépius et Platon, a été mutilé d'une

9. Cf. cependant, Dam. *In Phaed.* I § 360 (à propos de Socrate).

manière semblable en 6.17-19 : « Un autre oracle(!) avait annoncé que deux enfants naîtraient, Asclépius, fils d'Apollon, et Platon, fils d'Ariston ; l'un serait le médecin des corps, et l'autre, le médecin des âmes ». La constance avec laquelle ces changements ont été effectués montre que c'est l'enseignant lui-même qui les a faits. Cette reconstruction des faits impose au moins deux intermédiaires entre les *Proleg.* et Ol., ou (pour être plus exact) la forme plus conventionnelle qui apparaît dans la *Vita* chez Ol., un premier état étant constitué par la démonstration systématique de l'origine apollonienne de Platon, le deuxième, par le caviardage de la paternité d'Apollon. Il ne résulte pas nécessairement de cette reconstruction que les *Proleg.* sont postérieurs à Olympiodore ; la possibilité demeure même (une faible possibilité, admettons-le) qu'Olympiodore ait fait lui-même ces deux changements à des moments différents de sa carrière.

A peu près tous les éléments constitutifs de la biographie se retrouvent dans l'une ou l'autre des biographies de Platon, ou bien dans d'autres contextes. La partie la moins commune est le § 5 ; en effet, bien que Diogène Laërce donne aussi une liste d'inventions ou d'innovations dues à Platon, l'accord entre les deux listes ne dépasse pas la première série (mots nouveaux inventés par Platon) ; le reste, considéré dans sa totalité, n'a pas de parallèle.

II. Caractéristique de la philosophie platonicienne (7-12). La plus grande partie de ce chapitre est consacrée à une histoire très rudimentaire de la philosophie grecque, destinée à prouver la supériorité du platonisme. Il se termine par une esquisse d'une douzaine de lignes de ce qui prétend représenter la philosophie platonicienne, mais est en réalité le système de Proclus. La raison de cette brièveté est, indubitablement, le caractère scabreux du sujet. Il ne pouvait y avoir de discussion fructueuse de la théologie néoplatonicienne devant un auditoire majoritairement chrétien, et tout ce qui ressemblait à la propagande devait paraître risqué.

Le résumé historique mentionne avant Platon : (1) la période poétique et mythologique (Orphée, Homère) ; (2) l'école ionienne ; (3) les Pythagoriciens ; (4) Parménide. Dans la période postérieure à Platon on a : (1) le Portique ; (2) Épicure ; (3) les Péripatéticiens ; (4) la nouvelle Académie. Chaque école est brièvement caractérisée, puis comparée à Platon. C'est ainsi que Platon est présenté comme ayant résolu le dilemme entre la négation de la Providence par les Épicuriens et l'idée toute matérialiste que s'en font les Stoïciens (qui implique un effort corporel de la part de la divinité) par sa doctrine de la transcendance. La même idée est développée par Proclus, dans sa *Théologie platonicienne*[10]. La critique des Péripatéticiens aussi se conforme à l'opinion de Proclus, selon qui Aristote ne considérait pas l'intellect comme *causa efficiens*[11] ; Ammonius et son école défendent constamment l'opinion contraire. Seule la nouvelle Académie est traitée plus longuement, du fait que l'on prétendait que Platon lui-même était un sceptique, sujet fréquemment discuté dans l'école d'Ammonius. La réfutation des sceptiques occupe une place disproportionnée dans l'esquisse historique qui se trouve dans les introductions à Aristote, et cela est peut-être dû à l'intérêt personnel d'Ammonius, qui avait écrit une monographie sur *Phédon* 69 D 4-6 pour prouver que le passage ne met pas en doute l'immortalité de l'âme ; la question est examinée aussi par Olympiodore, *In Phaed.*[12] et par Élias[13]. Les trois auteurs, Olympiodore, Élias et l'Anonyme, semblent dépendre de l'enseignement d'Ammonius ou en partie, peut-être, de l'opuscule cité par Olympiodore. Tant

10. *Théol. plat.* I 15, p. 76.10-25 S.-W. ; voir aussi *In Alc.* 53, 19-54, 12 et n. 4, p. 44 (= p. 152 des Notes complémentaires).

11. Sur cette question, cf. C. Steel, « Proclus et Aristote sur la causalité efficiente de l'intellect divin » dans *Proclus lecteur et interprète des anciens* (éd. J. Pépin - H. D. Saffrey), Paris 1987, p. 213-225. Pour Ammonius, cf. *infra* p. LXXVI et n. 52.

12. *In Phaed.* 6 § 14.

13. Élias, *In cat.* p. 110.12-28.

Olympiodore qu'Élias font appel à *Rép.* X 618 E 4-619 A 1, comme le faisait aussi Ammonius. Élias et les *Proleg.* ont un passage en commun au sujet de l'utilisation des ἐπιρρήματα διστακτικά par Platon (c'est-à-dire des mots comme 'peut-être'); c'est là une question souvent soulevée dans les commentaires[14].

III. Raisons qu'a eues Platon d'écrire (13). Ce chapitre cherche à réconcilier la critique de l'écrit faite par Platon dans le *Phèdre* 274 B 6-278 B 6 avec sa propre production, qui est volumineuse. Les exemples de Pythagore et de Socrate, qui n'ont rien écrit mais ont laissé des disciples comme 'des livres vivants', étaient un bien commun parmi les Alexandrins (Ol., El., Dav.). La curieuse explication des *Proleg.* selon laquelle Platon devait laisser ses pensées sous une forme visible parce que Dieu a aussi créé un monde visible, rappelle un passage de Proclus, où Apollon est appelé le poète dans l'univers et le poète humain, son imitateur (*In Remp.* I 67, 10-69, 19 ; cf. en particulier : οὕτω γάρ που καὶ ποιητὴς ἄλλος ἐστὶ κοσμικός, μυθολογικὸς μόνως, *μιμήματα ποιῶν τὰ ἐμφανῆ τῶν ἀφανῶν*)[15].

IV. Le dialogue (14-15). La définition est celle donnée par Albinus (*Isag.* 1 ; Diogène Laërce III 48). Le reste du chapitre est consacré à la question suivante : comment Platon, alors qu'il rejetait certaines sortes de musique et toute espèce de tragédie ou de comédie à cause de leur ποικιλία, a-t-il pu choisir ce moyen dramatique ? Dans la discussion de l'art chez Platon (*Rép.* III 394 B 3-403 C 7) le terme de ποικιλία n'apparaît pratiquement pas[16] (ce n'est que dans le passage suivant consacré au sport que ce mot apparaît pour désigner la racine du mal dans le domaine de

14. Cf. *infra* p. 15 et n. 109 (p. 61 des n. compl.).

15. Ample discussion de ce sujet (surtout d'après Proclus) dans le livre de J. A. Coulter, *The Literary Microcosm*, Leiden 1976 ; voir aussi M. F. Heath, *Unity in Greek Poetics*, Oxford, 1989.

16. Cf. *Resp.* III 399 E 9.

l'éducation, en 404 E 3), mais dans le commentaire de Proclus[17], exactement comme dans les *Proleg.*, cette ποικιλία est présentée comme la caractéristique commune de toutes les formes d'art indésirables. La plupart des sept raisons alléguées pour justifier l'usage du dialogue par Platon se trouvent aussi chez Proclus (*In Alc.* 170-171) et tout particulièrement chez Olympiodore (*In Alc.* 56-57).

V. Éléments de chaque dialogue (16-17). La mise en correspondance des éléments du dialogue avec ceux du cosmos a un parallèle presque parfait chez Proclus, *In Alc.* 10, 4-16 (où il est justement fait référence à un exposé plus général à ce sujet ἐν ἄλλοις)[18] :

(1) ὕλη : τὰ πρόσωπα καὶ ὁ χρόνος καὶ ὁ τόπος (Pr. : τὰ πρόσωπα καὶ ὁ καιρὸς καὶ ἡ καλουμένη παρά τινων ὑπόθεσις).

(2) εἶδος : ὁ χαρακτήρ (Pr. : ὁ χαρακτὴρ τῆς λέξεως καὶ τῶν σχημάτων καὶ τῶν ἰδεῶν ἡ πλοκή).

(3) φύσις : ὁ τρόπος τῆς συνουσίας (manque chez Pr.).

(4) ψυχή : αἱ ἀποδείξεις (Pr. : τὸ πλῆθος τῶν ἀποδείξεων).

(5) νοῦς : τὸ πρόβλημα (Pr. : τὸ γνῶναι ἑαυτούς).

(6) θεότης (Pr. : τὸ ἀγαθόν) : τὸ ἀγαθόν (Pr. : τὸ ὁμοιωθῆναι τῷ θείῳ διὰ τῆς ἑαυτῶν ἐπιμελείας).

Les chefs 5 et 6 sont évidemment adaptés aux exigences particulières de l'*Alcibiade* ; la seule véritable différence est l'omission, par Proclus, de la φύσις. L'introduction de Proclus à son commentaire sur la *République* traite du σκοπός, de l'εἶδος τῶν λόγων et de la ὕλη (c.-à-d. πρόσωπα, τόποι et καιροί) ; le passage sur les personnages est perdu, tandis que ceux relatifs au temps et au lieu ne concernent que la *République*. L'explication symbolique des personnages est un caractère commun de tous les commentaires de Platon depuis Jamblique. Le principe que le *proœmium* du dialogue doit s'accorder au but du dialogue tout entier (formulé

17. *In remp.* I 46.7-47.14 ; 49.20-51.29.
18. Sur ces références, cf. *supra* p. LVIII.

en *Proleg.* 16,35-42 apparaît aussi dans le commentaire de l'*Alcibiade* de Proclus, encore avec la même référence ἐν ἄλλοις (19,3).

Les trois types de style, ἁδρός, ἰσχνός et μικτός (17,1-18), sont ceux mentionnés par le grammairien Proclus dans sa *Chrestomathie* §§ 4-7 (cf. *In Remp.* II 7.23-8.1).

Le τρόπος τῆς συνουσίας (17.19-29) ne figure pas dans la liste de Proclus, mais Proclus se réfère à ce point dans l'*In remp.* I 6,4-7 (comme τὸ τῶν λόγων εἶδος) et il donne la même division en ὑφηγητικόν, ζητητικόν et μικτόν, qu'il attribue 'à certains Platoniciens' ; cf. Albinus, *Isag.* 3 et Diog. Laërce III 48, où, cependant, le μικτόν est omis.

VI. Titres des dialogues (18). Proclus, *In remp.* I 8.16-9.9, classe les titres selon les mêmes lignes : il y a ceux qui sont tirés ἐκ τῶν προσώπων et ceux ἐκ τῶν πραγμάτων ; puis les derniers se subdivisent en ἐκ τῶν ἐν τοῖς διαλόγοις ζητουμένων πραγμάτων et ἐκ τῶν περιστατικῶν.

VII. Principe de division des dialogues (19). Non pas la situation dramatique ni l'argumentation, mais la doctrine exposée. Même théorie chez Proclus, *In Alc.* 11.22-14.27 : non pas τὸ λεκτικόν ni τὸ συλλογιστικόν, mais τὰ πράγματα.

VIII. Méthode de présentation (20). Par τρόπος τῆς συνουσίας on entend ici[19] la forme de l'action ou de la narration, celle-ci pouvant être de première, de deuxième ou de troisième main. Les *Proleg.* construisent une analogie entre ces étapes successives du dialogue et les degrés de la connaissance de *Rép.* VI : (1) entretien originel — intellect ; (2) premier rapport — pensée discursive ; (3) deuxième rapport — perception sensible ; (4) troisième rapport — imitations des objets visibles. Proclus dans son commentaire du *Parménide*[20]

19. Pris dans un sens différent de *supra,* 17.19.

20. Le *Parménide* est le seul exemple d'une composition aussi compliquée ; dans le *Banquet* la conversation avec Diotime est rapportée de troisième main.

compare les quatre étapes d'abord[21] à la manifestation successive des idées : (1) formes primaires dans l'intellect ; (2) formes dans l'âme ; (3) formes dans la nature ; (4) formes dans le monde visible ; puis ensuite[22] il lie ces étapes aux différents types d'existence : (1) hénades ; (2) êtres ; (3) réalités intermédiaires entre l'être et le devenir ; (4) réalités du monde du devenir.

IX. Règles pour déterminer le but du dialogue (21-23). Dans l'introduction de son *Commentaire de la République,* Proclus parle d'un ensemble de règles, οὓς πολλάκις οἶδα κανόνας εἰπών[23]. Il ne précise pas en quoi consistent ces règles ni ne se réfère à l'une en particulier (sauf à l'unité, I 11.9-12) dans sa discussion du σκοπός de la *République* (I 7.5-14.14)[24]. Quelques-unes de ces règles, cependant, apparaissent dans d'autres ouvrages de Proclus : le σκοπός doit couvrir la totalité d'un dialogue et non pas une partie (22.1-26), principe qui revient dans l'*In Parm.* I 631.1-4 (et aussi chez Hermias, *In Phaedr.* 9.6-7 ; 11.18) ; il doit concerner le contenu véritable du dialogue (22.55-58) : voir Proclus, *In Alc.* 8.4-6 ; il ne doit pas être dérivé des 'instruments', c.-à-d. des méthodes utilisées (23.8-11) : cf. *In Alc.* 8.1-4 ; *In Parm.* I 637.4-16[25]. Puisque c'est Jamblique qui a donné au terme sa valeur technique et qui a systématiquement défini le σκοπός de chaque dialogue, il est pratiquement certain que c'est lui qui a établi cette liste de règles ; la première règle, l'unité de σκοπός, lui est précisément attribuée par Élias (131.10-13). Quant à la question de savoir combien des dix règles des *Proleg.* figuraient déjà dans la liste de Jamblique, combien ont été ajoutées par Proclus, combien après lui — c'est là une question à laquelle on ne peut apporter de réponse.

21. *In Parm.* I 625.27-627.39.
22. *Ibid.* 644.1-645.8.
23. *In remp.* I 6.2-3.
24. Cf. Coulter, *op. cit.,* p. 77-94.
25. Dans ce texte, comme dans les *Prolégomènes,* on utilise le *Sophiste* pour illustrer cette règle.

X. Ordre des dialogues (24-26). Pour commencer le chapitre mentionne, comme principe de classification possible, la date de composition du dialogue (*Phèdre* en premier, les *Lois* en dernier), mais rien ne permet de croire que cet ordre ait jamais été élaboré en détails. Ensuite c'est la disposition par Tétralogies qui est présentée, mais la liste n'est pas complète. La critique de l'ordre tétralogique, qui occupe la plus grande partie du texte, s'attache à faire valoir deux points : premièrement, Platon ne peut avoir eu l'intention d'imiter les tétralogies tragiques ; en second lieu, il faut admettre l'*Epinomis,* bien qu'il soit évidemment apocryphe, pour pouvoir constituer neuf Tétralogies. La condamnation de l'*Epinomis* est fondée sur deux arguments utilisés par Proclus : l'état d'inachèvement des *Lois* et le fait que ce qui est dit du mouvement des planètes en 987 B, soit contraire à l'opinion de Platon. Vient ensuite l'examen de la liste des dialogues constituée par Proclus. Elle comprenait trente-deux dialogues, c.-à-d. tous ceux inclus dans le *textus receptus,* à l'exception de l'*Epinomis,* de la *République,* des *Lois* et des *Lettres*. Le language des *Proleg.* n'est pas, ici, parfaitement clair. Le verbe ἐκβάλλει (26.7 et 10) pourrait, par lui-même, simplement signifier que Proclus les laissait en dehors de sa liste des dialogues à proprement parler, et les raisons données dans le cas de la *République* et des *Lois* (διὰ τὸ πολλοὺς εἶναι λόγους καὶ μὴ διαλογικῶς γεγράφθαι, 26.8-9) pourraient s'accorder avec cette explication ; il en irait de même pour la phrase καὶ τὰς 'Επιστολὰς δ' ἐκβάλλει διὰ τὸ ἁπλοῦν τῆς φράσεως (26.10-11), bien qu'elle semble plutôt signifier que Proclus rejetait les *Lettres* pour des raisons stylistiques. Il peut y avoir ici quelque malentendu soit de la part du professeur soit de celle du *reportator*. Personne, je pense, n'ira croire avec Freudenthal, que Proclus ait été assez irréfléchi pour éliminer un texte comme la *République,* sur lequel il avait lui-même écrit un long commentaire[26]. Il n'est pas

26. J. Freudenthal, *Hellenistische Studien,* Heft 3, Berlin 1879, p. 316.

difficile de choisir entre l'autorité des *Proleg.* et celle de Proclus lui-même, qui rejette l'*Epinomis* et considère constamment les trois autres ouvrages comme authentiques. En ce qui concerne le classement des 32 dialogues par Proclus (ou des 54, si l'on compte les 22 livres formés par la *République* et les *Lois*), aucun détail n'est donné.

La suite, une discussion détaillée du canon de Jamblique, provient aussi des prolégomènes de Proclus, comme on l'a montré plus haut[27]. Son importance est évidente, puisque c'est la seule description de ce qui a été, pendant deux siècles, le programme standard dans les écoles platoniciennes. Malheureusement, le texte souffre de l'inexactitude qui caractérise dans l'ensemble les *Prolegomena* ; aussi a-t-il été constamment mal lu[28]. Le point de départ doit être le témoignage incontestable de Proclus dans son commentaire de l'*Alc.,* 11.18-21 : « Quels sont ces dix dialogues, comment il convient de les ranger et comment ils sont résumés dans les deux dialogues qui les suivent, nous en avons traité ailleurs *ex professo* ». Autrement dit, il y a un premier cycle de dix dialogues ; puis un second cycle formé du *Timée* et du *Parménide.* Le *Philèbe* est le dernier dialogue, non pas de la liste entière, mais seulement du premier cycle. Olympiodore[29] confirme que les trois premiers dialogues étaient l'*Alcibiade,* le *Gorgias* et le *Phédon,* comme cela est dit dans les *Proleg.* Des six titres restants deux manquent, mais je pense que l'on peut établir, sans aucun doute possible, qu'il s'agit du *Sophiste* et du

27. Cf. *supra* p. LVIII-LIX. — Sur le Canon de Jamblique, cf. D. O'Meara, *Pythagoras revived. Mathematics and Philosophy in Late Antiquity,* Oxford, 1989, p. 97-99.

28. F. Schemmel, « Die Hochschule von Athen im IV. Jahrhundert » dans *Neue Jahrb.* 22 (1908), p. 511 ; W. Norvin, *Olympiodoros fra Alexandria,* Copenhague 1915, p. 260 ; O. Schissel von Fleschenberg, *Marinos von Neapolis,* Athènes 1928, p. 80-81 ; E. Bickel, « Geschichte und Recensio des Platontextes », *Rhein. Mus.* 92 (1944) p. 133.

29. *In Gorg.* 6.1-6.

Politique. Sur le *Sophiste*, il y avait des commentaires de Jamblique[30], de Proclus[31] et d'Olympiodore[32], qui semble avoir suivi strictement le programme classique. Pour aucun des dialogues restants (à l'exception de la *République* et des *Lois*) on n'est assuré de l'existence d'un commentaire néoplatonicien[33], mais le *Politique* est le texte le plus souvent cité et il constitue l'une des sources principales de la théologie platonicienne dans l'œuvre portant ce titre due à Proclus[34]. Le point décisif, cependant, est que l'interprétation du *Sophiste* par Jamblique (telle qu'elle est résumée dans la scolie sur *Sophiste* 216 A) est inséparable de celle du mythe du *Politique*. Selon Jamblique, le Sophiste est le Créateur du monde sublunaire, théorie étrange qui a été adoptée aussi par Proclus[35] et qui a laissé des traces jusque chez David[36]. Jamblique, avec beaucoup d'ingéniosité, tire cette thèse des caractéristiques du sophiste mentionnées dans le dialogue, mais à elles seules ces caractéristiques ne lui auraient jamais suggéré cette idée. Considérée avec, à l'arrière-plan, le mythe du *Politique* (seule partie du dialogue qui intéressait les Néoplatoniciens), cette étrange exégèse du *Sophiste* devient plus facile à comprendre. Le mythe oppose un état de chose où l'ordre et la loi sont immanents — le règne de Cronos — au règne de Zeus, où, au contraire, ils sont précairement imposés de l'extérieur. Proclus identifie ce Zeus avec le démiurge du *Timée*, le créateur universel, qui devient ainsi le Πολιτικός suprême[37]. L'idée d'un législateur et

30. *Schol. Plat. Soph.* 216 A (p. 40 éd. Greene = fr. 1, p. 90 Dillon).

31. *In Parm.* II 774.25-26.

32. *In Alc.* 110.8 ; cf. L. Skowronski, *op. cit.*, p. 30-31.

33. Cf. R. Beutler, *RE* s.v. Proklos 4), col. 197.62-198.3. L'existence de commentaires sur le *Critias* et sur le *Second Alcibiade* me paraît aussi douteuse que celle d'un commentaire sur le *Protagoras*.

34. *Théol. plat.* I 4-5, p. 19.8-26.22 ; V 6-10, p. 24.23-35.20 ; 18, p. 63.20-70.4 ; 25, p. 91.20-96.24 ; VI 8 et 16.

35. *Théol. plat.* I 5, p. 25.16-18 S.-W.

36. *In isag.* 43.4-6 (référence à *Soph.* 221 D 5-6).

37. *In Remp.* I 68.24-26 ; *Théol. plat.* V 6-10, p. 24.23-35.20.

d'un roi céleste est déjà suggérée par Platon lui-même[38], ainsi que le rapport étroit entre ces deux dialogues : c'est pourquoi Jamblique se devait de trouver en contrepartie au Politique divin un Sophiste divin. La seule place possible dans la série pour le *Politique* est, dans ce cas, à la suite immédiate du *Sophiste*. Les deux dialogues doivent suivre le *Théétète*, dont ils forment la suite dans le programme même de Platon. En cet endroit, il y a manifestement dans le texte des *Proleg.* une lacune : le titre du dialogue traitant περὶ φυσικῶν manque, mais au lieu d'un seul dialogue, il faut en suppléer deux : le *Sophiste* et le *Politique*. Ils peuvent être classés comme 'dialogues de physique', préparatoires au *Timée*, si on les lit à la lumière de l'interprétation de Jamblique ; autrement, il est impossible de trouver un autre ouvrage — hors le *Timée* — dans l'œuvre de Platon, qui corresponde à la description[39]. Ainsi complété, le canon comprenait : (1) *Alcibiade* ; (2) *Gorgias* ; (3) *Phédon* ; (4) *Cratyle* ; (5) *Théétète* ; (6) *Sophiste* ; (7) *Politique* ; (8) *Phèdre* ; (9) *Banquet* ; (10) *Philèbe* ; puis venaient les deux dialogues 'parfaits' : (1) *Timée* ; (2) *Parménide*. On aura remarqué que les numéros 3-7 suivent l'ordre tétralogique, et de même, les numéros 8-10, mais en ordre inverse.

Savoir si les deux titres (*Sophiste* et *Politique*) ont été perdus au cours de la transmission du texte ou s'ils manquaient déjà à l'origine, est d'une importance secondaire. Dans le manuscrit les mots εἰς τὸν (26.40) constituent la fin du fol. 48ᵛ, de sorte que l'un des titres manquants peut avoir été oublié en passant d'une page à l'autre. En outre, la numérotation marginale, qui a été copiée sur le modèle, compte onze dialogues. Cependant, ce travail a été fait avec si peu de soin qu'il est impossible de dire quel chiffre correspond à quel titre. Les dialogues sont dénombrés dans l'ordre où ils

38. Cf. *Polit.* 271 E 5-7 ; 274 E 10-275 A 2 ; 275 B 8-C 4.

39. Cf. *Prol.* 26.14 ; 16. Albinus, *Isag.* 3, et Diog. L. III 50 se contentent de classer le *Timée* comme φυσικός.

se présentent dans le texte, le *Philèbe* étant compté comme β′ ; la façon dont les nombres sont disposés dans le manuscrit V fait croire que c'est le *Phédon* qui a été sauté ; en ce cas, resteraient deux nombres (ς′ et ζ′) pour combler la lacune de la ligne 40. Mais la perte simultanée de deux noms n'est pas vraisemblable, étant donné qu'elle impliquerait le changement simultané de διδάσκοντας en διδάσκοντα (ligne 41). Au total, j'incline à croire que le *reportator,* à l'origine, a laissé un blanc après τὸν, puis a aussi laissé tomber le second titre, peut-être parce qu'étant lui-même un novice il ne pouvait comprendre ce que le *Sophiste* ou le *Politique* pouvaient bien avoir à faire avec la physique.

Il y a plusieurs autres erreurs dans le même passage, qui trahissent le novice. L'ordre des dialogues entre l'*Alcibiade* et le *Philèbe* est fondé sur la division des vertus, commune à cette époque[40], en ἀρεταὶ φυσικαί, ἠθικαί, πολιτικαί, καθαρτικαί, θεωρητικαί. Les deux premières catégories ne concernent pas la philosophie, étant donné que les vertus 'naturelles' sont innées, tandis que les vertus 'éthiques' résultent de l'éducation ; les vertus 'politiques' viennent donc en premier *(Gorgias)* ; puis les καθαρτικαί *(Phédon)* : par suite, tous les autres dialogues concernent la 'vertu contemplative' (θεωρητικὴ ἀρετή[41]). La leçon ἠθικῆς (26.35) est une faute absurde, étant donné qu'aucun platonicien n'aurait jamais soutenu que l'ἠθικὴ ἀρετή mène à la connaissance de la réalité ![42] La division en dialogues de physique et dialogues de théologie, annoncée aux lignes 17-18, ne concerne que les numéros 6-7 et 8-10 de la liste. Cela ne laisse que le *Cratyle* et le *Théétète,* dont il est question aux lignes 34-40. Ce serait une erreur d'essayer de

40. Sur cette classification des vertus, cf. *infra* p. 36 et n. 221 (p. 76 des Notes compl.).

41. Les vertus supérieures, les παραδειγματικαὶ et ἱερατικαὶ ἀρεταί (Dam. *In Phaed.* I § 143-144) transcendent la philosophie ; voir aussi Ol. *In Phaed.* 8 § 2.19-20.

42. Déjà vu par W. Theiler dans *Gnomon* 5 (1929), p. 3.

corriger cette phrase corrompue en remplaçant simplement νοήμασι par ὀνόμασι : en premier lieu, la *lectio facilior* ὀνόμασι n'aurait pas pu être facilement éliminée par νοήμασι et, ce qui est plus important, νοήμασι convient au sujet épistémologique du *Théétète* beaucoup mieux que πράγμασιν. Le *Cratyle* concerne les ὀνόματα, le *Théétète* les νοήματα, le reste, les πράγματα. Cette série de trois termes est bien connue : elle apparaît dans toutes les introductions aux *Catégories* et, selon la plupart de ces textes, c'est Jamblique qui a défini le σκοπός des *Catégories* comme étant περὶ φωνῶν σημαινουσῶν πράγματα διὰ μέσων νοημάτων[43]. La correction n'est pas facile à introduire dans le texte, et d'ailleurs elle ne relève pas de la critique textuelle, étant donné que c'est le *reportator* lui-même qui doit avoir enregistré les choses de travers. Le professeur, quant à lui, doit avoir dit quelque chose comme ceci : εἶτα ἐρχόμεθα ἐπὶ τὴν γνῶσιν τῶν ὄντων, ἥτις διὰ τῆς θεωρητικῆς ἀρετῆς προσγίνεται· ταῦτα δὲ τὰ ὄντα <ἢ ἐν ὀνόμασιν> ἢ ἐν νοήμασι θεωροῦνται ἢ ἐν πράγμασιν. Οὐκοῦν μετὰ τοὺς εἰρημένους διαλόγους δεῖ ἀναγνῶναι τέταρτον τὸν Κρατύλον ὡς περὶ ὀνομάτων διδάσκοντα, εἶτα τὸν Θεαίτητον ὡς περὶ *νοημάτων*. Εἶτα ἐρχόμεθα μετὰ τούτους εἰς τὸν <Σοφιστὴν καὶ τὸν Πολιτικὸν ὡς θεωρητικοὺς καὶ> περὶ φυσικῶν διδάσκοντα<ς>· καὶ εἶθ' οὕτως ἐπὶ τὸν Φαῖδρον καὶ τὸ Συμπόσιον ὡς θεωρητικοὺς καὶ περὶ θεολογικῶν διαλεγομένους[44].

Le plan d'étude peut être ainsi représenté sous forme de tableau :

43. Cf. Ol. *In cat.* 19.36-21.13 ; El. *In cat.* 130-14-131-14. Voir *supra* p. XLVII.

44. C'est ce texte que nous avons traduit *infra*, p. 40.

Premier cycle :

			Introduction :	1 Alcibiade	
'Αρεταί	πολιτιταί			2 Gorgias	éthiques
	καθαρτικαί			3 Phédon	
	θεωρητικαί	περὶ ὀνομάτων		4 Cratyle	logiques
		περὶ νοημάτων		5 Théétète	
		περὶ πραγμάτων	φυσικῶν	6 Sophiste	physiques
				7 Politique	
			θεολογικῶν	8 Phèdre	théologiques
				9 Banquet	
			Sommet :	10 Philèbe	

Second cycle :

I Timée	physique
II Parménide	théologique

Le chapitre se termine avec un paragraphe consacré aux théories politiques de Platon, en vue d'introduire, si possible, dans le programme l'étude de la *République* et des *Lois*. Avant Jamblique déjà la *République* semble avoir été régulièrement expliquée, à preuve le nombre d'autorités citées par Proclus. Jamblique quant à lui n'a jamais, semble-t-il, écrit sur la *République* ou donné de cours sur ce texte : Théodore d'Asiné, Syrianus et Proclus n'ont traité que de passages choisis[45]. Il ne s'ensuit pas que la *République* et les *Lois* aient eu moins d'autorité à leurs yeux, car les citations de ces dialogues sont très nombreuses, mais ils étaient trop longs pour pouvoir être ajoutés commodément au *curriculum* de Jamblique (qui représente déjà par lui-même plus d'un tiers de l'œuvre de Platon).

45. Théodore d'Asiné : voir W. Deuse, *Theodor von Asine* (Palingenesia 6), Wiesbaden 1973, (sur *Rép*. X) Test. 16 (Procl., *In remp*. II 255.8-9), 16A (Procl. II 270.16-19), 41 (Procl. II 110-15-18) ; (sur *Rép*., V) Test. 40 (Procl. I 251.1-257.6). Syrianus ap. Procl., *In remp*. I 71.21-27 (cf. 69.23-26). Un commentaire de Syrianus sur le xe livre des *Lois* est cité par Simpl., *In phys*. 618.25-619.2 ; 635.12 ; 637.27 ; par Dam., *De princ*. I 44.15-17 Wk-C. ; dans *In Phaed*. II § 44, Damascius mentionne un commentaire de *Lois* III par lui-même ou par Proclus.

La division des formes de gouvernement en trois types : ἐξ ἐπανορθώσεως, ἐξ ὑποθέσεως, ἀνυπόθετος, était déjà courante au moins depuis le IIe siècle (Alcinous, chap. 34) et elle est mentionnée par Proclus comme allant de soi[46].

XI. Méthodes d'enseignement (27). Élias et David discutent ce point dans leurs introductions à l'*Isagoge,* mais sur les quinze méthodes des *Proleg.* ils ne mentionnent que les quatre parties traditionnelles de la dialectique : division, définition, démonstration et analyse[47]. Ce sont les chefs 2-5 dans la liste des *Proleg.*, où ils sont précédés par l'ἐνθουσιαστικὸς τρόπος, que Proclus (*In Remp.* II 8.9) appelle ἀποφαντικός, au sens d'une assertion pourvue d'autorité et non accompagnée de preuve. Dans la *Théologie platonicienne*[48] il distingue quatre τρόποι καθ' οὓς ὁ Πλάτων τὰ μυστικὰ περὶ τῶν θείων ἡμᾶς ἀναδιδάσκει νοήματα : (1) ἐνθεαστικῶς (= *Proleg.* 1); (2) διαλεκτικῶς (= *Proleg.* 2-5); (3) τὸν συμβολικὸν τρόπον (dans les mythes); (4) διὰ τῶν εἰκόνων, c.-à-d. des vérités relatives au divin traduites dans des notions d'un ordre inférieur, mathématiques, physiques ou éthiques; c'est de cette façon aussi qu'est utilisé l'εἰκονικὸς τρόπος τῆς διδασκαλίας dans l'*In Remp.* II 8.11-14 (cf. *In Parm.* I 646.28-31), mais il est assez différent de *Proleg.* 27.33-

46. *In remp.* II 8.15-21 ; *In Tim.* I 446-5-8.

47. Cf. Dam., *In Phil.* §§ 52-56 avec mes notes. Sur les quatre «méthodes» chez Proclus, voir p. ex. *In Parm.* I 633.5 ; 653.24-25 ; V 982.21-30 ; 985.3-4 ; 987. 27-28 ; 1003.8-29 ; *In Tim.* I 276.11-19 ; *In Eucl.* 42.20-43.21 ; 57.21-24 ; 69.13-19 ; *Théol. plat.* I 9, p. 40.1-18. On retrouve les mêmes διδασκαλικοὶ τρόποι dans les prolégomènes à la grammaire ou à la rhétorique : *Scholia in Dionysii Thracis artem grammaticam*, ed. A. Hilgard (Lipsiae 1901), 161.20-24 ; 352.33-34 ; *Prolegomenon sylloge*, ed. H. Rabe (Lipsiae 1931), 78.17-79.7 ; 237.11-16. Les introductions à la médecine ont une classification particulière, ἀφοριστικός, ὑφηγηματικός, μικτός (Étienne, *Progn.* 32.33-34.11 ; *Aphor.* I 32.7-13 ; Ioann., *Nat. pueri* I 207.33-208.6 Dietz). Cette classification correspond plus ou moins au τρόπος τῆς συνουσίας de *Prol.* 17.19-29.

48. *Théol. plat.* I 4, p. 17.15.24 (voir aussi I 2, p. 9.21-10.10).

48. En ce qui concerne les neuf modes suivants, je n'ai pas trouvé de références explicites ailleurs.

A considérer les *Proleg.* dans leur ensemble, on remarque que la seconde partie, les *Prolegomena* proprement dits (chap. II-XI), est étroitement rattachée à Proclus, dans un cas par une référence directe à Proclus (ch. X), dans plusieurs autres cas par des références, dans des ouvrages de Proclus, à un écrit semblable à nos *Proleg.* (ch. V, IX et X), et pratiquement partout par des parallèles étroits. Si l'on compare le cas analogue des introductions à Aristote, il semble assuré que les prolégomènes de Proclus, dans leur disposition générale, ne peuvent avoir beaucoup différé des chapitres II-XI de nos *Proleg.*, bien qu'il y ait eu, naturellement, dans le détail, des modifications et, en particulier, des additions[49]. En revanche, il n'y a pas de lien visible avec Proclus dans le ch. I (vie de Platon), et le commentaire d'Olympiodore *In Alc.* montre que cette biographie avait une existence plus ou moins séparée, tout comme la biographie d'Aristote, qui n'a jamais été incorporée dans les Introductions[50]. Je ne suis pas absolument sûr que le ch. II (résumé de la philosophie de Platon) ait déjà figuré dans les prolégomènes de Proclus[51] ; cela est pourtant probable. En premier lieu, si c'était un appendice à la biographie, on s'attendrait à retrouver ce résumé chez Olympiodore aussi ; en second lieu, les points de contact avec Proclus sont plus nombreux qu'avec Ammonius. La thèse que le Dieu d'Aristote est seulement cause finale et non pas cause efficiente, ne peut provenir d'Ammonius, qui avait écrit

49. Cette conclusion avait été anticipée depuis longtemps par M. Plezia, *op. cit.* (*supra* p. XLIII, n. 1), p. 82-88.

50. Cf. I. Düring, *Aristotle in the Ancient Biographical Tradition*, Göteborg 1957, p. 118.

51. Il faut aussi rappeler la possibilité, relevée ci-dessus p. LVIII, que l'*Hypotyposis* citée par Jean Lydus ait fait partie de ces prolégomènes.

un livre pour prouver qu'il était les deux à la fois[52]. Il est même surprenant que nous trouvions le point de vue contraire défendu par l'un des successeurs d'Ammonius. Cependant, les exégètes alexandrins ont dû toujours être prompts à changer leur point de vue selon l'auteur qu'ils sont en train d'exposer[53]; il n'est pas du tout impossible que le même professeur qui, dans nos *Proleg.*, vilipende Aristote pour la plus grande gloire de Platon, ait adopté le point de vue d'Ammonius dans ses cours sur Aristote. Une dernière considération, qui n'est pas totalement dépourvue de signification, est le nombre de dix κεφάλαια auquel nous parvenons en incluant le ch. 2. On le retrouve dans les prolégomènes à Aristote et dans un des types d'introduction à la rhétorique dans la collection éditée par Rabe, lequel observe que ce nombre a été délibérément choisi pour sa valeur symbolique[54].

V. L'identité de l'auteur des Prolégomènes

Touchant le problème de l'auteur des *Proleg.* ou, pour être plus exact, de l'identité du professeur, un critère possible est la fréquence relative des passages parallèles dans les autres ouvrages de l'école alexandrine.

Chez Ammonius (en comprenant Ascl. et Philop.) j'ai trouvé les parallèles suivants :

Prol. 5.3-10 : le terme ποιότης chez Pl., *Theaet.* 182 A 7-8 et Ar., *Cat.* 8, 8 b 29.	Amm. *Cat.* 81.25-28 (18.11-14) ; Ol. et El. voir *infra.*

52. *Supra* p. xii, n. 9. La théologie d'Ammonius a été analysée, d'après les données complètes (qui ne sont pas abondantes), par K. Verrycken, *op. cit.* (*supra* p. xvii, n. 29), p. 132-170 ; voir maintenant du même auteur 'The metaphysics of Ammonius son of Hermeias' dans *Aristotle transformed. The Ancient commentators and their influence*, éd. R. K. Sorabji, London, 1990, p. 199-232.

53. Olympiodore (*In cat.* 10.30-33) met en garde contre ce danger, mais en *In Phaed.* 4 § 8 il relativise lui-même une opinion exprimée dans un cours sur Aristote (ἐγκύκλιοι ἐξηγήσεις).

54. *Prolegomenon sylloge*, p. iv-v ; M. Plezia, *op. cit.*, p. 58-59.

Prol. 5.17-30 μαθηματικὰ δὲ εὗρεν τὴν μέσην καλουμένην ἀνάλογον, περὶ ἧς ἐν τῇ Ἀποδεικτικῇ λόγον ἐποιησάμεθα. Λοιμωξάντων γὰρ τῶν Ἀθηναίων ἔπεμψαν ἐν Δέλφοις χρησόμενοι τί ποιήσαντες παύσαιντο τοῦ λοιμοῦ· ἔχρησεν δὲ αὐτοῖς ὁ θεὸς διπλασιάσαντας τὸν βωμὸν οὕτως θῦσαι. Τυγχάνοντος δὲ τοῦ βωμοῦ κύβου ἕτερον κύβον ἐπῳκοδόμησαν οἰόμενοι τοῦτο εἶναι τὸ ὑπὸ τοῦ χρησμοῦ λεγόμενον· εἶθ' ὡς οὐδὲ τοῦτο ποιησάντων ἐπαύσαντο, ἐπὶ τὸν Πλάτωνα πορευθέντες ἤροντο αὐτὸν τί δέοι ποιεῖν. Ὁ δέ φησιν ὅτι 'ὀνειδίζει ὑμῖν ὁ θεὸς ὡς ἀπείροις γεωμετρίας'· ἔδειξε γὰρ μὴ ἰδιωτικῶς τὸ διπλάσιον ἐννοῆσαι, ἀλλ' εὑρεῖν μέσην τινὰ ἀνάλογον καὶ τούτῳ διπλασιάσαι ταύτην· ὅθεν οὕτω ποιησάντων παραυτίκα ἐπαύσαντο ⟦τὰ⟧ τοῦ λοιμοῦ.	Philop., *Anal. post.* 102.13-22 ... τὴν πολυθρύλλητον ἱστορίαν αἰνίττεται. Δηλίοις γὰρ λοιμώξασιν ἔχρησεν ὁ θεὸς ἀπαλλαγήσεσθαι τοῦ λοιμοῦ, εἰ τὸν βωμὸν διπλασιάσωσιν· ἦν δὲ οὗτος κύβος. Οἱ δὲ λαβόντες ἕτερον κύβον ἴσον ἐπιτεθείκασι τῷ βωμῷ. Τοῦ λοιμοῦ δὲ μὴ παυσαμένου ἔχρησεν ὁ θεὸς μὴ πεποιηκέναι αὐτοὺς τὸ προσταχθέν· ὁ μὲν γὰρ προσέταξε διπλασιάσαι τὸν βωμόν, οἱ δὲ κύβον ἐπὶ κύβῳ ἐπέθηκαν. Καὶ ἦλθον πρὸς Πλάτωνα λέγοντες, πῶς ἂν τὸν κύβον διπλασιάσαιεν. Ὁ δὲ πρὸς αὐτούς φησιν 'ἔοικεν ὑμῖν ὀνειδίζειν ὁ θεὸς ὡς ἀμελοῦσι γεωμετρίας'. Τὴν δὲ τοῦ κύβου δίπλωσιν εὑρεθήσεσθαί φησιν εἰ δύο εὐθείαις δύο μέσαι ἀνάλογον εὑρεθῶσι. Καὶ τοῦτο τὸ πρόβλημα τοῖς μαθηταῖς προεβάλλετο. Ascl., Nic. II ιζ'.
Prol. 5.42-43 πάντων τῶν ἰσοπεριμέτρων χωρίων πολυχωρητότερος τυγχάνει ὁ κύκλος.	Philop., *Anal. post.* 182. 15 ὁ κύκλος τῶν ἰσοπεριμέτρων σχημάτων πολυχωρητότερός ἐστι. *De an.* 56.8-9 etc.
Prol. 7.22-23 μαινομένῳ καὶ ἐνθουσιῶντι στόματι.	Ascl. 195.28-29 μαινομένῳ στόματι, φησί, θεολογῆσαι.
Prol. 8.6-8 εἰ δὲ καὶ Ἀναξαγόρας ὥσπερ ἐκ βαθέος κάρου ὀνειρώττων λέγει ποιητικὸν εἶναι αἴτιον τὸν νοῦν ...	Ascl. 4.27-29 τῶν γὰρ ἄλλων, φησί, καθευδόντων ὥσπερ ἀπὸ κάρου ἀναστὰς Ἀναξαγόρας μόνος ἐπέστησε νοῦν βασιλεύειν τοῦ παντός (Ar. *Met.* 984 b 15-19 n'emploie pas le mot κάρος).
Prol. 8, 18-19 καὶ τῶν Πυθαγορείων δ' ἀπώνατο μὲν τὸ δι' ἀριθμῶν σημαίνειν τὰ πράγματα.	Philop., *Anal. post.* 301, 26-28 κατὰ τοὺς Πυθαγορείους, περὶ ὧν πολλάκις ἡμῖν εἴρηται, ὅτι συμβολικῶς τὰ εἴδη καὶ τὰς τῶν πραγμάτων φύσεις καὶ οὐσίας διὰ τῶν ἀριθμῶν ἐσήμαινον.

Prol. 13, 26-27 ἀμέλει γοῦν καὶ Ἀριστοτέλει γέγραπται περὶ τῶν ἀγράφων συνουσιῶν Πλάτωνος.	Philop., *De an.* 75. 34-55 ἐν ἐκείνοις δὲ τὰς ἀγράφους συνουσίας τοῦ Πλάτωνος ἱστορεῖ ὁ Ἀριστοτέλης.
Prol. 28, 1-2 τὰ προτέλεια τῆς συναναγνώσεως τῆς Πλάτωνος φιλοσοφίας.	Amm. *De int.* 1, 23-24 ἐν τοῖς προλαμβανομένοις τῆς συναναγνώσεως τῶν Κατηγοριῶν.

Il peut être utile de faire remarquer que la référence à la discussion des *Seconds analytiques* (en 5.18) ne prouve et ne prouvera jamais rien, étant donné que *tous* les enseignements de logique comprenaient un cours sur les *Seconds analytiques* et que l'allusion par Aristote au problème de Délos[1] est si évidente que personne ne peut avoir manqué de la reconnaître.

De l'impressionnante liste de passages parallèles chez Ol. dressée par L. Skowronski (*op. cit.* p. 14-22), la plus grande partie peut être écartée, étant donné qu'elle appartient au fond commun des néoplatoniciens depuis Jamblique (ou, dans quelques cas, depuis Proclus). Cela concerne des questions comme l'exposé sommaire de métaphysique 'platonicienne' du ch. 12 ; la relation entre l'Un et l'Être (8.25-31) ; la matière informe (8.13) ; les six causes (8.4-6 ; 17.40-48) ; les vertus (26.30-32) ; l'exposé relatif aux vues de Platon sur les mythes (7.24-42) ou sur le drame (14.15-16) ; le scepticisme (10-11) ; des expressions traditionnelles comme ὁ δαιμόνιος Ἀριστοτέλης (1.1) ; ὁ θεῖος Ἰάμβλιχος (26.16) ; ὁ θεῖος Πρόκλος (26.7) ; des pratiques exégétiques comme la discussion du σκοπός (21-23) ou des qualités des personnages (16.23-24). On retrouvera évidemment des références à l'*Alcibiade* de Platon dans le commentaire d'Olympiodore sur ce dialogue, mais à ce moment-là l'*Alc.* faisait déjà partie du programme depuis des siècles. Ces passages n'ont aucune valeur probante, qu'on les prenne un à un ou collectivement. Si l'on écarte aussi les Commentaires BCD sur le *Phédon* et celui sur le *Philèbe*, qui sont de

1. *Anal. post.* I 7, 75b13-14. — Problème de Délos : cf. *infra*, p. 8, n. 59 (Notes complémentaires, p. 53).

Damascius[2], le nombre de parallèles diminue considérablement. Ceux qui méritent d'être mentionnés sont les suivants :

Prol. 1, 1-8 Ὁ μὲν δαιμόνιος Ἀριστοτέλης τῆς θεολογικῆς αὑτοῦ φιλοσοφίας ἀρχόμενος πάντας ἀνθρώπους ἔφη τοῦ εἰδέναι ἐφίεσθαι, καὶ τούτου πίστιν τὴν τῶν αἰσθήσεων ἔλεγεν ἀγάπησιν· διὰ τοῦτο γὰρ τὰς αἰσθήσεις ἀγαπῶμεν, ἵνα γινώσκωμέν τι. Φαίην δ' ἂν ἐγὼ τὴν Πλάτωνος τοῦτο πεπονθέναι· πάντας γὰρ ἀνθρώπους ἐστὶν ἰδεῖν ὥσπερ ἔκ τινος πηγῆς ἀρύσασθαι βουλομένους ἐκ ταύτης ὅσον ἕκαστος χρήσιμον οἰηθῇ.	Ol., *Alc.* 1, 3-8 Ὁ μὲν Ἀριστοτέλης ἀρχόμενος τῆς ἑαυτοῦ θεολογίας φησίν· 'πάντες ἄνθρωποι εἰδέναι ὀρέγονται φύσει, σημεῖον δὲ ἡ τῶν αἰσθήσεων ἀγάπησις'· ἐγὼ δὲ τῆς τοῦ Πλάτωνος φιλοσοφίας ἀρχόμενος φαίην ἂν τοῦτο μειζόνως, ὅτι πάντες ἄνθρωποι τῆς Πλάτωνος φιλοσοφίας ὀρέγονται, χρηστὸν παρ' αὐτῆς ἅπαντες ἀρύσασθαι βουλόμενοι καὶ κάτοχοι τοῖς ταύτης νάμασιν εἶναι σπουδάζοντες.
Prol. 1.9-10 La chauve-souris comme symbole de la myopie humaine.	Ol., *Gorg.* 156.19-22 ; mais aussi Philop., *De an.* 23.34 ; 271.5 ; *Nic.* I γ' 38-40 ; Ascl., *Met.* 4.32-35 ; 114.4-7 ; 31-33 ; 117.26-28 ; *Nic.* I γ' 44-45 ; El. 15.28-30 ; 24.5-7 ; Dav. 46. 20-25 (d'après Ar.*Met.* α 1, 993 b 11).
Prol. 1, 53 τὸ γὰρ α στερητικόν ἐστιν μόριον.	Ol., *Alc.* 171, 8-9 τὸ γὰρ μα στερητικόν (El. 236, 6 τὸ γὰρ ᾱ στερητικόν).
Prol. 5, 3-12 le terme ποιότης chez Pl., *Theaet.* 182 A 7-8, et Ar., *Cat.* 8, 8 b 25.	Ol., *Cat.* 117.28-118.2 (Amm., *Cat.* 81.25-28 ; El. 225.17-24).
Prol. 5, 45-52 ἀλλὰ δὴ καὶ θεολογικὰ εὗρεν, οἷον τὸ τὰς ἰδέας εἶναι ἐν τῷ παραδειγματικῷ. Οὐχ ὅτι καὶ ἄλλοι πρὸ αὐτοῦ οὐκ ἐγίνωσκον ὡς εἰσὶν αὗται· Πυθαγόρας οὖν ἔλεγεν	Ol., *Phaedo* 5 § 7 διὸ καὶ τριόφθαλμον ἑαυτὸν ἐθεάσατο, ἡνίκα τὰς ἰδέας ηὗρεν. (Cf. *schol. ibid.* φασὶ Πλάτωνα τὰς ἰδέας ἐν τῷ παραδειγματικῷ αἰτίῳ εὑρόντα, οὐκ ἐν τῷ ποιητικῷ

2. Sur ces attributions, cf. L. G. Westerink, *Damascius. Lectures on the Philebus*, p. xv-xx, et *The Greek Commentaries on Plato's Phaedo*, ii, p. 15-17.

αὐτὰς ἐν τῷ ποιητικῷ εἶναι, καὶ Ἀριστοτέλης δὲ μετ' αὐτὸν ἐν τῷ ποιητικῷ, αὐτὸς δ' ὡς εἴρηται ἐν τῷ παραδειγματικῷ αὐτὰς ἔφησεν εἶναι, αἵπερ ἐπέκεινά εἰσιν τοῦ ποιητικοῦ. Ἀμέλει γοῦν καί φασιν αὐτὸν εὑρηκότα τὰς ἰδέας ἑωρακέναι ἑαυτὸν τρίτον ἔχοντα ὀφθαλμόν.

καὶ δευτέρῳ ἐκείνου, καθὼς οἱ πρὸ αὐτοῦ, ἑωρακέναι ἑαυτὸν τρίτον ἔχοντα ὀφθαλμόν)[3].

Prol. 7.38-39 la morale dans les fables d'Ésope.

Ol., *Gorg.* 176.8-11 ; 260. 5-8.

Prol. 7, 41-42 οἱ γὰρ παῖδες, εἰ μὴ τούτοις προσέχωσι, δυσεκνίπτως μέλλουσιν ἔχειν ὃ κακῶς ἤκουσαν.

Ol., *Gorg.* 238.29-239.1 οὐκ ἴσασι γὰρ οἱ νέοι κρίνειν, ὅ τι τε τοιοῦτόν ἐστι καὶ ὅ τι μή. Καὶ ὃ ἂν κρατήσωσι δυσεκνίπτως ἔχουσιν (d'après Pl., *Rép.* II 378D 7-E 1).

Prol. 10,2 ἀκαταληψίαν πρεσβεύειν.

Ol., *Cat.* 4, 5-6 πρεσβεύοντες ἀκαταληψίαν.

Prol. 10, 70-71 : l'ignorance comparée à une λήμη (taie).

Ol., *Alc.* 12.10-14 ; *Gorg.* 25, 19-21 ; *Phaedo* II § 3.4-6 (Cf. Pr., *Alc.* 281.5 ; Philop., *Nic.* I λϐ').

Prol. 13, 10-14 οὐ δεῖ οὖν, φησίν, συγγράφειν, ἀλλὰ μαθητὰς δεῖ καταλιμπάνειν, οἵτινές εἰσιν ἔμψυχα συγγράμματα. Τοῦτο γὰρ καὶ οἱ πρὸ αὐτοῦ εἰώθεσαν ποιεῖν· ὅθεν Σωκράτης καὶ Πυθαγόρας ἑταίρους μόνον, οὐ μὴν καὶ συγγράμματα καταλελοίπασι.

Ol., *Cat.* 13, 36-14, 1 ὁ γὰρ Πυθαγόρας οὐκ ἀπέλειψεν οἰκεῖον σύγγραμμα, λέγων ὅτι οὐ δεῖ ἄψυχα καταλιμπάνειν συγγράμματα, ἐπειδὴ μὴ δύναται ὑπὲρ ἑαυτῶν ἀπολογεῖσθαι, ἀλλὰ δὴ καταλιμπάνειν ἔμψυχα συγγράμματα, τοῦτ' ἔστι μαθητάς, οἵτινες καὶ ὑπὲρ ἑαυτῶν καὶ τῶν ἰδίων διδασκάλων δύνανται συμμαχεῖν (El. 10, 14-17 ; Dav. 25, 28-26,4 ; Ps.-Él. 10.14-15).

Prol. 14, 26-27 ἀπαναχωροῦντα.

Ol., *Gorg.* 165.20 ; 171.24.

3. Le scholion peut dater de la même époque que le texte, mais j'incline plutôt à penser que le scholiaste (*ca.* 900) l'a emprunté aux *Prol.*

Prol. 15, 3-7 ὥσπερ γὰρ ἐν τῷ διαλόγῳ διάφορα πρόσωπά εἰσιν φθεγγόμενα καθὼς ἑκάστῳ πρέπει, οὕτω καὶ ἐν τῷ ὅλῳ κόσμῳ διάφοροί εἰσιν φύσεις φθογγὴν διάφορον ἀφιεῖσαι· φθέγγεται γὰρ ἕκαστος κατὰ τὴν οἰκείαν.

Ol., *Alc.* 56, 18-22 καὶ ἄλλως ὅτι, καθάπερ ἐν τούτῳ (i.e. τῷ κόσμῳ) πάντα φθέγγεται καὶ ἐνεργεῖ (αἱ γὰρ τῶν πραγμάτων ἐνέργειαι οἱονεὶ φωναὶ αὐτῶν εἰσίν), οὕτω δὲ κἀν τῷ λόγῳ προσήκει πάντα λαλεῖν τὰ ἐν αὐτῷ πρόσωπα καὶ ὥσπερ πάντας ἐνεργεῖν.

Prol. 15, 18-20 ἢ ἐπειδή, ὡς αὐτὸς λέγει ὁ Πλάτων, ὁ λόγος ζῴῳ ἀναλογεῖ, οὐκοῦν καὶ τῷ καλλίστῳ τῶν ζῴων ὁ κάλλιστος λόγος ἀναλογήσει· κάλλιστον δὲ ζῷόν ἐστιν ὁ κόσμος.

Ol., *Alc.* 56, 14-17 ἤ, ὥς φησιν ἐν τῷ Φαίδρῳ, 'δεῖ τὸν λόγον ἐοικέναι ζῴῳ'· καὶ τὸν οὖν ἄριστα κατεσκευασμένον λόγον δεῖ τῷ ἀρίστῳ τῶν ζῴων ἐοικέναι. Ἄριστον δὲ ζῷον ὁ κόσμος.

Prol. 15.51-58 anecdote au sujet d'Eschine et des juges assoupis.

Ol., *Alc.* 56.25-57.2 ; 108.9-11 : citation libre d'Eschine 3.192 sur des juges somnolents.

Prol. 15, 64-65 ἔχονται αὐτοῦ δίκην ἀγρίας ἐχίδνης δυσαπολύτως.

Ol., *Alc.* 113, 22-24 ἔχεται ... ὁ ἐλέγχων τοῦ ἐλεγχομένου μᾶλλον ἤπερ τοῦ σώματος τὰ τῆς ἐχίδνης δήγματα (*Symp.* 218 A 5).

Prol. 17.29 ; 26.8 ; 27.11 (?) ; 27-36 : la *Rép.* de Platon citée comme αἱ Πολιτεῖαι[4].

Ol., *Gorg.* 44.8 ; 80.12 ; 164.6 ; 190.20 ; 221.14 ; 241.12 ; 26 ; *Met.* 100.20 ; Ascl., *Nic.* I ια' 68 ; Ps.-El. 14.15 ; 22.8.

Prol. 27, 10-14 καὶ τῷ μὲν ἐνθουσιαστικῷ κέχρηται ἐν τῷ Φαίδρῳ νυμφόληπτος γενόμενος καὶ ἐν τῷ η' τῶν Πολιτειῶν περὶ Μουσῶν διαλεγόμενος καὶ ἐν τῷ Τιμαίῳ ὑποκρινόμενος τὸν δημιουργὸν διαλεγόμενον πρὸς τὰ οὐράνια, καὶ ἐν ἄλλοις δέ τισιν.

Ol., *Alc.* 1, 9-2, 12 τέσσαρες δέ εἰσιν οὗτοι (i.e. οἱ ἐνθουσιασμοί) παρ' αὐτῷ ἐν τέτρασι διαλόγοις· εἷς μὲν ἐν Τιμαίῳ, ὃν ἐνθουσιᾷ θεόληπτος γενόμενος καὶ ὑποκρινόμενος τὸν δημιουργὸν πρὸς τὰ οὐράνια δημηγοροῦντα ... δεύτερος ἐνθουσιασμός ἐστιν ἐν τῇ Πολιτείᾳ, ἔνθα μου-

4. Cf. L. G. Westerink, «The Title of Plato's Republic» dans *Illinois Classical Studies* 6 (1981), p. 112-115.

	σόληπτος γεγονὼς ὑπεκρίθη τὰς Μούσας διεξιούσας τὴν λύσιν τῆς ὑπ' αὐτοῦ συστάσης πολιτείας... τρίτος ἐνθουσιασμὸς ὁ ἐν Φαίδρῳ, ἔνθα ὑπὸ τὴν πλάτανον ὁ Σωκράτης φιλοσοφῶν περὶ τοῦ ἔρωτος νυμφόληπτος ἐγένετο. Τέταρτος ὁ ἐν Θεαιτήτῳ, ὅπου κατὰ φιλοσοφίαν ἐνεθουσίασε...
Prol. 27.63-65 : citation de Démosth. 3.22.	Ol., *Gorg.* 2.12-14 ; 15.10-12 ; 74.1-4 ; 164.24-165.1.
Prol. 27, 73-79... ἐν τῷ Ἀλκιβιάδῃ· προτίθεται γὰρ ζητεῖν τί ἐστιν ὁ ἄνθρωπος, πότερον σῶμα ἢ ψυχὴ ἢ τὸ συναμφότερον, καὶ δείκνυσιν ὡς οὔτε τὸ σῶμα οὔτε τὸ συναμφότερον, ἀλλ' ἡ ψυχὴ καθ' αὑτήν· εἶτα προϊὼν προστίθησιν ὡς οὐ πᾶσα ψυχή, οὐ γὰρ δὴ ἥ γε φυτικὴ ἢ ἡ ἄλογος, ἀλλ' ἡ λογική· καὶ πάλιν ὅτι ὁ ἄνθρωπος μεσότης ἐστὶν τῶν τε θείων καὶ τῶν γενητῶν.	Ol., *Alc.* 171, 12-17 διὰ μὲν τοῦ 'γνῶθι' (ἐδήλωσεν) ὅτι οὐκ ἐσμεν σῶμα (τοῦτο γὰρ οὐ γινώσκει), οὐ συναμφότερον..., ἀλλὰ ψυχή, καὶ ψυχὴ οὐ φυτική (αὕτη γὰρ οὐ γινώσκει)· διὰ δὲ τοῦ 'σεαυτὸν' ὅτι οὐδὲ ἄλογος (ἀνεπίστροφος γάρ ἐστι πρὸς ἑαυτὴν ἡ ἄλογος) ἀλλὰ λογική, καὶ λογικὴ οὐκ ἀεὶ τελεία, ἀλλὰ ποτὲ καὶ ἀγνοοῦσα. Cf. 9, 1-11 ; *Gorg.* 103.26-104.2.

Aucun de ces passages ne peut être considéré comme caractéristique, au sens où il exprimerait une idée ou une opinion d'Olympiodore qui ne serait pas partagée par un prédécesseur. Même l'exorde (pour lequel il n'y a pas de formule traditionnelle dans les introductions à Porphyre ou à Aristote) a l'air d'un lieu commun. Plusieurs des passages cités sont incontestablement des expressions toutes faites ; et, pour autant que nous le sachions, la plupart des passages peuvent appartenir au contenu ordinaire des prolégomènes de Platon. Pour toutes ces raisons, la valeur cumulative de ces passages ne devrait pas être surestimée non plus. Les correspondances entre Olympiodore et Élias[5] ne sont pas moins remarquables ; mais n'était que le hasard a protégé son

5. Cf. *supra* p. XXXIII-XXXV.

nom dans certaines scholies, son commentaire sur l'*Isagoge* aurait certainement été attribué à Olympiodore[6].

Olympiodore est le seul Alexandrin dont les commentaires sur Platon ont été conservés et, à de rares exceptions près, c'est dans cette partie de son œuvre que l'on rencontre des parallèles. C'est un point qu'il faut garder à l'esprit en considérant la liste suivante de parallèles rencontrés dans l'œuvre d'Élias. Ces parallèles sont beaucoup moins nombreux que dans tout l'ensemble de l'œuvre d'Olympiodore ; mais si l'on ne tient compte, chez les deux auteurs, que de la partie aristotélicienne de leur œuvre, alors la situation s'inverse.

Prol. 8.28-29 νυνὶ δὲ ὁρῶμέν τινας τοῦ εἶναι καταφρονοῦντας διὰ μεῖζον ἀγαθόν.	El. 1.8-9 τούτου χάριν τοῦ εἶναι μὲν καταφρονοῦμεν πολλάκις, τοῦ δὲ ἀγαθοῦ οὐ καταφρονοῦμεν.
Prol. 9.9-13 οὗτοι (les Épicuriens) γὰρ ἔλεγον ἀπρονόητα εἶναι τὰ τῇδε καὶ μέχρι τῶν οὐρανίων σωμάτων προέρχεσθαι τὴν πρόνοιαν τοῦ δημιουργοῦ· πράγματα γάρ, φασίν, ἔχειν ἔμελλεν καὶ πόνους ὑπομένειν, εἴ γε καὶ τούτων προὐνοεῖτο.	El. 112.1-3 οὗτοι δὲ οἱ Ἐπικούρειοι καὶ μέχρι τῶν οὐρανίων ἵστων τὴν πρόνοιαν, ἵνα μὴ πράγματα σχῇ τὸ θεῖον περιεργαζόμενον τὰ τῇδε.
Prol. 10.52-55 ἐκεῖνοι γὰρ καὶ ἡττωμένην ἔχουσι τὴν ψυχὴν ὑπὸ τοῦ σώματος, οὓς καὶ 'σπαρτικοὺς' ἀλλαχοῦ ὀνομάζει, δίκην φυτῶν ἀποβλαστάνοντας (*Soph.* 247 C 4-5).	El. 47.32-33 (les Stoïciens) ἄνθρωποι ταῖς ἀληθείαις σπαρτοὶ καὶ γηγενεῖς ἀπὸ δρυὸς ἢ ἀπὸ πέτρας τὴν φιλοσοφίαν ἐρανισάμενοι, οὐκ ἔκ τινος παραδόσεως.
	Dav. 111.4-5 ὥσπερ οἱ Στωϊκοί, ἄνδρες γηγενεῖς καὶ σπαρτοὶ ἀπὸ δρυὸς καὶ πέτρης κατὰ τὴν ποίησιν.

6. V. Rose, *De Aristotelis librorum ordine et auctoritate commentatio*, Berolini 1854, p. 243-244, l'attribuait à Olympiodore, opinion sur laquelle il est plus tard revenu, cf. *Leben des hl. David*, Berlin 1887, p. VIII, n. 1 ; cf. aussi L. Skowronski, *op. cit.* p. 32-34.

Prol. 15.26-27 ὅτι δὲ χαίρει τῇ μιμήσει ἡ ψυχὴ ἡμῶν, δηλοῖ τὸ παῖδας ἡμᾶς ὄντας φιλομύθους εἶναι.

El. 27.15-16 ὡς δηλοῖ τὸ ἐκ παίδων φιλομύθους ἡμᾶς εἶναι.

Prol. 16.52-55 ζῶντος μὲν γὰρ Σωκράτους ἐν ταῖς Ἀθήναις ἐποιεῖτο τὰς σκηνὰς τῶν διαλόγων, θανόντος δ' αὐτοῦ οὐκέτι ἐν Ἀθήναις διὰ τὸ ἀναξίους ἡγεῖσθαι Ἀθηναίους τῶν οἰκείων λόγων.

El. 110.21-23 ἐν Κρήτῃ γὰρ τὰς διατριβὰς ἐποιεῖτο· οὐ γὰρ ἠξίου ἔτι σκηνὰς τῶν αὐτοῦ διαλόγων ποιεῖσθαι τὰς Ἀθήνας διὰ τὰ συμβάντα ἐπὶ Σωκράτει.

A ces cas doivent être ajoutés ceux que l'on a cités plus haut pour Olympiodore. David, le Ps.-Élias et Étienne n'offrent rien de particulièrement intéressant, sauf dans les passages déjà cités et (dans le cas d'Étienne) pour l'exemple d'une citation incorrecte. Celles-ci méritent un examen particulier. Lorsque des citations incorrectes réapparaissent dans des textes différents, il y a *a priori* trois explications possibles : (1) identité de l'auteur (ou du professeur); (2) tradition ou (3) coïncidence. Les exemples vont montrer que la deuxième ou la troisième explication sont, le plus souvent, de mise.

— Ar., *Met.* A 1, 980 a 21 πάντες ἄνθρωποι τοῦ εἰδέναι *ὀρέγονται* φύσει.

Prol. 1.2-3 πάντας ἀνθρώπους ἔφη τοῦ εἰδέναι *ἐφίεσθαι.*

Ol., *Gorg.* 191.4 ἀλλὰ πάντες τοῦ εἰδέναι *ἐφίενται.*

Dans le passage correspondant, *In Alc.* 1.3, Ol. a ὀρέγονται, de même qu'Élias 27.21-22.

— Pl., *Phaedo,* 85 B 4-5 ἐγὼ δὲ (Socrate) καὶ αὐτὸς ἡγοῦμαι ὁμόδουλός τε εἶναι τῶν κύκνων...

Prol. 1.28-29 (Platon) 'ὁμόδουλον' ἑαυτὸν ἐκάλει 'τοῖς κύκνοις'.

Ol., *Alc.* 2.30-31 καλεῖ δὲ (Platon) ἑαυτὸν πανταχοῦ καὶ 'τοῖς κύκνοις ὁμόδουλον'.

— Pl., *Theaet.* 182 A 8-9 ἴσως οὖν ἡ ποιότης ἅμα ἀλλόκοτόν τε φαίνεται ὄνομα...

Prol. 5.7-8 ἴσως μὲν οὖν *τὸ τῆς ποιότητος ὄνομα* ξένον σοι δόξειεν εἶναι καὶ οὐκ εἰωθός.

Ol., *Cat.* 117.36-118.1 ἔοικάς μοι μὴ πάνυ γινώσκειν *τὸ τῆς ποιότητος ὄνομα* ἀθρόως λεγόμενον.

Amm., *Cat.* 81.27-28 et El. 225.21-22 ont aussi τὸ τῆς ποιότητος ὄνομα.

— Pl., *Phaedo,* 65 B 3-4 οὔτ' *ἀκούομεν* ἀκριβὲς οὐδὲν οὔτε *ὁρῶμεν.*

Prol. 10.37-38 οὐδὲν οὔτε *ὁρῶμεν* οὔτε *ἀκούομεν* ἀκριβῶς.

Ol. *Phaedo* 11 § 7.11 οὐδὲ γὰρ *ὁρῶμεν* οὐδὲν ἀκριβὲς οὐδὲ *ἀκούομεν.*

L'ordre des mots 'voir... entendre' est évidemment plus naturel.

— Pl., *Resp.* IX 592 B 2-3 ἐν οὐρανῷ ἴσως παράδειγμα ἀνάκειται τῷ βουλομένῳ ὁρᾶν καὶ ὁρῶντι ἑαυτὸν κατοικίζειν.

Prol. 10.55-56 οἱ δὲ καθαροὶ καὶ ὑπ' αὐτοῦ ἀλλαχοῦ *οὐρανοπολῖται* λεγόμενοι, οὗτοι νοοῦσιν.

Steph., *De an.* 563.7-8 πρὸς τοῦτο δὲ ὁ Πλάτων φησὶν ὅτι δύναται ὁ νοῦς ἐν γενέσει ὢν *οὐρανοπολίτης* εἶναι.

— Pl., *Protag.* 336 B 8-C 2 Σωκράτης μὲν γὰρ ὅδε ὁμολογεῖ μὴ μετεῖναί οἱ μακρολογίας..., τοῦ δὲ διαλέγεσθαι οἷός τ' εἶναι καὶ ἐπίστασθαι λόγον τε δοῦναι καὶ δέξασθαι θαυμάζοιμ' ἂν εἴ τῳ ἀνθρώπων παραχωρεῖ.

Prol. 11.2-5 καὶ ἄλλως, εἰρηκὼς 'οὐδὲν οἶδα' προσέθηκεν ὅτι 'πλὴν ὀλίγου τινός, καὶ τοῦτο τοῦ λαμβάνειν λόγον καὶ διδόναι' ἀντὶ τοῦ 'διαλέγεσθαι'.

Ol., *Alc.* 175.14-16 οὕτω καὶ ἀλλαχοῦ· 'ἐγὼ μὲν γὰρ οὐδὲν οἶδα πλὴν ἓν μόνον, τὸ διδόναι λόγους καὶ λαμβάνειν', τουτέστι τὴν διαλεκτικήν.

Le passage du *Protagoras* a été mêlé avec *Théagès* 128 B 3-4 ἐγὼ τυγχάνω ὡς ἔπος εἰπεῖν οὐδὲν ἐπιστάμενος πλήν γε σμικροῦ τινος μαθήματος, τῶν ἐρωτικῶν, et *Crat.* 390 C 10-11 τὸν δὲ ἐρωτᾶν καὶ ἀποκρίνεσθαι ἐπιστάμενον ἄλλο τι σὺ καλεῖς ἢ διαλεκτικόν. La confusion remonte au moins jusqu'à Syrianus : cf. Hermias, *Phaedr.* 21.13-14 τὴν διαλεκτικὴν (*scil.* ὡμολόγει εἰδέναι) ὡς ἐν Κρατύλῳ· 'ἐγὼ γάρ', φησίν, 'οὐδὲν οἶδα πλὴν δοῦναι λόγον καὶ λαβεῖν'.

— Pl., *Soph.* 235 C 5-6 οὐδὲν μή ποτε ἐκφυγὸν ἐπεύξηται τὴν τῶν οὕτω δυναμένων μετιέναι καθ' ἕκαστά τε καὶ ἐπὶ πάντα μέθοδον.

Prol. 11.20-21 ὡς οὐδὲν καυχήσεται φυγεῖν τὴν τῆς διαιρέσεως μέθοδον. Cf. 23.12-13 ; 27.21-22.

Ol., *Cat.* 2.27-28 τὴν διαιρετικὴν μέθοδον οὐδὲν καυχήσεται φυγόν. *Ibid.* 126.27-28.

La citation se retrouve sous la même forme (ou à peu près) chez Philop., *Cat.* 30.20-21 ; El. 73.12 ; 142.31 ; Dav. 162.1 ; Ps.-Él. 20.16 ; elle est combinée avec *Philèbe* 16 C 5-7 dans *Prol.* 23.12-13 ; 27.21-22 ; et Dav. 9.29-30.

— Pl., *Alc.* 114 E 7-9 καὶ ἐὰν μὴ αὐτὸς σὺ σαυτοῦ ἀκούσῃς..., ἄλλῳ γε λέγοντι μὴ πιστεύσῃς.

Prol. 11.23-26 εἰ μὴ σαυτοῦ *λέγοντος* [μὴ] ἀκούσῃς, ἄλλου λέγοντος μὴ πεισθῇς.

Ol., *Cat.* 10.9 εἰ μὴ σὺ σαυτοῦ *λέγοντος* ἀκούσῃς, μηδενὶ ἄλλῳ λέγοντι πιστεύσῃς. *Alc.* 114.5-6 ; *Gorg.* 107.11-12 ; 214.17-18.

Le λέγοντος, suggéré par λέγοντι dans l'apodose, se retrouve aussi chez Philop. *De aet.* XI 8, 445.12 et Él. 122.15.

— Pl., *Gorg.* 465 C 2-3 ὃ ὀψοποιικὴ πρὸς ἰατρικήν, τοῦτο ῥητορικὴ πρὸς *δικαιοσύνην.*

Prol. 27.56-57 ὡς ἰατρικὴ πρὸς ὀψοποΐαν, οὕτως *δικαστικὴ πρὸς σοφιστικήν.*

Ol., *Gorg.* 85.3-4 (sur 465 C 3 πρὸς *δικαιοσύνην) : ἀντὶ τοῦ πρὸς δικαστικήν.*

Philop., *An. post.* 74.12-15 a aussi δικαστική, cf. Pl., *Gorg.* 520 B 3.

C'est un phénomène général chez les philosophes alexandrins : ils s'empruntent les uns les autres leurs citations, au point quelquefois que le texte d'origine a complètement disparu. Ainsi Platon, *Lois* III 689 C 7-D 3 (τοῖς ταῦτ' ἀμαθαίνουσι τῶν πολιτῶν... ὡς ἀμαθέσιν ὀνειδιστέον, ἂν καὶ πάνυ λογιστικοί τε ὦσι καὶ πάντα τὰ κομψὰ καὶ ὅσα πρὸς τάχος τῆς ψυχῆς πεφυκότα διαπεπονημένοι ἅπαντα, τοὺς δὲ τοὐναντίον ἔχοντας τούτων ὡς σοφούς τε προσρητέον, ἂν καὶ τὸ λεγόμενον μήτε γράμματα μήτε νεῖν ἐπίστωνται, « ceux des citoyens qui ont ces ignorances... il faut les reprendre comme des ignorants, fussent-ils excellents raisonneurs et rompus à toutes les subtilités, à tout ce qui développe la rapidité de l'esprit ; ceux qui ont les dispositions contraires des précédentes, on s'adressera à eux comme à des sages, quand même ils ne sauraient, comme on dit, ni lire ni nager»[7] apparaît chez Élias (118.4-7) sous la forme suivante : πεπαιδευμένος παρὰ Πλάτωνι οὐχ ὁ πολλὰ εἰδὼς καὶ ῥέων χρήσεις ἀλλ' ὁ τὸν ἐν αὐτῷ παῖδα κατεσταλμένον ἔχων· διό φησιν αὐτὸς ὅτι 'φιλόσοφον ἐγὼ καλῶ τὸν εὖ ζῶντα, κἂν μήτε γράμματα μήτε νεῖν ἐπίσταται'. Chez le Ps.-Élias (22,1) le texte est devenu : κατὰ τὸν Πλάτωνα οὐκ ἔστιν ἐκεῖνος φιλόσοφος ὁ ὁρμαθοὺς ἐπισυρόμενος θεωρημάτων, ἀλλ' ὁ ἀκηλίδωτον καὶ ἀρρύπωτον τὴν ζωὴν διαφυλάττων, κἂν μήτε γράμματα μήτε νεῖν ἐπιστῆται. Chez David 5.21-23 (et 74.5-7) il ne reste rien des mots de Platon : καὶ τοῦτο δηλοῖ ὁ Πλάτων λέγων ὅτι 'οὐ μόνον φιλόσοφον λέγω τὸν πολλὰ εἰδότα καὶ πολλὰ ἀποστηθίσαι δυνάμενον, ἀλλὰ καὶ τὸν ἀκηλίδωτον καὶ ἄρρυπον βίον κτησάμενον'. Dans le cas présent, cela veut dire qu'un indice prometteur se révèle malheureusement inutilisable.

Cependant les points d'accord sont suffisamment forts pour permettre de situer les *Prolégomènes* dans l'entourage immédiat d'Olympiodore et d'Élias. Si nous remontons ou descendons dans le temps, c'est-à-dire si nous allons, dans un cas, vers Ammonius ou, dans l'autre, vers David, le Ps.-Élias ou Étienne, les correspondances deviennent plus rares et moins significatives.

Il y a aussi, cependant, des indices négatifs, c.-à-d. des différences ou des contradictions entre les *Prolégomènes* et Olympiodore. Je ne crois pas que l'on puisse attacher beaucoup d'importance à des divergences sur des points de détail, où le jugement d'Olympiodore peut avoir été influencé par sa source. La divergence la plus sérieuse est constituée par *Prol.* 10.43-46, où il est dit que les sens ne perçoivent pas l'essence de leurs objets, opinion qu'Olympiodore, *In Phaed.* 4 § 6.7-8, rejette comme étant une erreur des péripatéticiens. Le principe sous-jacent à la doctrine 'platonicienne' (le λόγος du tout est présent dans chacune de ses parties ou de ses aspects) se rencontre aussi chez Ol., *Alc.* 79.14-18, de

7. Traduction E. des Places, *Platon. Les lois*, III-VI, Paris, 1951, p. 29.

sorte que cette contradiction peut difficilement passer pour accidentelle[8]. Il y a, en outre, la distinction de quatre degrés d'ignorance en *Prol.* 16.24-34 alors qu'Olympiodore (*In Alc.* 11.9-10) se conforme à la distinction usuelle entre ἁπλῆ et διπλῆ ἄγνοια seulement ; la critique en *Prol.* 19.7-9 d'une subdivision du Gorgias adoptée par Ol., *In Gorg.* 5.19-22 ; l'explication différente du σκοπός de l'*Alc.* dans *Prol.* 23.27-29 et Ol., *Alc.* 4.15-17. Dans le chapitre sur le σκοπός les *Prol.* se contredisent eux-mêmes aussi (cf. 23.27-29 et 26.23-25 ; 22.11-12 et 22.43-44), le but n'étant pas tant d'établir le σκοπός réel de chaque dialogue que d'illustrer les règles. En matière de religion, en revanche, les différences sont plus marquées. L'anonyme est soit un païen soucieux d'éviter à tout prix un conflit soit, plus probablement, un chrétien désireux de continuer la tradition païenne avec le minimum d'adaptation. D'où vient qu'il ait conservé les épithètes de 'divin' pour Jamblique, Platon ou Proclus, ou qu'il ait reproduit sans changement la 'théologie de Platon' ; de là vient aussi la superficialité avec laquelle cette théologie est traitée ; ou bien l'omission rigoureuse d'un terme aussi dangereux que δαίμων[9], ou encore l'omission d'un détail embarrassant dans la vie de Platon. Pour autant que nous connaissions Olympiodore, il n'aurait pas défiguré la biographie de Platon de cette façon ; en outre, la version de la biographie dans laquelle le changement intervient, différait pour le plan, comme nous l'avons vu, de celle qui est conservée dans le commentaire de l'*Alcibiade*. Enfin, au moment où Olympiodore donnait en cours le

8. La doctrine ici rejetée est celle de Proclus (*Prov.* 51.22-25) ; celle présentée comme platonicienne est sans doute celle de Damascius, qui s'était donné comme but de purger le platonisme de toute influence péripatéticienne (cf. par ex. Ol. *In Alc.* 217.23-218.9) ; voir L. G. Westerink, ' Damascius commentateur de Platon ' dans *Le Néoplatonisme*, Paris 1971, p. 253-260 (= *Studies*, p. 271-278).

9. En particulier 12.13, où l'on a ἀγγέλων ιβ' γένη, au lieu de στρατιὰ θεῶν τε καὶ δαιμόνων de *Phèdre* 246 E 6.

commentaire de l'*Alcibiade* que nous avons conservé, son unique introduction était une vie de Platon.

Si nous connaissions toutes les circonstances de la vie d'Olympiodore, ou pourrait peut-être dire si de tels changements peuvent s'être produits ; dans l'état actuel de nos connaissances, on peut seulement dire que ces changements ne sont pas vraisemblables. La supposition la plus probable est que les *Prolegomena* sont le compte-rendu de cours donnés par l'un des successeurs d'Olympiodore dans la seconde moitié du VIe siècle.

VI. Le Texte

La survie des *Prolegomena*, comme celle de beaucoup d'autres ouvrages importants, est due à Aréthas de Césarée[1]. Il a possédé et annoté un petit volume contenant trois introductions à Platon et les *Vers d'or* accompagnés du commentaire de Hiéroclès. L'exemplaire même d'Aréthas est perdu, mais la Bibliothèque Nationale de Vienne conserve une copie faite de son vivant (en 925), le *Vindobonensis phil. gr. 314* (V), dont nous allons donner ici une description sommaire[2].

Le codex, qui comprend 151 folios, est formé de deux parties, contemporaines et provenant probablement de la même bibliothèque, mais indépendantes l'une de

1. Sur l'importance d'Aréthas de Césarée dans la transmission des textes classiques, cf. P. Lemerle, *Le premier humanisme byzantin*, Paris, 1971, p. 205-241 (voir en particulier, p. 216) et N. Wilson, *Scholars of Byzantium*, London, 1983, p. 120-135 (en particulier, p. 128).

2. H. Hunger, *Katalog der griech. Handschriften der Österreichischen Nationalbibliothek*, I, Vienne, 1961, p. 405-406 ; F. W. Köhler, *Textgeschichte von Hierokles' Kommentar zum Carmen Aureum der Pythagoreer* (diss. Münster, 1965) ; L. G. Westerink - B. Laourdas, «Scholia by Arethas in Vindob. phil. gr. 314» dans Ἑλληνικά 17 (Thessaloniki 1960), p. 105-131. L'original d'Aréthas est plus ancien que nous ne le supposions (p. 109) : il se réfère, en effet, aux quatre sortes d'ignorance de *Prol.* 16.24-28 dans une lettre datant de 907 ou peu après (*Scripta minora* I, ed. L. G. Westerink, Lipsiae 1968, p. 183.5-17).

l'autre et écrites par des scribes différents. La IIe partie (ff. 113-151) est une collection d'œuvres de Théodore Abucara[3]. Le contenu de la 1re partie est le suivant :

ff. 1r-26v : Alcinous, *Epitome*, depuis 160.12 Hermann σημανεῖ. La perte d'un cahier explique sans doute la lacune.

ff. 27v-29v : Προτέλεια σύμμικτα εἰς τὸν μέγαν Πλάτωνα (extraits tirés d'Olympiodore, *In Gorgiam*, 214.25-215.11 ; 215-17-23 ; 23-27 ; et de Diogène Laërce III 43-44 ; 49 ; 52 ; 48 ; 53-61 ; 65).

ff. 29v-50v : Προλεγόμενα τῆς Πλάτωνος φιλοσοφίας (notre texte).

ff. 51r-52r : *Carmen aureum* des Pythagoriciens.

ff. 52v-110r : Hiéroclès, *Commentaire du Carmen aureum*.

C'est là la fin du volume original, comme le montre la subscription sur le f. 110r (Ἰωάννης γραμματικός, jeudi 28 juillet 6432 = 924 [lire 925])[4]. Pour remplir les cinq pages restantes (110v-112v) le copiste a ajouté des extraits variés, qu'il a peut-être trouvés dans la même bibliothèque.

Vers le milieu du XIe siècle, l'érudit byzantin Michel Psellos a encore lu les *Prolégomènes*, soit dans l'exemplaire viennois, soit dans une copie, comme le prouve une citation directe[5]. Quoi qu'il en soit, ce manuscrit a fini par passer de la collection de J. Sambucus à la

3. Sur Théodore Abucara cf. H. G. Beck, *Kirche und theol. Litt. im byz. Reich*, Munich 1959 (réimpr. 1977), p. 488-489.

4. Sur la date voir V. Grumel, *La chronologie* (P. Lemerle, Traité d'études byz., I), Paris 1958, p. 125-126 : « ... conduit à une ère de 5507 ans, du fait que c'est l'année 925 et non 924, qui réunit les concordances » ; mais il peut s'agir d'une simple erreur, d'autant plus que le millésime était moins familier aux Byzantins que le nombre de l'indiction.

5. Voir *infra*, p. 6 et n. 39 (p. 51 des Notes complémentaires) ; voir aussi un article (encore inédit) de J. Whittaker « Arethas and the 'Collection Philosophique' » qui signale (à la fin) une réminiscence possible des *Prolégomènes* dans une scolie à Alcinous (dans le *Par. gr.* 1962).

Bibliothèque Impériale de Vienne. Il a ainsi échappé aux Platoniciens d'Italie et n'a bénéficié que de peu d'intérêt jusqu'à la fin du XVIIIe siècle. Je ne connais que deux transcriptions :

Monac. gr. 113 (Hardt II 29-39), s. XVI, 263 ff., dont les ff. 1-76 correspondent aux ff. 27[v]-112[v] du ms. de Vienne.

Leiden, Ruhnken 55, ff. 1-6[v], copie du *Monacensis* (f. 1[r] : *Ex codice Bavarico*).

La première publication du texte est celle des chapitres 1-6 par A.H.L. Heeren dans la *Bibliothek der alten Litteratur und Kunst*, herausgeg. von T.C. Tychsen und A.H.L. Heeren, 5 (1789), p. 3-19. Heeren avait copié le manuscrit de Vienne, mais si mal que C.F. Hermann a pu croire que le texte de la copie de Munich était supérieur à son original!

A. Westermann a repris le texte de Heeren, avec un certain nombre de corrections, dans ses βιογράφοι, Brunswick 1845, p. 388-396, et dans le Diogène Laërce de la collection Didot, Paris 1850, Appendice p. 5-9.

Le texte complet a été publié d'après les copies de Munich et de Leiden par C.F. Hermann dans l'*Appendix Platonica* (*Platonis dialogi*, vol. VI, Leipzig 1853), p. 196-222.

Dans l'édition Didot de Platon, vol. III (1873), p. 259-276, la partie des *Prolégomènes*, qui n'avait pas été publiée dans le Diogène Laërce (c.-à-d. les chap. 7-28), a été réimprimée avec la plus grande partie de l'*Appendix* d'Hermann, mais cette fois sous le nom d'Olympiodore.

La présente édition est une reprise de l'édition anglaise parue à Amsterdam en 1962[6], mise à jour et augmentée avec l'aide de A.-Ph. Segonds, qui a aussi traduit l'introduction et révisé la traduction du texte grec faite, dès 1962, par le regretté Jean Trouillard. L'édition française, comme l'édition anglaise, est fondée

6. Voir *supra*, p. VIII et n. 6.

sur le manuscrit de Vienne, dont le texte, bien qu'il soit le meilleur dont nous disposions, n'est pas particulièrement bon. Outre les corrections signalées dans l'apparat critique, environ une centaine de fautes d'orthographe du type ordinaire (fautes d'accents, d'esprits ; confusion de voyelles ; consonnes doubles écrites simples ; iota adscrit inutile, etc.) ont été tacitement corrigées. Le manuscrit V ajoute d'ordinaire le ν ἐφελκυστικόν dans la première partie du texte, mais il devient plus rare dans la suite, ce qui veut dire que le scribe mettait son point d'honneur à l'écrire, mais qu'il est graduellement revenu à sa pratique ordinaire, à mesure que son travail avançait ; on a toujours écrit ἐστίν, εἰσίν, φησίν et φασίν lorsque V emploie une abréviation, comme c'est souvent le cas.

Dans la mesure du possible on s'est efforcé d'éviter de corriger des erreurs qui figuraient déjà dans l'exemplaire même du *reportator*, telles que la lacune en 18.11 ; le passage corrompu en 26.34-44 et d'autres inexactitudes du type de celles notées plus haut[7]. De même la prudence s'impose à l'égard d'anomalies dues à la médiocrité générale de l'expression, dont la fin du ch. 7 contient quelques exemples notables : à la ligne 27 le sujet de προσέχοντες n'est évidemment pas οἱ ἐντυγχάνοντες, mais le fabricant du mythe, de sorte que l'on a affaire soit à un nominatif absolu de l'espèce la plus étrange soit à une simple étourderie. Ligne 36 : le texte parle encore de τοὺς ἐντυγχάνοντας μύθῳ, alors qu'il veut certainement signifier τοὺς πλάττοντας μῦθον. Le reste de la phrase ne se construit tout simplement pas : apparemment le rédacteur (ou le professeur) avait à l'esprit quelque chose comme ἵνα μὴ οἱ παῖδες ἀδικῶνται, ἀλλ' εὐθέως τῷ ἐγκύπτειν αὐτοὺς φανῇ αὐτοῖς ἐκ τῶν εἰρημένων τὸ ἐν τούτοις ἀγαθόν, μὴ ἀναμείνασιν δίκην τῶν Αἰσωπείων μύθων τὸ ἐπιμύθιον etc., mais de quelque façon les deux lignes de pensée se sont trouvées mélangées. La

7. Cf. *supra*, p. IX, n. 11.

conjecture de Hermann ἐκκύπτειν manque le point : l'histoire devrait avoir l'effet recherché au premier coup d'œil, et non pas pas après.

En ce qui concerne les *marginalia* le lecteur se référera à la publication dans Ἑλληνικά (citée plus haut[8]). Il n'y aurait aucun profit à les reproduire ici, étant donné que toute leur importance repose dans leur lien avec les *marginalia* des textes d'Albinus et d'Hiéroclès, et qu'ils n'aident nullement à expliquer ou à corriger le texte.

Au moment de donner le bon à tirer pour ce volume, nous avons appris avec beaucoup de peine la mort subite de L. G. Westerink, le 24 janvier 1990.

8. Cf. *supra*, p. LXXXIX, n. 2.

ABRÉVIATIONS

1. *Auteurs anciens*

Amm. = Ammonius, *In Porphyrii V voces* ed. A. Busse (CAG IV 3, 1891); *In Arist. Categorias* ed. A. Busse (IV 4, 1895); *In Arist. lib. de Interpretatione* ed. A. Busse (IV 5, 1897); *In Arist. Analyt. pr. lib. I* ed. A. Busse (IV 6, 1899).

Ascl., *In Met.* = Asclepius, *In Arist. Metaphysica* ed. M. Hayduck (CAG VI 2, 1888).

— *In Nic.* = Asclepius, *In Nicomachi Introductionem arithmeticam*, éd. L Tarán dans *Transactions of the American Philosophical Society*, vol. 59, 4, Philadelphia, 1969.

CAG = *Commentaria in Aristotelem graeca edita consilio et auctoritate Academiae Litterarum regiae Borussiae*, Berlin, 1883-1907.

Dam., *De princ.* = Damascius, *Traité des premiers principes*, éd. L. G. Westerink et J. Combès, t. I *De l'ineffable et de l'un* (coll. des Universités de France), Paris, 1986; t. II *De la triade et de l'unifié*, Paris, 1989; t. III (sous presse).

— = Damascius, *Dubitationes et solutiones de primis principiis* ed. C.Ae. Ruelle, Paris, 1889, I et II, p. 1-4.

— *In Parm.* = Damascius, *In Parmenidem, ibid.*, vol. II, p. 5-322.

— *In Phaed.* I et II = *The Greek Commentaries on Plato's Phaedo*, vol. II, Damascius by L. G. Westerink, Amsterdam, 1977.

— *In Phileb.* = Damascius, *Lectures on the Philebus* by L. G. Westerink, Amsterdam, 1959, [2]1982.

— *V. Isid.* = *Damascii Vitae Isidori reliquiae* ed. C. Zintzen, Hildesheim, 1967.

Dav. = David, *Prolegomena et in Porphyrii Isagogen comm.* ed. A. Busse (CAG XVIII 2, 1904).

El. = Elias, *In Porphyrii Isagogen et Aristotelis Categorias comm.* ed. A. Busse (CAG XVIII 1, 1900).

Hermias, *In Phdr.* = *Hermiae in Platonis Phaedrum scholia* ed. P. Couvreur, Paris, 1901, [2]Hildesheim, 1971 (avec index et avant propos de C. Zintzen).

Ol. *In Alc.* = Olympiodorus, *Commentary on the First Alcibiades of Plato* by L. G. Westerink, Amsterdam, 1956.

— *In cat.* = *Prolegomena et in Arist. Categorias comm.* ed. A. Busse (CAG XII 1, 1902).

— *In Gorg.* = *Olympiodori in Platonis Gorgiam commentaria* ed. L. G. Westerink, Lipsiae, 1970.

— *In meteor.* = *In Arist. Meteorologica* ed. G. Stüve (CAG XII 2, 1900).

— *In Phaed.* = *The Greek Commentaries on Plato's Phaedo*, vol. I, Olympiodorus, by L. G. Westerink, Amsterdam, 1976.

Philop., *In Cat.* = *In Arist. Categorias comm.* ed. A. Busse (CAG XIII 1, 1898).

— *In An. pr.* = *In Analytica priora* ed. M. Wallies (CAG XIII 2, 1905).

— In An. post. = *In Analytica posteriora* ed. M. Wallies (CAG XIII 3, 1909).

— *In Meteor.* = *In Meteor. lib. I* ed. M. Hayduck (CAG XIV 1, 1901).

— *In de gen.* = *In Arist. lib. de generatione et corruptione* ed. G. Vitelli (CAG XIV 2, 1897).

— *In de anima* : cf. infra sous Stephanus.

— *In Phys.* = *In Arist. libros Physic. comm.* ed. G. Vitelli (CAG XV 1 et 2, 1887-1888).

— *Aet.* = *De aeternitate mundi contra Proclum* ed. H. Rabe, Lipsiae, 1899 (réimpr. Hildesheim, 1963).

— *In Nic.* = *Iohannis Philoponi, In Nicomachi Arithmeticam*, ed. R. Hoche, Partes I-II, Wesel, 1864-1865 ; lib. II, Berlin, 1867.

Procl. *In Alc.* = *Proclus, Sur le premier Alcibiade de Platon*, éd. A. Ph. Segonds 2 vol., Paris, 1985-1986 (voir aussi Proclus, *Commentary on the First Alcibiades* by L. G. Westerink, Amsterdam, 1954).

— *In Crat.* = *Procli In Platonis Cratylum commentaria* ed. G. Pasquali, Lipsiae, 1908 (réimpr. dans *Proclo. Lezioni sul 'Cratilo' di Platone* a cura di F. Romano (Symbolon, 7), Roma, 1989).

— *Elem.* = Proclus, *The Elements of Theology* by E. R. Dodds, Oxford 1933, [2]1963 (tr. fr. par J. Trouillard, *Proclos, Éléments de Théologie*, Paris, 1965).

— *In Parm.* = *Procli Commentarium in Platonis Parmenidem* dans *Procli Opera inedita*[2] ed. V. Cousin, Paris, 1864, col. 617-1242 et *Proclus, Commentaire sur le Parménide de Platon*, traduction de G. de Moerbeke, I et II, éd. par C. Steel, Leuven-Leiden, 1982-1985.

— *Prov.* = *De providentia et fato et eo quod in nobis* éd. D. Isaac dans Proclus. *Trois études sur la providence* (Coll. des Univ. de France), 3 vol. Paris, 1977-1982, t. II, Paris, 1979.

— *In remp.* = *Procli In Platonis Rem publicam commentarii* ed. G. Kroll, 2 vol., Lipsiae, 1899-1901 (tr. fr. par A. J. Festugière, *Proclus. Commentaire sur la République, traduction et notes*, 3 vol., Paris, 1970).

— *Theol. plat.* = (pour les livres I-V) *Proclus, Théologie platonicienne* par H. D. Saffrey et L. G. Westerink (coll. des Univ. de France), t. I, Paris 1968; t. II, 1975; t. III, 1978; t. IV, 1981; t. V, 1987).

(pour le livre VI) *Procli In Platonis Theologiam* ... ed. Aem. Portus, Hamburg, 1618.

— *In Tim.* = *Procli Diadochi In Platonis Timaeum commentaria* ed. E. Diehl, 3 vol., Lipsiae, 1903-1906 (réimpr. Amsterdam, 1965); (tr. fr. par A. J. Festugière, *Proclus. Commentaire sur le*

Timée, traduction et notes, 5 vol., Paris, 1966-1968).

Ps. El. = *Pseudo-Elias, Lectures on Porphyry's Isagoge*, ed. L. G. Westerink, Amsterdam, 1966.

Simpl. *In de caelo* = *In Arist. libr. De caelo comm.* ed. J. L. Heiberg (CAG VII, 1894).
— *In cat.* = *In Arist. Categorias comm.* ed. C. Kalbfleisch (CAG VIII, 1907).
— *In de an.* = *In Arist. libr. De anima* ed. M. Hayduck (CAG XI, 1882).
— *In Phys.* = *In Arist. libr. Physic.* ed. H. Diels (CAG IX-X, 1902-1905).

Steph. *De inter.* = *In Arist. libr. De Interpretatione* ed. M. Hayduck (CAG XVIII 3, 1885).
— *De an.* = *Iohannis Philoponi, In Aristotelis libros de anima, in librum III* ed. M. Hayduck (CAG XV, 1897), p. 446-607.

2. *Ouvrages de référence, cités en abrégé*

Bieler, Θεῖος ἀνήρ = Θεῖος ἀνήρ. *Das Bild des göttlichen Menschen in Spätantike und Frühchristentum*, 2 vol., Wien, 1935-1936 (réimpr. en 1 vol., Darmstadt).

Hein, *Definition* = C. Hein, *Definition und Einteilung der Philosophie. Von der spätantiken Einleitungsliteratur zur arabischen Enzyklopädie*, Frankfurt am Main, 1985.

Riginos = A. S. Riginos. *Platonica. The Anecdotes concerning the Life and Writings of Plato* (Columbia Studies in the Classical Tradition vol. III), Leiden, 1976.

DPhA = *Dictionnaire des philosophes antiques* publié sous la direction de R. Goulet, t. I (A), Paris, 1989 (renvoi au numéro d'article).

LSJ = Liddell-Scott-Jones, *A Greek-English Lexicon*^{9}, Oxford, 1940.

PG = *Patrologia graeca.*

PL = *Patrologia latina.*

PW = Pauly-Wissowa-Kroll, *Realencyclopädie der classischen Altertumswissenschaft.*

RAC = *Reallexikon für Antike und Christentum*, Stuttgart, 1950-

SIGLA

V = *Vindobonensis phil. gr.* 314.
<...> = addenda.
[...] = delenda.

PROLÉGOMÈNES
À LA PHILOSOPHIE DE PLATON

1. Le génial[1] Aristote déclare, au début de son *Traité de théologie*[2], que tous les hommes ont le désir de savoir, en foi de quoi il allègue le plaisir qu'ils trouvent à éprouver des sensations. Si nous aimons, en effet, exercer nos sens, c'est afin d'acquérir quelque connaissance. Je dirais volontiers qu'il en va de même pour la philosophie de Platon. Car tous les hommes, l'expérience le montre, veulent y puiser comme à une source ce que chacun croit pouvoir lui être utile[3]. Quand je dis tous les hommes, j'entends tous ceux qui sont normalement constitués, et non pas ceux qui sont incultes et incapables, comme des chauves-souris[4], d'affronter la lumière du soleil[5], et qui, croyant que seuls les sensibles existent, n'ont nul souci des intelligibles.

I

Nous concevrons sans doute une admiration plus grande pour la philosophie de Platon, quand nous aurons retracé sa vie et le caractère de sa philosophie.

Le grand Platon eut pour père Ariston, fils d'Aristoclès, et pour mère Périctione, qui était de la lignée de

1. Voir *Notes complémentaires*, p. 45.
2. Traité de Théologie = *Métaphysique* (A 1, 980 a 21-22).
3-4. Voir *Notes complémentaires*, p. 45.
5. Voir *Theol. plat.* II 11, p. 64.22 et n. 14.

ΠΡΟΛΕΓΟΜΕΝΑ

ΤΗΣ ΠΛΑΤΩΝΟΣ ΦΙΛΟΣΟΦΙΑΣ

[196 Hermann]

Ὁ μὲν δαιμόνιος Ἀριστοτέλης τῆς θεολογικῆς αὐτοῦ φιλοσοφίας ἀρχόμενος πάντας ἀνθρώπους ἔφη τοῦ εἰδέναι ἐφίεσθαι, καὶ τούτου πίστιν τὴν τῶν αἰσθήσεων ἔλεγεν ἀγάπησιν· διὰ τοῦτο γὰρ τὰς αἰσθήσεις ἀγαπῶμεν, ἵνα γινώσκωμέν τι. Φαίην δ' ἂν ἐγὼ τὴν Πλάτωνος τοῦτο πεπονθέναι· πάντας γὰρ ἀνθρώπους ἐστὶν ἰδεῖν ὥσπερ ἔκ τινος πηγῆς ἀρύσασθαι βουλομένους ἐκ ταύτης ὅσον ἕκαστος χρήσιμον οἰηθῇ· πάντας δὲ λέγω τούς γε κατὰ φύσιν ἔχοντας καὶ μὴ ἀτεράμονας ὄντας καὶ δίκην νυκτερίδων μὴ δυναμένους ἀντωπεῖν ἡλιακῷ φωτί, οἳ μόνα τὰ αἰσθητὰ οἰόμενοι εἶναι τῶν νοητῶν οὐδεμίαν τίθενται φροντίδα.

α′

Ἔτι δ' ἂν μᾶλλον ἀγασθείημεν τὴν τούτου φιλοσοφίαν, εἰ τήν τε ἱστορίαν καὶ τὸ εἶδος τῆς αὐτοῦ φιλοσοφίας ὑφηγησώμεθα.

Πλάτων τοίνυν ὁ πολὺς πατρὸς μὲν ἦν Ἀρίστωνος τοῦ Ἀριστοκλέους, μητρὸς δὲ Περικτιόνης τῆς ἀπογόνου

1. 1-5 Ar., *Melaph.* A 1, 980 a 21-22.

Solon le législateur[6]. C'est pour imiter cet ancêtre que Platon composa *La République* et *Les Lois*[7]. Lui-même était d'abord appelé Aristoclès, du nom de son grand-père paternel, mais ce nom fut changé en Platon, soit en raison de la largeur de sa poitrine soit en raison de l'ampleur de son front soit (pour en venir à la véritable cause) en raison de l'ampleur de son style, c'est-à-dire de son élévation[8]. De la même façon, Théophraste, d'abord appelé Tyrtamos, vit son nom changé en Théophraste, en raison du caractère divin de son style[9].

Platon était divin et apollinien[10]. Qu'il fût divin, c'est ce que révèlent et son propre aveu et certains songes. Son propre aveu, puisque lui-même se qualifiait de «compagnon de servitude des cygnes»[11]. Les songes montrent la même chose. Socrate, son maître, la veille du jour où Platon devait entrer à son école, vit en songe un cygne sans ailes venir en son sein, puis, lorsqu'il eut des ailes, s'envoler en poussant un cri puissant et mélodieux, au point de ravir tous ceux qui l'entendaient[12]. Ce qui signifiait que Platon serait encore imparfait quand il entrerait à l'école de Socrate, mais qu'il y deviendrait parfait et se distinguerait tellement par ses enseignements que tout le monde désirerait les entendre et que personne ne pourrait lui résister ou bien ne le tenterait. Et Platon lui-même, au moment de mourir, se vit devenir un cygne qui bondissait d'arbre en arbre, donnant ainsi beaucoup de soucis aux chasseurs d'oiseaux, qui ne parvenaient pas à le capturer. Ayant ouï ce songe, Simmias le disciple de Socrate, expliqua que tous les hommes s'efforceraient de saisir la pensée de Platon, que nul n'en serait capable, mais que chacun l'interpréterait selon son propre sentiment, soit qu'il préférât le sens théologique, soit le sens cosmologique, soit quelque autre sens

6. Voir *Notes complémentaires*, p. 45.
7. Cette assertion ne se retrouve que chez Olympiodore, *In Alc.* 2.17-21 (Riginos p. 186-187).
8-12. Voir *Notes complémentaires*, p. 46-47.

Σόλωνος τοῦ νομοθέτου· ὅθεν καὶ κατὰ μίμησιν αὐτοῦ ἐξέθετο τήν τε Πολιτείαν καὶ τοὺς Νόμους. Αὐτὸς δὲ ἐκαλεῖτο Ἀριστοκλῆς εἰς ὄνομα τοῦ πρὸς πατρὸς πάππου, μετεκλήθη δὲ Πλάτων ἢ διὰ τὸ πλατὺ τοῦ στέρνου ἢ διὰ τὸ εὐρὺ τοῦ μετώπου ἤ (ὅπερ καὶ ἀληθὲς εἰπεῖν) διὰ τὸ πλατύ τε καὶ ἀναπεπταμένον τῆς φράσεως. Οὕτως καὶ ὁ Θεόφραστος, Τύρταμος καλούμενος πάλαι, διὰ τὸ θεῖον τῆς φράσεως Θεόφραστος μετεκλήθη.

Θεῖος δὲ ἦν ὁ Πλάτων καὶ Ἀπολλωνιακός. Καὶ ὅτι μὲν θεῖος ἦν, δῆλον ἔκ τε ἑαυτοῦ κἀκ τῶν ὀνειράτων· ἐξ ἑαυτοῦ μέν, ὅτι 'ὁμόδουλον' ἑαυτὸν ἐκάλει 'τοῖς κύκνοις', ἐκ τῶν ὀνειράτων δὲ οὕτως. Σωκράτης ὁ τούτου διδάσκαλος πρὸ μιᾶς τοῦ μέλλειν αὐτὸν φοιτᾶν αὐτῷ εἶδεν ὄναρ ὅτι κύκνος ἄπτερος ἦλθεν ἐν τοῖς κόλποις αὐτοῦ, εἶτα πτεροφυήσας ἀνέπτη κλάγξας μέγα τε αὐτῷ καὶ λιγυρόν, ὡς ἅπαντας ἑλεῖν τοὺς ἀκούσαντας· ἐδήλου δὲ τοῦτο ὡς | [197] φοιτήσει μὲν αὐτῷ ἀτελὴς ὁ Πλάτων, γενήσεται δὲ τέλεος καὶ οὕτως διαπρέψει ἐν τοῖς δόγμασιν ὡς ἅπαντας τούτων ἀκούειν γλίχεσθαι καὶ μηδένα ἀντιτείνειν ἢ δύνασθαι ἢ πειρᾶσθαι. Καὶ αὐτὸς δ' ὁ Πλάτων εἶδεν ἑαυτὸν ἐν τῷ μέλλειν τελευτᾶν κύκνον γενόμενον καὶ μεταπηδῶντα ἀπὸ δένδρου ἐπὶ δένδρον καὶ πολλὰ παρέχοντα τοῖς ὀρνιθοθήραις πράγματα, μὴ δυναμένων ἑλεῖν αὐτόν. Τούτου δὲ τοῦ ἐνυπνίου ἀκούσας Σιμμίας ὁ Σωκρατικὸς ἔφησεν πάντας ἀνθρώπους σπουδάσαι καταλαβεῖν τὴν τοῦ Πλάτωνος διάνοιαν, μηδένα δὲ δυνήσεσθαι, ἀλλ' ἕκαστον πρὸς τὸ δοκοῦν αὐτῷ τὴν ἐξήγησιν ποιεῖσθαι, εἴτε θεολογῆσαι εἴτε φυσιολογῆσαι

1. 28-29 Pl., *Phaed.* 85 B 4-5.

1. 32 τε] τι Westermann (cf. Ol., *In Alc.* 2.85) ‖ αὐτῷ] ἀυτῶν Hermann ‖ 39 μεταπηδῶντα scripsi : καταπηδῶντα V ‖ δένδρου Heeren : -ον V.

encore. Identique est, en effet, le sort de ces deux hommes, Homère et Platon : à cause du caractère harmonieux de leur style, ils sont accessibles à chacun, de quelque façon qu'on désire les aborder[13]. Ces songes ne sont pas les seuls signes du caractère apollinien de Platon, mais il y a aussi sa manière de vivre, qui était une vie de purification[14]. Car telle est la nature de ce dieu, comme son nom même l'indique. 'Apollon' signifie, en effet, 'celui qui est séparé de la pluralité'[15], puisque le 'a' est un préfixe privatif[16]. En outre, la date de naissance de Platon nous témoigne aussi qu'il était apollinien. Il naquit, en effet, le septième jour du mois de Thargélion, jour où les Déliens célébraient la fête d'Apollon[17]. Or Socrate naquit le sixième jour de ce mois, jour où l'on célébrait l'anniversaire d'Artémis[18]. Ce qui montre bien la primauté de Socrate dans l'ordre du temps comme dans celui de la valeur.

2. Afin de donner un exposé complet de <la> vie de Platon, procédons par divisions successives[19]. Tout ce qui vient au monde, vient au monde et dans un temps et dans un lieu ; et donc Platon, en tant qu'il est venu au monde, est venu au monde et dans un temps et dans un lieu déterminés. Cherchons dès lors à connaître chacun de ces deux points, et aussi les circonstances de cette naissance ainsi que les événements liés à elle. Quant au temps, Platon est né au cours de la quatre-vingt huitième Olympiade sous l'archontat d'Aminias, alors que Périclès était encore vivant et que la guerre du Péloponnèse ne faisait que s'esquisser[20]. Il était de six ans plus jeune qu'Isocrate[21]. Quant au lieu, il est né à Égine, où son père Ariston avait été envoyé par les Athéniens à cette époque comme colon[22]. Voilà pour le temps et le lieu de sa naissance.

13-20. Voir *Notes complémentaires*, p. 47-48.

21. Ps. Plutarque, *Vit.* X *or.* IV (Isocrate), 836 E.

22. D.L. III 3 (*Suda,* IV 141.3) : la source est Favorinus. Les raisons pour mettre en doute ce renseignement paraissent insuffisantes (Riginos, p. 33-34).

εἴτε ἄλλο τι ἕλοιτο. Ταὐτὸν γὰρ ἑκάτερος, Ὅμηρός τε καὶ Πλάτων, πεπόνθασιν· διὰ τὸ ἐναρμόνιον αὐτῶν τῆς φράσεως ἑκάστῳ βάσιμοι γίνονται, ὅπως ἂν βούληται ἐπιχειρεῖν τις. Οὐ μόνον δὲ τὰ ὀνείρατα ταῦτα δηλοῦσιν αὐτὸν Ἀπολλωνιακὸν ὄντα, ἀλλὰ καὶ τὸ εἶδος τῆς ζωῆς αὐτοῦ, καθαρτικὸν ὄν· τοιοῦτος γὰρ καὶ ὁ θεός, ὡς καὶ αὐτὸ τὸ ὄνομα δηλοῖ· Ἀπόλλων γὰρ δηλοῖ ὁ κεχωρισμένος τῶν πολλῶν, τὸ γὰρ α στερητικόν ἐστιν μόριον. Ἔτι δὲ κἀκ τοῦ καιροῦ τῆς γενέσεως αὐτοῦ τεκμαιρόμεθα αὐτὸν Ἀπολλωνιακὸν ὄντα· ἐγενήθη γὰρ ἐν τῇ ζ′ τοῦ Θαργηλιῶνος μηνός, ἐν ᾗ ἑορτὴν ἐπιτελοῦσι οἱ Δήλιοι τοῦ Ἀπόλλωνος. Ἐν δὲ τῇ ἕκτῃ τούτου τοῦ μηνὸς ἐτέχθη ὁ Σωκράτης, ἐν ᾗ γενεθλιακὴν ἑορτὴν Ἀρτέμιδος ἐπετέλουν· δηλοῖ δὲ τοῦτο τὸ προὖχον ἐν τῷ Σωκράτει κατά τε χρόνον καὶ λόγον.

2 Ἵνα δὲ τέλεον τὸν ⟨τῆς⟩ περὶ αὐτοῦ ἱστορίας ποιησώμεθα λόγον, ἐκ διαιρέσεως προέλθωμεν. Πᾶν γινόμενον καὶ ἐν χρόνῳ γίνεται καὶ ἐν τόπῳ, οὐκοῦν καὶ ὁ Πλάτων ὡς γενόμενος ἔν τε χρόνῳ τινὶ γέγονεν καὶ ἐν τόπῳ· μάθωμεν τοίνυν ἑκάτερον τούτων, καὶ ἔτι μέντοι τά τε ἐν τῇ γενέσει καὶ τὰ περὶ τὴν γένεσιν αὐτοῦ συμβάντα. Γέγονεν τοίνυν ἐν χρόνῳ μὲν τῇ πη′ Ὀλυμπιάδι ἐπὶ ἄρχοντος Ἀμεινίου, Περικλέους ἔτι ζῶντος καὶ τῶν Πελοποννησιακῶν πολέμων ἔτι συγκροτουμένων, νεώτερος ὢν Ἰσοκράτους ἓξ ἔτεσιν. Ἐν τόπῳ δὲ γέγονεν ἐν τῇ Αἰγίνῃ, τοῦ πατρὸς αὐτοῦ Ἀρίστωνος κατ᾽ ἐκεῖνο καιροῦ κληρούχου πεμφθέντος ἐν τῇ Αἰγίνῃ ὑπὸ τῶν Ἀθηναίων. Καὶ ταῦτα μὲν περὶ τοῦ χρόνου καὶ τοῦ τόπου ἐν ᾧ γέγονεν.

1. 55 ἐγενήθη Hermann : -νν- V.
2. 1 τῆς addidi || 5 καὶ om. Hermann || 9 πολέμων ἔτι] πολέμῳ β′ ἔτη prop. Westermann.

A l'approche de sa naissance, alors que sa mère portait encore l'enfant dans son sein, son père vit un songe l'avertissant qu'il devait se garder de s'unir à elle, jusqu'à ce qu'elle eût mis au monde. Ce qui signifiait qu'il ne faut pas chercher l'union sexuelle pour le plaisir mais pour la procréation et pour elle seule, et que ce qui doit être enfanté doit l'être dans la pureté, n'ayant contracté aucune souillure provenant de relations sexuelles ultérieures déréglées[23]. Après la naissance, la mère mena l'enfant sur le mont Hymette, dans le dessein d'offrir un sacrifice à Apollon, dieu des bergers, et aux Nymphes. Et l'ayant déposé par terre, elle le retrouva à son retour la bouche emplie de miel. Des abeilles étaient venues et avaient fait cela, présageant ainsi que ce qui coulerait de la bouche de l'enfant serait, selon le mot du Poète, 'plus doux que le miel'[24]. Et le régime qu'il suivit n'était pas carnivore, mais végétarien[25].

Parvenu en âge scolaire, Platon eut pour maître de lecture Denys, dont il fait mention dans ses *Lettres*[26]. Car il n'est pas juste, à son avis, de laisser tomber dans l'oubli son propre maître. Puis il alla chez un maître de gymnastique, nommé Ariston[27]. De fait, il mit à ces exercices aussi beaucoup d'application, au point qu'il fut vainqueur en deux épreuves à Olympie et à Némée[28]. Après ces maîtres, il alla chez un professeur de musique, Dracon, qui appartenait à l'école de Mégyllos, disciple de Damon (lequel Damon est mentionné dans le *Théétète*)[29]. Ainsi passa-t-il par ces trois disciplines, lettres, gymnastique et musique, afin de porter plus tard ses disciples à se former au moyen des mêmes disciplines[30]. Car il savait bien que ces enseignements ont le pouvoir de redresser les trois parties de l'âme. Par

23-29. Voir *Notes complémentaires*, p. 48-49.

30. Il ne faut pas attacher trop d'importance aux mots « ... afin de porter ... » (Riginos p. 39, n. 5); sans doute l'auteur n'a voulu dire que « ... ce qui lui a permis de porter ... », voir Ol., *In Alc.* 2.44-48 (tiré de Procl., *In Alc.* 193.25-196.2).

Περὶ δὲ τὸν τόκον εἶδεν ὄνειρον ὁ τούτου πατήρ, ἔτι ἐν γαστρὶ ἐχούσης αὐτὸν τῆς μητρός, μὴ συγγενέσθαι αὐτῇ ἄχρις ἂν ἀποτέκῃ. Τοῦτο δ’ ἐσήμανεν ὡς οὐ δι’ | [198] ἡδονὴν δεῖ τὴν συνουσίαν αἱρεῖσθαι, ἀλλὰ διὰ παιδοποιΐαν καὶ μόνην, καὶ ὡς τὸ τεχθησόμενον καθαρὸν τεχθείη, μηδένα σπῖλον προσειληφὸς ἀπὸ τῆς ἐξ ὑστέρου δι’ αἰσχρότητα συνουσίας. Ἀλλὰ καὶ ἡ μήτηρ αὐτοῦ μετὰ τὸν τόκον λαβοῦσα αὐτὸν ἀνήγαγεν ἐν τῷ Ὑμηττῷ ὄρει, θῦσαι βουλομένη Ἀπόλλωνί τε νομίῳ καὶ Νύμφαις. Καὶ ἐν τούτῳ καταθεμένη αὐτὸν εὗρεν αὐτὸν ὑποστρέψασα πεπληρωμένον ἔχοντα τὸ στόμα μέλιτος· ἐλθοῦσαι γὰρ μέλιτται τοῦτο πεποιήκεσαν, προμηνύουσαι ὅτι τὰ ἐξ αὐτοῦ μέλλοντα ῥεῦσαι ‘μέλιτος’ ἔσται ‘γλυκύτερα’ κατὰ τὸν ποιητήν. Διαίτῃ δ’ ἐκέχρητο οὐ τῇ ἀπὸ τῶν ζῴων, ἀλλὰ τῇ ἀπὸ τῶν φυτῶν.

Ἐφοίτησεν δ’ ἐν ἡλικίᾳ γενόμενος γραμματιστῇ μὲν Διονυσίῳ, οὗ μνήμην ποιεῖται ἐν ταῖς Ἐπιστολαῖς αὐτοῦ· οὐδὲ γὰρ δίκαιον ἐνόμισεν ἀμνημόνευτον καταλιπεῖν οἰκεῖον διδάσκαλον. Γυμναστῇ δ’ Ἀρίστωνι ἐφοίτησεν· καὶ γὰρ καὶ τούτου πολλὴν ἔθετο πρόνοιαν, ὡς καὶ δύο ἀγῶνας αὐτὸν νικῆσαι, Ὀλύμπιά τε καὶ Νέμεα. Ἐφοίτησεν δὲ μετὰ τούτους καὶ Δράκοντι τῷ μουσικῷ, ὃς γέγονεν †ἐκ γεμύλλων† τοῦ ἀπὸ Δάμωνος· οὗ Δάμωνος μέμνηται ἐν τῷ Θεαιτήτῳ. Παρῆλθεν δὲ διὰ τριῶν τούτων, γραμμάτων γυμνασίων μουσικῆς, ἵνα καὶ τοὺς αὐτοῦ μαθητὰς διὰ τῶν αὐτῶν ἄγεσθαι παρακελεύσηται. Οἶδεν γὰρ ὅτι αὗται αἱ παιδεῖαι δύνανται τὸ τριμερὲς τῆς ψυχῆς ἐπανορθώσασθαι· διὰ μὲν τῶν

2. 27 Hom., *Il.*, 1.249 || 31-32 Pl., *Amat.* 132 A 1 || 38 Pl., *Resp.* III 400 B 1-C 5; IV 424 C 5-6; *Lach.* 180 C 9-D 3; 200 A 1-3; *Axioch.* 364 A 4-5.

2. 37 ἐκ Μεγύλλου Weil-Reinach, *Plutarque, De la musique*, Paris 1900, 69 (ἐκ Μεγίλλου iam Fr. Osann).

les lettres, il aiguisait la partie rationnelle de l'âme ; par la musique, il apprivoisait la partie irascible, tandis que par la gymnastique, il virilisait la partie concupiscible. **3.** Après ces maîtres, Platon alla chez les poètes dithyrambiques[31], parce qu'il désirait tirer parti de leur genre de composition littéraire. De fait, son premier ouvrage, le *Phèdre,* est de caractère dithyrambique[32]. Puis il alla aussi chez les poètes tragiques, cherchant à s'inspirer de leur grandeur[33]. Il alla aussi chez les poètes comiques pour tirer parti de leur style. De fait, il prit pour modèle le style d'Aristophane, qui l'emportait sur tous les autres poètes comiques. Qu'il approuvât le style d'Aristophane, c'est ce que montre l'épigramme qu'il a écrite sur lui et qui est la suivante :

Cherchant un sanctuaire qui leur fût agréable,
Les Grâces trouvèrent l'âme d'Aristophane[34].

Platon imita aussi Sophron, l'auteur des mimes[35], comme s'il désirait mener à la perfection son art de l'imitation. Écrire des dialogues amène, en effet, à imiter des personnages. Puis il se mit à l'école des peintres, pour s'instruire des mille façons de combiner les couleurs. C'est de là que vient le long exposé sur les couleurs dans le *Timée*[36]. Telles furent les occupations de Platon jusqu'à sa vingtième année. Après quoi, il alla à l'école de Socrate et passa dix ans auprès de lui en vue d'étudier la philosophie morale. Quand il découvrit que Socrate dépassait les autres maîtres, et sur le point, dit-on, de livrer au feu ce qu'il avait écrit avant de le rencontrer, il cita ce vers :

Héphaistos, viens ici. Platon a maintenant besoin de toi[37].

31-35. Voir *Notes complémentaires*, p. 49-50.

36. Sans aucun doute une simple conclusion tirée du texte cité du *Timée* (de même chez Apul., *De Plat.* I 2 ; D.L. III 5 ; Ol., *In Alc.* 2.51-52) ; au reste, une telle conclusion peut bien être correcte.

37. Voir *Notes complémentaires*, p. 50.

γραμμάτων ἠκρίβου τὸ λογιστικὸν αὐτῆς μέρος, διὰ δὲ τῆς μουσικῆς ἐτιθάσσευεν τὸ θυμικόν, ὥσπερ διὰ τῶν γυμνασίων ἐρρώννυεν τὸ ἐπιθυμητικόν.

3 Μετὰ τούτους ἐφοίτησεν διθυραμβοποιοῖς, τὸν ἐκείνων χαρακτῆρα ὠφεληθῆναι βουλόμενος· ἀμέλει καὶ τὸ πρῶτον αὐτοῦ σύγγραμμα ὁ Φαῖδρος διθυραμβώδης ἐστίν. Ἐφοίτησεν δὲ καὶ τραγικοῖς, τὸ ἐν αὐτοῖς σεμνὸν ἀρύσασθαι βουλόμενος. Ἐφοίτησεν δὲ καὶ κωμικοῖς, τὴν φράσιν αὐτῶν ὠφεληθῆναι βουλόμενος. Ἀμέλει καὶ τὸν Ἀριστοφάνους ἀνεμάξατο χαρακτῆρα, ὃς τῶν ἄλλων προὔχει κωμικῶν· καὶ ὅτι ἀποδέχεται τὴν τούτου φράσιν δηλοῖ τὸ ὑπ' αὐτοῦ εἰς τὸν Ἀριστοφάνη ῥηθὲν ἐπίγραμμα, ἔχον ὡδί·

Αἱ Χάριτες τέμενός τι λαβεῖν ὅπερ ἤθελον εὑρεῖν
διζόμεναι ψυχὴν εὗρον Ἀριστοφάνους.

Ἐζήλωσεν δὲ καὶ Σώφρονα τὸν γελωτοποιόν, τὴν μιμητικὴν ὥσπερ κατορθῶσαι βουλόμενος· ὁ γὰρ διαλόγους γράφων μίμη|[199]σιν προσώπων εἰσάγει. Ἐφοίτησεν δὲ καὶ γραφεῦσιν, τὴν τῶν χρωμάτων ποικίλην μῖξιν ἐκμαθεῖν βουλόμενος· ὅθεν ἐν Τιμαίῳ πολὺν λόγον καταβάλλεται περὶ χρωμάτων. Καὶ ταῦτα μὲν αὐτῷ διεπράττετο ἄχρις ἐτῶν εἴκοσι, μετὰ δὲ τοῦτο ἐφοίτησε Σωκράτει καὶ δέκα ἔτη παρ' αὐτῷ ἐποίησεν, ἠθικὴν φιλοσοφίαν ἐκμαθεῖν βουλόμενος. Εὑρηκὼς δὲ τὸν Σωκράτη ἐπαναβεβηκότα τῶν ἄλλων, φασί, πυρὶ μέλλων παραδιδόναι τὰ πρὸ τούτου πονηθέντα αὐτῷ εἶπεν τοῦτο τὸ ἔπος·

Ἥφαιστε, πρόμολ' ὧδε, Πλάτων νύ τι σεῖο χατίζει.

3. 3-4 Pl., *Phaedr.* 238 D 2-3 ; cf. 241 E 1-2 || 12-13 Pl., *epigr.* 14 Diehl (= 14 Page) ; *Vit. Aristoph.* XXIX a 49-54 et XXXII b 16-18 Koster || 18-19 Pl., *Tim.* 67 C 4-68 D 7 || 26 Hom., *Il.* 18.392.

3. 3 ὠφεληθῆναι Heeren : ὠφελεθῆναι V || 8 ἀπεμάξατο Westermann || 24 εἶπεν Hermann : εἰπεῖν V.

Il se montra plus que quiconque attaché à Socrate. De fait, pendant le procès de son maître, et alors que celui-ci était en prison, Platon monta à la tribune et fit retentir cette déclaration : 'Bien que je ne sois qu'un jeune homme, messieurs, je suis monté à la tribune...' Irrités les juges le firent descendre. Mais lui, dès qu'il eut été relâché, quitta le tribunal, ne supportant pas d'y demeurer plus longtemps[38]. Après avoir profité de l'enseignement de Socrate en philosophie morale et après avoir donné bien des difficultés à Socrate lui-même au cours de leurs entretiens, il se mit à composer des ouvrages qui, comme Socrate était encore vivant, lui tombèrent entre les mains. De fait, il avait écrit un dialogue intitulé *Lysis*. Socrate l'ayant lu, dit à ses disciples : 'Ce jeune homme me mène où il veut, aussi loin qu'il veut et vers qui il veut'[39]. **4.** Après avoir été l'élève de Socrate, Platon alla trouver les Pythagoriciens[40] désirant maîtriser auprès d'eux l'art de signifier les réalités[41] au moyen de nombres. C'est pourquoi il fait abondamment usage de ce procédé dans le *Timée*. Puis il se mit à l'école de Cratyle l'héraclitéen et d'Hermippe le parménidien, cherchant à s'instruire des doctrines d'Héraclite et de Parménide[42]. C'est à la suite de cela qu'il a écrit deux dialogues, le *Cratyle* et le *Parménide,* dans lesquels il rappelle l'enseignement des deux hommes dont on vient de parler. Ayant ensuite appris que les Pythagoriciens tenaient de l'Égypte le principe de leur philosophie, il alla en Égypte et ne quitta ce pays qu'après s'être rendu maître sur place de la géométrie et de l'art hiératique[43]. Puis étant allé en Phénicie, il y rencontra des Perses et s'informa auprès d'eux de l'enseignement de Zoroastre[44]. De là il passa en Sicile en vue de voir les cratères de l'Etna[45]. C'est à cette occasion qu'il entra en contact avec Denys[46].

38-45. Voir *Notes complémentaires*, p. 50-52.

46. C'est tout ce que l'anonyme nous dit au sujet des aventures siciliennes, si malencontreuses, de Platon. Pour les raisons (possibles), voir Introduction, p. LIX. Textes principaux : D. Sic. XV 7; Plut., *Dio,* 4-22; D.L. III 18-21; Ol., *In Alc.* 2.97-113; *In Gorg.* 211.25-213.17 (contre Aristide).

Εὐνούστατος δὲ τῷ Σωκράτει οὗτος ὤφθη εἴπερ τις ἄλλος· ἀμέλει κρινομένου αὐτοῦ καὶ ἐν δεσμωτηρίῳ τυγχάνοντος ἀνελθὼν οὗτος ἐπὶ τὸ βῆμα φωνὴν ἔρρηξεν τοιαύτην· ‘Νεανίας μὲν ὤν, ὦ ἄνδρες, ἐπὶ τὸ βῆμα ἀναβέβηκα’. Ἀγανακτήσαντες δὲ οἱ δικασταὶ κατήγαγον αὐτόν, ὁ δὲ λυθεὶς ἐξῆλθεν τοῦ δικαστηρίου, μεῖναι ἐκεῖσε μὴ ἀνασχόμενος. Μετὰ δὲ τὸ τὴν ἠθικὴν ὠφεληθῆναι Σωκράτους καὶ πράγματα παρασχεῖν αὐτῷ Σωκράτει ἐν ταῖς πρὸς αὐτὸν ἐντεύξεσι συγγράμματα ἐξέθετο, ἃ ἔτι ζῶντος Σωκράτους εἰς χεῖρας αὐτοῦ ἦλθον. Τὸν γὰρ Λύσιν διάλογον ἦν γεγραφώς· ᾧ ἐντετυχηκὼς ὁ Σωκράτης φησὶ τοῖς ἑταίροις αὐτοῦ· ‘Οὗτος ὁ νεανίας ἄγει με ὅπῃ θέλει καὶ ἐφ’ ὅσον θέλει καὶ πρὸς οὓς θέλει’.

Μετὰ οὖν τὴν πρὸς Σωκράτη φοίτησιν ἀπῆλθεν πρὸς 4
τοὺς Πυθαγορείους, τὸ δι’ ἀριθμῶν τὰ πράγματα σημαίνειν παρ’ αὐτῶν κατορθῶσαι βουλόμενος· ὅθεν πολλῶν τούτων μέμνηται ἐν τῷ Τιμαίῳ. Ἐφοίτησεν δὲ καὶ Κρατύλῳ τῷ Ἡρακλειτείῳ καὶ Ἑρμίππῳ τῷ Παρμενιδείῳ, τὰ Ἡρακλείτου καὶ Παρμενίδου δόγματα μαθεῖν βουλόμενος· ὅθεν καὶ δύο διάλογοι γεγραμμένοι εἰσὶν αὐτῷ, ὅ τε Κρατύλος καὶ ὁ Παρμενίδης, ἐν οἷς τῶν δογμάτων τῶν προειρημένων ἀνδρῶν μέμνηται. Μεμαθηκὼς δὲ ὡς τὴν ἀρχὴν ἔσχον οἱ Πυθαγόρειοι τῆς φιλοσοφίας ἀπὸ Αἰγύπτου ἦλθε εἰς Αἴγυπτον, καὶ κατορθώσας ἐκεῖσε τὴν γεωμετρίαν καὶ τὴν ἱερατικὴν ἀνεχώρησεν. Εἶτα ἐλθὼν εἰς Φοινίκην περιέτυχεν ἐκεῖσε Πέρσαις καὶ ἔμαθεν παρ’ αὐτῶν τὴν Ζωροάστρου παιδείαν. Εἶτα ἐκεῖθεν ἐπὶ Σικελίαν ἀφίκετο, τοὺς ἐν Αἴτνῃ κρατῆρας ἱστορῆσαι βουλόμενος· ὅτε καὶ τὴν πρὸς Διονύσιον ἔντευξιν ἐποιήσατο.

4. 3 Pl., *Tim.* 35 A 1-36 D 7; cf. 53 C 4-55 C 6.

3. 27 οὗτος Heeren : οὕτως V || 32 λυθεὶς] λυπηθεὶς Westermann || 38 ἑταίροις Westermann : ἑτέροις V.

Il retourna ensuite à Athènes et fonda une école[47] près de la retraite de Timon le misanthrope[48]. Cet homme qui entretenait envers tout le monde des dispositions chagrines, comme le montrent les inscriptions sur son tombeau, supporta la compagnie de Platon avec une parfaite bienveillance[49]. Voici ces inscriptions :

Ayant brisé une vie infortunée, je repose ici.
Qui je suis, vous n'en saurez rien.
Misérables, puissiez-vous périr misérablement.

Voici la seconde inscription :

Devant ce tombeau, passe sans me saluer.
Ne demande ni qui je suis ni de qui je suis né[50].

Platon consacra aux Muses une portion de son école comme un enclos sacré[51]. Il eut pour élève non seulement des hommes, mais aussi des femmes comme Dexithea de Phliunte et Lasthénia d'Arcadie[52].

5. Divin était cet homme, comme nous l'avons déjà dit, et il a été inventeur en de multiples domaines touchant la condition humaine, puisqu'il a inventé des mots, des réalités et un genre littéraire. En ce qui concerne les mots, il a inventé celui de 'qualité', car avant lui ce mot n'était nullement connu. De fait, il l'affirme dans le *Théétète,* quand il fait discuter Socrate avec Théodore et lui fait déclarer : « Peut-être ce mot de 'qualité' te semblera-t-il étrange et insolite »[53]. C'est aussi ce que montre Aristote quand il écrit dans les *Catégories* : « J'appelle qualité ... », en faisant intervenir par ce « j'appelle » celui-là même qui a fixé le mot[54]. Car si le mot avait été en usage, il aurait certainement dit non pas « j'appelle », mais « on appelle », comme lui-même et tous les anciens avaient accoutumé de le faire.

47-53. Voir *Notes complémentaires*, p. 52.

54. Arist., *Cat.* 8, 8 b 25 : ποιότητα δὲ λέγω καθ' ἣν ποιοί τινες λέγονται (« J'appelle qualité ce par quoi certains sont dits tels »); voir les commentaires : Ammon., *In isag.* 93.17-20 ; *In cat.* 18.11-14 ; Philop., *In cat.* 17.28-18.2 ; Ol., *In cat.* 29.12-16 ; 117.28-31 ; El., *In isag.* 79.10-14 ; *In cat.* 225.17-19.

Μετὰ ταῦτα δ' ἐλθὼν ἐν Ἀθήναις συνεστήσατο διδασκαλεῖον πλησίον τοῦ καταγωγίου Τίμωνος τοῦ μισανθρώπου· ὃς δυσκόλως ἔχων πρὸς ἅπαντας, ὡς καὶ τὰ | ἐπιγράμματα τοῦ τάφου αὐτοῦ δηλοῦσι, πάνυ εὐμενῶς [200] ἤνεγκε τὴν τοῦ Πλάτωνος συνουσίαν. Εἰσὶν δὲ τὰ ἐπιγράμματα τάδε·

Ἐνθάδ' ἀπορρήξας ψυχὴν βαρυδαίμονα κεῖμαι·
τίς δ' ὤν, οὐ πεύσεσθε· κακοὶ δὲ κακῶς ἀπόλοισθε.

Ἔστι δὲ τὸ δεύτερον τόδε·

Τήνδε σὺ τὴν στήλην παραμείβεο μήτε με χαίρειν
εἰπών, μηδ' ὅστις, μὴ τίνος εἰρόμενος.

Μέρος δὲ τοῦ διδασκαλείου τέμενος ἀνέθηκε ταῖς Μούσαις ὁ Πλάτων. Τούτῳ δ' ἐφοίτησαν οὐ μόνον ἄνδρες ἀλλὰ καὶ γυναῖκες, Δεξιθέα τε ἡ ἐκ Φλιοῦντος καὶ Λασθένεια ἡ ἐξ Ἀρκαδίας.

Θεῖος δ' ἦν, ὡς εἴρηται πολλάκις, οὗτος ὁ ἀνήρ, καὶ πολλῶν τῶν ἐν τῷ βίῳ ἐγένετο εὑρετής, ὀνομάτων γὰρ καὶ πραγμάτων καὶ εἴδους [καὶ] συγγραφῆς. Ὀνομάτων μὲν τῆς ποιότητος, οὐδὲ γὰρ πρὸ τούτου ἐγινώσκετο τοὔνομα· ἀμέλει ἐν Θεαιτήτῳ φησὶν πρὸς Θεόδωρον ποιῶν τὸν Σωκράτην διαλεγόμενον καὶ λέγοντα ὅτι '"Ισως μὲν οὖν τὸ τῆς ποιότητος ὄνομα ξένον σοι δόξειεν εἶναι καὶ οὐκ εἰωθός'. Δηλοῖ δὲ καὶ Ἀριστοτέλης ἐν Κατηγορίαις λέγων 'ποιότητα δὲ λέγω', εἰπὼν τὸ 'λέγω' ἀπ' αὐτοῦ τοῦ θεμένου τοὔνομα· εἰ γὰρ ἦν ἐν καταχρήσει, πάντως ἂν οὐ 'λέγω' ἀλλὰ 'λέγεται' εἶπεν, εἴωθεν γὰρ αὐτὸς καὶ ἅπαντες δ' οἱ παλαιοὶ τοῦτο ποιεῖν. Εὗρε δὲ

4. 24-25 *Anth. Pal.* VII 313 || 27-28 *ibid.* VII 316.1-2.
5. 5-8 Pl., *Theaet.* 182 A 8-9 || 8-12 Ar., *Cat.* 8, 8 b 25.

4. 32 λαωσθένεια V (sed in mg. : δεξιθέα καὶ λασθένεια).
5. 3 καὶ del. Hermann.

Platon inventa encore le mot d'« antipodes »[55] et celui de « nombre rectangulaire »[56]. Quant aux réalités qu'il découvrit, elles appartiennent à la science de la nature, à l'éthique, à la théologie et à la politique. Dans le domaine de la science de la nature, il montra que la pierre magnétique n'attire pas le fer, mais que c'est l'air qui pousse le fer vers elle[57]. Dans le domaine des mathématiques, il inventa la moyenne appelée proportionnelle, dont nous avons traité en commentant les *Seconds analytiques*[58]. Alors que les Athéniens souffraient de la peste, ils envoyèrent à Delphes une délégation pour demander à l'Oracle ce qu'ils devaient faire pour arrêter le fléau. Le dieu leur répondit de doubler son autel, puis cela fait, d'y offrir un sacrifice. Comme cet autel se trouvait être un cube, ils construisirent par-dessus un second cube, croyant que c'était ce que voulait dire l'oracle. Puis voyant que même en agissant ainsi, ils n'avaient pas mis fin à la peste, ils vinrent trouver Platon pour lui demander ce qu'il fallait faire. Celui-ci leur dit : « Le dieu vous reproche votre ignorance en géométrie. » Il leur montra, en effet, qu'il ne fallait pas concevoir d'une manière vulgaire cette duplication, mais qu'il fallait découvrir une moyenne proportionnelle pour doubler l'autel par ce procédé. C'est ce qu'ils firent, et la peste cessa aussitôt[59]. Platon fit encore des découvertes dans le domaine de l'éthique. Par exemple, il fut le premier à enseigner sans réclamer de salaire, ce qui est une maxime éthique[60]. De fait, Pythagore et tous ses prédécesseurs prenaient cent drachmes d'or pour communiquer leur <sagesse>[61] et ils en venaient à être des marchands de discours[62] plutôt que des philosophes. C'est pour cette raison aussi que Platon acheta l'ouvrage de Timée aux Pythagoriciens pour sept pièces d'argent, et il écrivit son dialogue en imitant cet ouvrage. D'où vient la poésie suivante :

55-61. Voir *Notes complémentaires*, p. 52-53.

62. Pl., *Protag.* 313 C 4-6 : Ἆρ' οὖν… ὁ σοφιστὴς τυγχάνει ὢν ἔμπορός τις ἢ κάπηλος τῶν ἀγωγίμων ἀφ' ὧν ψυχὴ τρέφεται ; « Le sophiste, est-il donc un marchand ou un négociant des denrées dont l'esprit se nourrit ? ».

καὶ τὸ τῶν ἀντιπόδων ὄνομα καὶ τὸ τοῦ μήκους ἀριθμοῦ. Πράγματα δ' εὗρεν φυσικὰ ἠθικὰ θεολογικὰ πολιτικά. Φυσικὰ μὲν ὅτι ἔδειξεν τὴν μαγνῆτιν λίθον μὴ ἕλκουσαν τὸν σίδηρον, ἀλλ' ὅτι ὁ ἀήρ ἐστιν ὁ ὠθῶν αὐτὸν πρὸς αὐτήν. Μαθηματικὰ δὲ εὗρεν τὴν μέσην καλουμένην ἀνάλογον, περὶ ἧς ἐν τῇ Ἀποδεικτικῇ λόγον ἐποιησάμεθα. Λοιμωξάντων γὰρ τῶν Ἀθηναίων ἔπεμψαν ἐν Δελφοῖς χρησόμενοι τί ποιήσαντες παύσαιντο τοῦ λοιμοῦ· ἔχρησεν δὲ αὐτοῖς ὁ θεὸς διπλασιάσαντας τὸν βωμὸν οὕτως θῦσαι. Τυγχάνοντος δὲ τοῦ βωμοῦ κύβου ἕτερον κύβον ἐπῳκοδόμησαν οἰόμενοι τοῦτο εἶναι τὸ ὑπὸ τοῦ χρησμοῦ λεγόμενον· εἶθ' ὡς οὐδὲ τοῦτο ποιησάντων ἐπαύσαντο, ἐπὶ τὸν Πλάτωνα πορευθέντες ἤροντο αὐτὸν τί δέοι ποιεῖν. Ὁ δέ φησιν ὅτι "Ὀνειδίζει ὑμῖν ὁ θεὸς ὡς ἀπείροις γεωμετρίας"· ἔδειξε γὰρ μὴ ἰδιωτικῶς τὸ διπλάσιον ἐννοῆσαι, ἀλλ' εὑρεῖν μέσην τινὰ ἀνάλογον καὶ τούτῳ διπλασιάσαι ταύτην· ὅθεν οὕτω ποιησάντων παραυτίκα ἐπαύσαντο [τὰ] τοῦ λοιμοῦ. Εὗρεν δὲ καὶ ἠθικά· τὸ γοῦν μὴ ἐπὶ μισθῷ διδάσκειν, ἠθικὸν ὄν, πρῶτος | εὗρεν. [201]
Ἀμέλει Πυθαγόρας, καὶ οἱ πρὸ αὐτοῦ ἅπαντες, ἑκατὸν δραχμὰς χρυσίου λαμβάνων τὴν οἰκείαν μετεδίδου ⟨σοφίαν⟩, κάπηλος μᾶλλον λόγων τυγχάνων ἢ φιλόσοφος. Ὅθεν καὶ τὸν Τίμαιον ἑπτὰ ἀργυρίων ὠνησάμενος ἀπὸ τῶν Πυθαγορείων κατὰ μίμησιν αὐτοῦ ἔγραψεν τὸν διάλογον· ὅθεν καὶ φέρεταί τι ἔπος τοιόνδε·

5. 13 Pl., *Tim.* 63 A 3 || Pl., *Theaet.* 148 A 7 ; *Resp.* IX 587 D 7 ; (προμήκης) *Theaet.* 148 A 4 ; *Resp.* VIII 546 C 4 || 18 Ar., *An. post.* A 7, 75 b 13-14 || 34-35 cf. Pl., *Prot.* 313 C 4-6.

5. 13 μήκους] προμήκους Freudenthal (ex D.L.) || 28-29 ταύτῃ διπλασιάσαι τοῦτον Westermann, οὕτω διπλασιάσαι ταύτῃ Hermann || 30 τὰ del. Westermann || 31 πρῶτος Westermann : -ον V || 34 σοφίαν addidi.

Il échangea une grosse somme d'argent pour un petit poème. Et prenant de là son élan, il se lança dans sa Timéographie[63].

Platon fit encore des découvertes dans l'ordre de la politique. Par exemple, il découvrit le premier que les salles circulaires étaient les plus spacieuses[64]. Car les géomètres ont démontré que de toutes les surfaces à périmètre égal, le cercle est le plus vaste[65]. Il inventa aussi la troisième sorte de constitution, celle qui dépend d'une situation donnée[66]. Mais il fut en outre inventeur dans le domaine de la théologie en plaçant, par exemple, les idées dans la cause exemplaire[67]. Non que d'autres avant lui n'aient reconnu l'existence des idées : ainsi Pythagore les plaçait dans la cause efficiente[68] et Aristote, après lui, en fit autant[69]; mais Platon les plaçait, comme on vient de le dire, dans la cause exemplaire, si bien qu'elles sont au-delà de la cause efficiente. On raconte que Platon, après avoir découvert les idées, s'est vu lui-même pourvu d'un troisième œil[70]. Il découvrit aussi ce qu'est l'éternité. En effet, alors que ses prédécesseurs appelaient éternité l'infinité du temps, il montra qu'une chose est l'infinité du temps, une autre l'éternité[71]. Platon inventa, enfin, un genre littéraire, le dialogue. Car si l'on allègue que Zénon et Parménide ont écrit avant lui des dialogues, nous répondrons que Platon, plus que quiconque, a fait usage de ce genre littéraire[72].

6. Platon vécut quatre-vingt-un ans, montrant par là encore qu'il était apollinien. En effet, le nombre des Muses, neuf, multiplié par lui-même, engendre le

63-66. Voir *Notes complémentaires*, p. 53-54.

67. L'auteur renvoie au passage bien connu du *Timée*, 39 E 7-9 : ... νοῦς ἐνούσας ἰδέας τῷ ὅ ἔστιν ζῷον καθορᾷ ..., «l'Intellect aperçoit les formes comprises dans le Vivant-en-soi»; cf. *ibid.* 28 A 6-8.

68. C'est à dire que, pour les Pythagoriciens, le nombre est cause efficiente aussi bien que cause exemplaire (cf. Pr., *In Tim.* I 16.20-25); voir aussi un passage comme *In Alc.* 259.16-21.

69-72. Voir *Notes complémentaires*, p. 54-55.

Πολλῶν ἀργυρίων ὀλίγην ἠλλάξατο μολπήν,
ἔνθεν ἀφορμηθεὶς Τιμαιογραφεῖν ἐπεχείρει.

Εὗρεν δὲ καὶ πολιτικά· τὸ γοῦν τὰς στιβάδας κυκλοτερεῖς εἶναι αὐτὸς πρῶτος ἐφεῦρεν ὡς πολυχωρητοτέρας· δέδεικται γὰρ τοῖς γεωμέτραις ὅτι πάντων τῶν ἰσοπεριμέτρων χωρίων πολυχωρητότερος τυγχάνει ὁ κύκλος. Εὗρεν δὲ καὶ τὸ τρίτον τῆς πολιτείας εἶδος τὸ ἐξ ὑποθέσεως. Ἀλλὰ δὴ καὶ θεολογικὰ εὗρεν, οἷον τὸ τὰς ἰδέας εἶναι ἐν τῷ παραδειγματικῷ. Οὐχ ὅτι καὶ ἄλλοι πρὸ αὐτοῦ οὐκ ἐγίνωσκον ὡς εἰσὶν αὗται· Πυθαγόρας οὖν ἔλεγεν αὐτὰς ἐν τῷ ποιητικῷ εἶναι, καὶ Ἀριστοτέλης δὲ μετ' αὐτὸν ἐν τῷ ποιητικῷ, αὐτὸς δ' ὡς εἴρηται ἐν τῷ παραδειγματικῷ αὐτὰς ἔφησεν εἶναι, αἵπερ ἐπέκεινά εἰσιν τοῦ ποιητικοῦ. Ἀμέλει γοῦν καί φασιν αὐτὸν εὑρηκότα τὰς ἰδέας ἑωρακέναι ἑαυτὸν τρίτον ἔχοντα ὀφθαλμόν. Εὗρεν δὲ καὶ τί ἐστιν αἰών· οἱ γὰρ πρὸ αὐτοῦ αἰῶνα ἔλεγον τὴν ἀπειρίαν τοῦ χρόνου, αὐτὸς δὲ ἔδειξεν ὡς ἄλλη ἐστὶν ἡ ἀπειρία τοῦ χρόνου καὶ ἄλλος ὁ αἰών. Εὗρεν δὲ καὶ εἶδος συγγραφῆς τὸ διαλογικόν· εἰ γάρ τις εἴποι ὅτι καὶ Ζήνων πρὸ αὐτοῦ διαλόγους ἔγραψεν καὶ Παρμενίδης, ἐροῦμεν ὅτι οὗτος μάλιστα αὐτῷ ἐχρήσατο.

Ἔζησεν δὲ πα' ἐνιαυτούς, καὶ διὰ τούτου δεικνὺς ὡς 6
Ἀπολλωνιακὸς ὢν τυγχάνει. Ὁ γὰρ θ' τῶν Μουσῶν ἀριθμὸς ἐφ' ἑαυτὸν πολλαπλασιαζόμενος ἀπογεννᾷ τὸν

5. 38-39 Timo, fr. 54.2-3 Diehl (828.2-3 Lloyd-Jones) || 45-46 Pl., *Tim.* 39 E 7-9 ; cf. 28 A 6-8 || 48-49 Ar., *Phys.* VIII 5, 257 b 9-10 || 53-55 Pl., *Tim.* 37 D 1-38 B 2.

5. 38 ἠλλάξατο Heeren (cf. Timo) : ἠλάξα V || 40 στιβάδας Coraïs in ed. Plutarchi *Vitarum*, III (Ath. 1838) 414-415 : τηβάδας V || 44 τρίτον Heeren : τριττον V || 51 φασὶν Hermann : φησὶν V.
6. 1 ἐνιαυτούς Westermann : -όν V.

nombre quatre-vingt-un. Que les Muses soient les servantes d'Apollon, personne ne le niera. Or ce nombre de quatre-vingt-un est appelé 'puissance de puissance', parce que trois, qui est le premier nombre en tant qu'il contient principe, milieu et fin, engendre le neuf, quand il est multiplié par lui-même (puisque trois fois trois font neuf), et neuf, de la même façon, engendre quatre-vingt-un[73]. On peut reconnaître le caractère divin de Platon aussi grâce à ce qui est arrivé après sa mort. Ainsi une femme, étant allée consulter l'Oracle pour savoir s'il fallait ranger le monument du philosophe parmi les statues des dieux, obtint du Dieu la réponse suivante :

Tu feras bien d'honorer Platon, le guide d'une sagesse
Divine. En retour, te viendra la faveur des bienheureux,
Parmi lesquels cet homme est compté[74].

Un autre oracle avait annoncé que deux enfants devaient naître, Asclépios, fils d'Apollon, et Platon, fils d'Ariston, dont l'un serait le médecin des corps, et l'autre, le médecin des âmes[75]. Et quand les Athéniens célèbrent son jour anniversaire[76], ils chantent :

En ce jour, les Dieux ont donné Platon aux hommes[77].

Vois combien Platon l'emportait sur Pythagore. Celui-ci, en effet, alla en Perse voulant tirer profit de la sagesse des Mages[78], tandis que les Mages vinrent à Athènes attirés par Platon, avec un grand désir d'avoir communication de sa philosophie[79].

73-76. Voir *Notes complémentaires*, p. 55-56.

77. Ce vers n'est pas attesté ailleurs; «les Athéniens» désigne peut-être l'école d'Athènes.

78. Pythagore et les mages : Cic., *De fin.* V 29, 87; Val. Max. VIII 7, ext. 2; Pline, *Nat. hist.* XXX 1.2.9.; Apul., *Flor.* 15; Philostr., *V. Apoll.* I 2; Julien, *Or.* 7.24, 236 D-237 A; Clém. Alex., *Strom.* I 15, 69.

79. Voir *Notes complémentaires*, p. 57.

πα΄ ἀριθμόν· ὅτι δ' αἱ Μοῦσαι ὑπηρέτιδές εἰσιν τοῦ Ἀπόλλωνος, οὐδεὶς ἀντερεῖ. Οὗτος δὲ ὁ πα΄ ἀριθμὸς δυναμοδύναμις λέγεται ὡς ἂν τοῦ γ΄, ἀριθμοῦ πρώτου ὄντος διὰ τὸ ἔχειν αὐτὸν ἀρχὴν καὶ μέσον καὶ τελευτήν, πολλαπλασιαζομένου καὶ ἀπογεννῶντος τὸν θ΄ (τριάκις γὰρ τρία θ΄) καὶ τοῦ ἐννέα τὸν πα΄ ἀριθμόν. Ἔστιν δὲ καὶ ἐκ τῶν μετὰ τὸν βίον αὐτοῦ τὸ θεῖον αὐτοῦ καταμαθεῖν. Γυνὴ γοῦν τις ἀπῆλθεν χρησομένη εἰ δεῖ τὴν στήλην αὐτοῦ συντάξαι αὐτὴν τοῖς ἀγάλμασι τῶν θεῶν, ἔχρησεν δ' ὁ θεὸς τάδε·

Δόξης ἀντιθέοιο καθηγητῆρα Πλάτωνα
| εὖ δρῴης τίουσα, χάρις δέ σ' ἀμείψεται ἐσθλὴ
ἐκ μακάρων, οἷσίν περ ἀνὴρ ἐνάριθμος ἐκεῖνος. [202]

Ἄλλος δὲ χρησμὸς ἐδόθη ὡς δύο παῖδες τεχθήσονται, Ἀπόλλωνος μὲν Ἀσκληπιός, Ἀρίστωνος δὲ Πλάτων, ὧν ὁ μὲν ἰατρὸς ἔσται σωμάτων, ὁ δὲ ψυχῶν. Καὶ Ἀθηναῖοι δὲ τὴν γενεθλιακὴν αὐτοῦ ἡμέραν ἐπιτελοῦντες ἐπᾴδοντες φάσκουσιν·

Ἤματι τῷδε Πλάτωνα θεοὶ δόσαν ἀνθρώποισιν.

Ὅρα δὲ καὶ τὴν ὑπεροχὴν ἣν ἔσχεν πρὸς Πυθαγόραν· αὐτὸς μὲν γὰρ ἀπῆλθεν εἰς Περσίδα τὴν τῶν μάγων ὠφεληθῆναι θέλων σοφίαν, οἱ δὲ μάγοι διὰ τὸν Πλάτωνα Ἀθήναζε παρεγένοντο τῆς ἐξ αὐτοῦ μετασχεῖν φιλοσοφίας γλιχόμενοι.

6. 17-19 D.L. III 45 (*Anth. Pal.* VII 109.1-2).

6. 4 ὑπηρέτιδες Hermann : ὑπερέτιδές V ‖ 7 μέσον scripsi : μέσην V ‖ 9 πα΄ Heeren : π΄ V ‖ 17 χρησμὸς Heeren : χρημὸς V ‖ 24 αὐτὸς] οὗτος Westermann ‖ 26 μετασχεῖν Heeren : μεταχεῖν V.

II

7. Maintenant que nous avons achevé l'étude de la vie de Platon, examinons le caractère de sa philosophie[80]. Il y a sans doute eu, avant et après Platon, bon nombre d'écoles de philosophes[81], mais il les a toutes dépassées[82] par ses doctrines, par sa pensée, bref sous tous les rapports. Avant Platon, il y avait les écoles suivantes. D'abord l'école poétique, dont les maîtres furent Orphée, Homère, Musée et Hésiode[83], ensuite l'école Ionienne avec pour chefs Héraclite, Thalès et Anaxagore; enfin, l'école de Pythagore et de Parménide[84]. Après Platon, il y eut les écoles stoïcienne, épicurienne, péripatéticienne et la Nouvelle Académie. Les partisans de la Nouvelle Académie se distinguent des Sceptiques en ce que ces derniers soutiennent que tous les êtres sont également <insaisissables>, tandis que les partisans de la Nouvelle Académie croient qu'ils ne le sont pas tous également, mais qu'il existe certaines réalités qui portent notre âme à un assentiment modéré[85].

Platon s'est montré supérieur à toutes ces écoles. Car il a appris de l'école poétique à chanter l'ordonnance des êtres, mais il a dépassé cette école parce que, alors que les poètes s'expriment sans démonstration et, comme il le dit lui-même, 'd'une bouche frénétique et inspirée'[86], il apporte toujours la démonstration[87]. Il l'emporte encore sur les poètes par la décence de ses

80. Sur ce chapitre en général, voir Introduction p. LXI-LXIII.

81. Sur αἵρεσις, cf. J. Glucker, *Antiochus and the Late Academy* (Hypomnemata, Heft 56), Göttingen 1978, p. 166-193. On sait que, à l'origine, le mot, non plus que son équivalent latin *secta*, n'avait aucun sens péjoratif; il n'acquit ce sens que par l'usage politique («faction», Appien, *Bell. civ.* V 2), adopté par l'Église (*Ép. aux Gal.* 5, 20, ἐριθεῖαι, διχοστασίαι, αἱρέσεις).

82-87. Voir *Notes complémentaires*, p. 57-58.

β′

7 Ἐπειδὴ τὴν ἱστορίαν τοῦ Πλάτωνος μεμαθήκαμεν, φέρε καὶ τὸ εἶδος τῆς αὐτοῦ φιλοσοφίας διηγησώμεθα. Πολλαὶ τοίνυν γεγόνασι πρὸ Πλάτωνός τε καὶ μετὰ Πλάτωνα φιλοσόφων αἱρέσεις, καὶ πάντας ὑπερηκόντισεν ἐν τοῖς δόγμασι καὶ τῇ διανοίᾳ καὶ πᾶσιν ἅπαξ ἁπλῶς. Ἦσαν δὲ πρὸ αὐτοῦ μὲν αἱρέσεις αὗται· ἥ τε ποιητική, ἧς καθηγεμόνες γεγόνασιν Ὀρφεύς, Ὅμηρος, Μουσαῖός τε καὶ Ἡσίοδος· γέγονεν δὲ καὶ ἡ ἀπὸ τοῦ Ἰωνικοῦ διδασκαλείου, ἧς προκατήρξατο Ἡράκλειτος καὶ Θαλῆς καὶ Ἀναξαγόρας· γέγονεν δὲ καὶ ἡ Πυθαγόρου καὶ Παρμενίδου. Μετὰ Πλάτωνα δὲ γέγονεν ἡ Στωϊκὴ καὶ ἡ Ἐπικούρειος καὶ ἡ Περιπατητικὴ καὶ ἡ τῆς νέας Ἀκαδημίας. Διαφέρουσι δ' οἱ τῆς νέας Ἀκαδημίας τῶν ἐφεκτικῶν τῷ τοὺς μὲν ἐφεκτικοὺς ὁμοίως λέγειν διὰ πάντων τῶν ὄντων πεφοιτηκέναι ⟨τὴν ἀκαταληψίαν⟩, τοὺς δὲ τῆς νέας Ἀκαδημίας οὐχ ἁπάντων ὁμοίως, ἀλλ' εἶναί τινα τῶν πραγμάτων ἃ σαίνουσι τὴν ἡμετέραν ψυχὴν πρὸς συγκατάθεσιν μετρίαν.

Πασῶν τούτων κρείττων ὤφθη ὁ Πλάτων. Ἀπώνατο μὲν γὰρ τῆς ποιητικῆς τὸ ὑμνῆσαι τὴν τάξιν τῶν ὄντων, ὑπερέβαλεν δ' αὐτὴν τῷ τοὺς μὲν ποιητὰς ἄνευ ἀποδείξεως καὶ ὡς αὐτός φησιν 'μαινομένῳ καὶ ἐνθουσιῶντι στόματι', αὐτὸν δὲ μετὰ ἀποδείξεως ἅπαν εἰρηκέναι. Ὑπερέβαλεν δ' αὐτοὺς καὶ τῷ εὐσχήμῳ τῶν μύθων·

7. 22-23 Heraclit., fr. B 92; cf. Pl., *Phaedr.* 245 A 5-8; *Apol.* 22 B 8-C 1; *Io* 533 E 3-534 B 7.

7. 1 leg. ἐπεὶ δὲ? || 3 πολλαὶ Hermann : πάλαι V || 15 τὴν ἀκαταληψίαν addidi || 16 τοὺς Hermann : τῶν V || 24 εὐσχήμῳ Hermann : ἐυχήμωι V.

mythes[88]. En effet, alors que les poètes composaient leurs mythes au petit bonheur, Platon dit que qui veut composer un mythe concernant la divinité, doit respecter certaines règles grâce auxquelles ses lecteurs ne seront pas induits en erreur. Il doit, en effet, savoir que la divinité est bonne et qu'elle ne propose jamais l'erreur, ni par ignorance du vrai ni par ruse ; et encore que tout dieu est immuable et inflexible, car il ne change ni pour devenir pire ni pour devenir meilleur, parce qu'il exclut par essence le changement vers le pire, et qu'il lui est impossible de devenir meilleur, puisque, justement, il est le meilleur de tous les êtres[89]. Voilà en quoi consiste la décence dans le cas des mythes. Et c'est ce que doivent avoir présent à l'esprit les lecteurs de mythes, s'ils veulent écarter des enfants tout dommage : sitôt que les enfants se plongent dans les mythes, ce qu'il y a de bon doit apparaître immédiatement à partir du texte, sans qu'ils aient besoin d'attendre, comme dans le cas des fables d'Ésope, la morale, pour comprendre la leçon de l'histoire[90]. Car si l'on ne prête pas attention à ces règles, les enfants auront beaucoup de peine à se débarrasser de ce qu'ils ont mal compris[91].

8. Platon a donc dépassé les poètes par sa rigueur démonstrative et par la décence de ses mythes ; il a aussi dépassé ceux qui viennent de l'école ionienne et qui étaient les philosophes de la nature. Il faut en effet savoir que si ces philosophes ont posé les causes accessoires, c'est Platon qui a distingué les causes les unes des autres et précisé quelles sont les causes proprement dites, à savoir l'exemplaire, l'efficiente et la finale[92]. Sans doute Anaxagore, rêvant pour ainsi dire dans une profonde torpeur, affirme que l'intellect est la cause efficiente, mais il n'en use pas pour expliquer le

88-90. Voir *Notes complémentaires*, p. 58.

91. Allusion au même passage de Platon (*Rép.* II 378 D 7-E 1) chez Ol., *In Gorg.* 238.29-239.1 ; voir aussi Procl., *In remp.* I 79.21-80.4.

92. Voir *Notes complémentaires*, p. 58.

ἐκεῖνοι γὰρ ὡς ἔτυχεν ἔπλεκον τοὺς μύθους, αὐτὸς δέ φησιν ὅτι χρὴ ἔχειν τινὰ τοὺς μέλλοντας πλέκειν περὶ θεοῦ μῦθον οἷς προσέχοντες οἱ ἐντυγχάνοντες οὐκ ἀπατηθήσονται. Δεῖ γὰρ εἰδέναι ὡς ὁ θεὸς ἀγαθός ἐστιν καὶ οὐδαμῶς προβάλλεται τὸ ψεῦδος, οὔτε διὰ ἄγνοιαν τοῦ ἀληθοῦς οὔτε διὰ ἀπατηλόν τι· καὶ ὅτι πᾶς θεὸς ἀμετάβλητος καὶ ἄτρεπτος, οὔτε | γὰρ ἐπὶ τὸ χεῖρον [203] μεταβάλλει οὔτε ἐπὶ τὸ κρεῖττον, διότι τὸ μὲν οὐ πέφυκε, τὸ δὲ οὐ δύναται· οὐ πέφυκεν ἐπὶ τὸ χεῖρον μεταβάλλειν, οὐ δύναται δ' ἐπὶ τὸ κρεῖττον, αὐτόχρημα κρείττων ὑπάρχων ἁπάντων. Τοῦτό ἐστιν τὸ εὔσχημον τῶν μύθων. Ταῦτα δεῖ ἐν νῷ ἔχειν τοὺς ἐντυγχάνοντας μύθῳ, ἵνα μὴ οἱ παῖδες ἀδικῶνται, ἀλλ' εὐθέως τῷ ἐγκύπτειν αὐτοὺς ἐκ τῶν εἰρημένων μὴ ἀναμείνωσιν δίκην τῶν Αἰσωπείων μύθων τὸ ἐπιμύθιον, ἐξ αὐτοῦ τὸ χρήσιμον τοῦ μύθου μαθεῖν βουλόμενοι, ἀλλ' εὐθέως φανῇ αὐτοῖς τὸ ἐν τούτοις ἀγαθόν. Οἱ γὰρ παῖδες, εἰ μὴ τούτοις προσέχωσι, δυσεκνίπτως μέλλουσιν ἔχειν ὃ κακῶς ἤκουσαν.

8 Ὑπερέβαλεν οὖν τοὺς ποιητὰς τῷ τε ἀποδεικτικωτέρῳ καὶ εὐσχημονεστέρῳ· ὑπερέβαλεν δὲ καὶ τοὺς ἐκ τοῦ Ἰωνικοῦ διδασκαλείου, οἵτινες καὶ φυσικοὶ ἦσαν. Δεῖ γὰρ εἰδέναι ὅτι εἰ καὶ ἔλεγον εἶναι τὰ συναίτια, οὗτος δὲ διέκρινεν αὐτὰ ἀπ' ἀλλήλων καὶ εἶπεν ποῖά εἰσιν τὰ αἴτια, ὅτι παραδειγματικὸν ποιητικὸν τελικόν. Εἰ δὲ καὶ Ἀναξαγόρας ὥσπερ ἐκ βαθέος κάρου ὀνειρώττων λέγει ποιητικὸν εἶναι αἴτιον τὸν νοῦν, ὅμως οὐκ ἐχρῆτο αὐτῷ

7. 25-35 Pl., *Resp.* II 377 A 4-383 C 7 || 41-42 *Resp.* 378 D 7-E 1.
8. 3-6 Pl., *Phaed.* 97 B 8-99 C 6 (Anaxag., fr. B 12).

7. 27 προσέχοντες Hermann : προέχοντες V || οἱ scripsi : καὶ V || 33 τὸ δὲ Hermann : τὸ δὲ δὲ V || 37 ἐκκύπτειν Hermann || 38 δίκην Hermann : κίκην, mg. κινην V.

processus de génération et de corruption ; il allègue plutôt comme causes des tourbillons d'air et des vents, et jamais l'intellect[93]. En outre, alors que les Ioniens soutenaient que les éléments sont la matière, Platon a montré que les éléments ne peuvent même pas être comparés à des syllabes. D'après lui, en effet, la matière informe est analogue aux vingt-quatre lettres ; le corps sans qualité[94], aux syllabes et les quatre éléments, aux mots, en sorte que les éléments ne jouent nullement le rôle de syllabes[95]. Par conséquent, Platon est supérieur à ces philosophes et il l'emporte sur les poètes par la rigueur démonstrative, et sur les Ioniens par l'inspiration divine.

Des Pythagoriciens, il a appris à exprimer les réalités au moyen de nombres[96]. De fait, dans le *Timée,* il a employé ce procédé, mais il a surpassé ces philosophes aussi à la fois par sa clarté et sa rigueur démonstrative. De toute évidence, en effet, dans ledit *Timée,* il explique les réalités au moyen de nombres d'une façon plus claire et plus démonstrative.

Quant à la philosophie de Parménide, Platon l'a surpassée en ce que, d'après Parménide, le principe des êtres est l'être, tandis que Platon a montré que ce n'est pas l'être, mais qu'avant l'être il y a l'un[97]. Car si le principe était l'être, toutes choses devraient aspirer à l'être, puisque toutes choses dépendent de leur principe propre. Or en fait nous voyons certains hommes dédaigner l'être pour un bien supérieur[98]. Par conséquent, ce n'est pas l'être qui est l'unique principe de toutes choses, mais l'un, qui transcende l'être.

9. Ainsi donc Platon a conquis le premier rang devant les philosophes qui sont venus avant lui pour les raisons que l'on vient de dire ; il a surpassé aussi tous les philosophes qui sont venus après lui. Il s'est montré supérieur aux Stoïciens, parce que ceux-ci soutiennent que tous les êtres sont des corps, alors que Platon a démontré qu'il existe aussi des êtres incorporels[99].

93-99. Voir *Notes complémentaires*, p. 58-60.

ἐν τῇ γενέσει καὶ φθορᾷ, ἀλλ' ᾐτιᾶτο δίνας ἀέρων καὶ ἀνέμους, μηδαμοῦ τὸν νοῦν αἰτιώμενος. Πάλιν δ' ἐκείνων λεγόντων ὡς ὕλη εἰσὶν τὰ στοιχεῖα, ἔδειξεν αὐτὸς ὅτι οὐδὲ συλλαβῶν λόγον ἐπέχουσι· φησὶν γὰρ ὅτι τοῖς μὲν κδ' στοιχείοις ἔοικεν ἡ ἀνείδεος ὕλη, ταῖς δὲ συλλαβαῖς τὸ ἄποιον σῶμα, ταῖς δὲ λέξεσι τὰ δ' στοιχεῖα, ὥστε οὐδὲ συλλαβῶν λόγον ἐπέχουσι. Καὶ τούτων ἄρα ὑπεραίρει ὁ Πλάτων, καὶ ἔστιν τῶν μὲν πρώτων ἀποδεικτικώτερος, τῶν δὲ δευτέρων ἐνθεαστικώτερος.

Καὶ τῶν Πυθαγορείων δ' ἀπώνατο μὲν τὸ δι' ἀριθμῶν σημαίνειν τὰ πράγματα· ἀμέλει ἐν τῷ Τιμαίῳ ἐχρήσατο τούτῳ τῷ τρόπῳ· ὑπερῇρεν δὲ καὶ αὐτοὺς τῷ σαφεστέρῳ ἅμα καὶ ἀποδεικτικωτέρῳ. Ἐν αὐτῷ γὰρ τῷ Τιμαίῳ φαίνεται σαφέστερον καὶ ἀποδεικτικώτερον δεικνὺς δι' ἀριθμῶν τὰ πράγματα.

Τὴν Παρμενίδου δ' ὑπερῇρεν φιλοσοφίαν τῷ ἐκεῖνον μὲν λέγειν ἀρχὴν εἶναι τῶν ὄντων τὸ ὄν, τοῦτον δὲ δεῖξαι ὡς οὐκ ἔστιν τοῦτο, ἀλλὰ πρὸ τούτου ἐστὶ τὸ ἕν. Εἰ γὰρ τὸ ὂν ἦν, πάντα ἔμελλε τοῦ ὄντος ἐφίεσθαι, πάντα γὰρ ἤρτηνται τῆς οἰκείας ἀρχῆς· νυνὶ δὲ ὁρῶμέν τινας τοῦ εἶναι καταφρονοῦντας διὰ μεῖζον ἀγαθόν. Οὐκ ἄρα τὸ ὄν ἐστιν ἡ μία τῶν πάντων ἀρχή, ἀλλὰ τὸ ἕν, ὅπερ τοῦ ὄντος ἐπαναβέβηκεν.

| Τῶν μὲν οὖν πρὸ αὐτοῦ φιλοσόφων τὰ πρωτεῖα 9
ἔσχεν διὰ τοὺς προειρημένους λόγους, ὑπερῇρεν δὲ καὶ [204]
τοὺς μετ' αὐτὸν ἅπαντας. Τῶν μὲν Στωϊκῶν κρείττων ἐφάνη διὰ τὸ ἐκείνους μὲν πάντα τὰ ὄντα σώματα λέγειν, τοῦτον δὲ δεῖξαι ὡς εἰσὶ καὶ ἀσώματά τινα. Ἔδειξεν γὰρ

8. 10-15 Pl., *Tim.* 48 B 3-C 2 || 19 *ibid.* 35 A 1-36 D 7 ; cf. 53 C 4-55 C 6 || 24-25 Parm., fr. B 7-8.

9. 3-5 *SVF* II, fr. 307 ; 319-320 || 5 Pl., *Soph.* 246 A 3-248 A 3 || 5-6 Pl., *Phaed.* 79 B 1-80 D 4.

Platon, en effet, a montré que l'âme est incorporelle. Et si l'âme est incorporelle, les anges[100] qui sont antérieurs à l'âme seront eux aussi incorporels, et l'intellect qui est antérieur aux anges, et la cause première, qu'il appelle le Bien.

Platon a surpassé encore les Épicuriens. Ceux-ci affirmaient, en effet, qu'il n'y a pas de providence dans le monde d'ici bas, et que la providence du Démiurge ne va pas au-delà des corps célestes[101]. Car, disaient-ils, le démiurge devrait avoir des soucis et endurer des peines, s'il devait prendre soin aussi des êtres de ce monde. Or Platon a montré que les êtres d'ici-bas bénéficient aussi de la providence. Et il a échappé aux absurdités tant des premiers que des seconds, tout en prenant ce qu'il y a de vrai chez les uns et les autres[102]. Les premiers, en effet, (il s'agit des Stoïciens), qui soutiennent que tous les êtres sont des corps, ne peuvent éviter cette absurde conséquence que le Démiurge aura besoin de levier et de contact corporel, s'il veut gouverner les êtres de ce monde. En effet, il ne peut y avoir d'action sur un corps que par un levier, si c'est un autre corps qui agit sur lui[103]. Platon a donc échappé à cette conséquence absurde en montrant qu'il existe des êtres incorporels, tout en adoptant leur doctrine que la providence de la divinité s'étend sur les êtres d'ici-bas. Les Épicuriens, de leur côté, aboutissaient à cette conséquence absurde que le démiurge n'exerçait pas sa providence sur toutes choses ; Platon a échappé à cette absurdité en expliquant que la providence, contrairement à ce que croyaient les Stoïciens, ne s'exerce pas au moyen d'un levier ; en effet, le démiurge étant incorporel peut accomplir son activité providente sans peine ni fatigue.

Outre ces deux écoles, Platon a aussi eu l'avantage sur les Péripatéticiens. Alors que ceux-ci estiment, en effet, que l'intellect est le principe universel[104], Platon a montré que l'un est antérieur à l'intellect et à tous les autres êtres. En effet, si l'intellect était le principe des

100-104. Voir *Notes complémentaires*, p. 60.

τὴν ψυχὴν ἀσώματον οὖσαν· εἰ δὲ ἀσώματός ἐστιν, καὶ οἱ πρὸ αὐτῆς ἄγγελοι ἀσώματοι ἔσονται καὶ ὁ νοῦς ὁ πρὸ τούτων καὶ τὸ πρῶτον αἴτιον, ὃ τὸ ἀγαθὸν καλεῖ.

Καὶ τοὺς Ἐπικουρείους δὲ ὑπερέβαλεν. Οὗτοι γὰρ ἔλεγον ἀπρονόητα εἶναι τὰ τῇδε καὶ μέχρι τῶν οὐρανίων σωμάτων προέρχεσθαι τὴν πρόνοιαν τοῦ δημιουργοῦ· πράγματα γάρ, φασίν, ἔχειν ἔμελλεν καὶ πόνους ὑπομένειν, εἴ γε καὶ τούτων προὐνοεῖτο· ἔδειξεν δ' ὁ Πλάτων ὡς καὶ τὰ τῇδε προνοίας εἰσίν. Καὶ ἐξέφυγε μὲν τά τε τῶν προτέρων ἄτοπα καὶ τὰ τῶν δευτέρων, εἵλετο δὲ τὰ ἐν ἀμφοτέροις ἀληθῆ. Τοῖς γὰρ προτέροις, τοῖς Στωϊκοῖς λέγω, σώματα λέγουσι πάντα τὰ ὄντα ἕπεται ἄτοπον ὡς μοχλείας καὶ ἁφῆς ὁ δημιουργὸς δεήσεται, εἰ μέλλοι τὰ τῇδε διοικεῖν· ἡ γὰρ τῶν σωμάτων πεῖσις διὰ μοχλείας γίνεται, ὅταν ἄλλο σῶμα ᾖ τὸ ποιοῦν εἰς αὐτό. Τοῦτο οὖν ἑπόμενον ἄτοπον αὐτοῖς ἐξέφυγεν διὰ τοῦ δεῖξαί τινα ἀσώματα ὄντα, ἐξελέξατο δὲ τὸ προνοεῖσθαι τῶν τῇδε τὸ θεῖον. Ἄτοπον δ' ἠκολούθει τοῖς Ἐπικουρείοις τὸ μὴ πάντων πρόνοιαν ποιεῖσθαι τὸν δημιουργόν, ὃ διαπέφευγεν ὁ Πλάτων· οὐδὲ γὰρ ὡς ἐκεῖνοι διὰ μοχλείας φησὶ γίνεσθαι τὴν πρόνοιαν, ἀσώματος γὰρ ὢν οὐδενὶ πόνῳ οὐδὲ κόπῳ τὴν τοιαύτην ποιεῖται πρόνοιαν.

Πρὸς δὲ τοῖς εἰρημένοις καὶ τῶν Περιπατητικῶν ἔσχεν τι πλέον. Τούτων γὰρ οἰομένων τὴν πάντων ἀρχὴν εἶναι τὸν νοῦν, ἔδειξεν ὡς πρὸ τοῦ νοῦ ἐστιν τὸ ἓν καὶ πρὸ τῶν ἄλλων ἁπάντων. Εἰ γὰρ ὁ νοῦς ἦν ἡ ἀρχὴ τῶν ὄντων,

9. 7-8 Pl., *Resp.* VI 506 D 8-E 5; 508 B 12-13 || 9-13 Epic., fr. 361-362; 367-368 Us. || 22-23 Pl., *Tim.* 30 B 6-C 1 (44 C 7; 45 B 1) || 29-30 Ar., *Metaph.* Λ 7, 1072 b 13-30.

9. 12 φασίν Hermann : φησιν V || 20 ἄλλο Hermann : -ω V || αὐτό] αὐτά uel ἄλλο prop. Hermann || 26 φησὶ scripsi : φασὶ V.

êtres, tous devraient intelliger, puisque tous dépendent de leur principe propre. Or nous voyons que certains êtres n'intelligent pas. Par conséquent, l'intellect n'est pas le principe[105]. Et encore : les Péripatéticiens affirment que l'intellect est cause finale de tous les êtres[106], tandis que Platon a montré que l'un est à la fois cause efficiente et cause finale des êtres[107]. Il y a encore une autre façon de montrer que l'intellect n'est pas cause première : si l'intellect était cause première, puisqu'il y a pluralité d'idées, il devrait y avoir pluralité d'intellects. Et s'il en est ainsi, le principe devrait être multiplicité, ce qui est absurde. Car il faut que les êtres commencent par l'un.

10. Mais Platon a encore dépassé la philosophie de la Nouvelle Académie, en ce que celle-ci professe que la réalité est insaisissable, tandis que Platon prouve que l'on peut saisir scientifiquement certaines choses. Cependant certaines personnes poussent Platon dans le sens des Sceptiques et des Académiciens, en prétendant qu'il professe lui aussi que tout est insaisissable[108]. Et ils cherchent à établir cette opinion à partir de certaines expressions que l'on trouve dans ses ouvrages. Ainsi, disent-ils, quand Platon discute des réalités, il emploie certains adverbes qui marquent le doute et l'hésitation, comme : 'vraisemblablement', 'peut-être' ou 'je serais porté à croire'. Ce qui n'est pas le fait d'un homme qui sait, mais plutôt de qui n'est pas en possession d'une connaissance déterminée[109]. A ces gens, nous répondons que Platon emploie ces expressions pour obtenir, en quelque sorte, une plus grande précision, ce que ne font pas les Sceptiques. Car ceux-ci ne discutent pas avec rigueur ni ne cherchent une plus grande précision, puisqu'ils prétendent que tout est insaisissable.

Ils invoquent comme deuxième argument le fait que Platon établit des thèses opposées sur les mêmes sujets, montrant ainsi clairement que la réalité est insaisissa-

105. Cf. Procl., *Theol. plat.* I 3, 13.17-14.4 ; Sallustius, *De diis*... 5, p. 1.19 Nock.

106-109. Voir *Notes complémentaires*, p. 60-61.

ἅπαντα ἔμελλεν νοεῖν, τῷ πάντα τῆς οἰκείας ἠρτῆσθαι ἀρχῆς· νυνὶ δὲ ὁρῶμέν τινα μὴ νοοῦντα· οὐκ ἄρα ὁ νοῦς ἐστιν ἡ ἀρχή. Καὶ τῷ τοὺς Περιπατητικοὺς λέγειν τελικὸν πάντων τῶν ὄντων εἶναι τὸν νοῦν, τοῦτον δὲ τὸν Πλάτωνα δεῖξαι ὅτι καὶ ποιητικόν ἐστιν αἴτιον καὶ τελικὸν τῶν ὄντων τὸ ἕν. Καὶ ἄλλως δ' ἔστιν δεῖξαι ὅτι οὐκ ἔστιν πρῶτον αἴτιον ὁ νοῦς· εἰ γὰρ ἦν, ἐπειδὴ πολλά ἐστιν εἴδη, πολλοὶ ἔσονται νοῖ· εἰ δὲ τοῦτο, πλῆθος ἔσται ἡ ἀρχή, ὅπερ ἄτοπον, δεῖ γὰρ τὴν ἀρχὴν ἀπὸ ἑνὸς ἄρξασθαι.

Ἀλλὰ καὶ τὴν τῶν νέων Ἀκαδημαϊκῶν ὑπερέβαλεν | **10**
φιλοσοφίαν τῷ ἐκείνην ἀκαταληψίαν πρεσβεύειν, δεῖξαι [205]
δὲ τοῦτον ὡς εἰσὶν ἐπιστημονικαὶ καταλήψεις τινές. Λέγουσι δέ τινες συνωθοῦντες τὸν Πλάτωνα εἰς τοὺς ἐφεκτικούς τε καὶ τοὺς Ἀκαδημαϊκοὺς ὡς καὶ αὐτοῦ ἀκαταληψίαν εἰσάγοντος· καὶ κατασκευάζουσι τοῦτο ἐκ τῶν εἰρημένων αὐτῷ ἐν τοῖς συγγράμμασιν αὐτοῦ. Λέγει τοίνυν, φασίν, ἐπιρρήματά τινα ἀμφίβολά τε καὶ διστακτικὰ περὶ πραγμάτων διαλεγόμενος, οἷόν ἐστιν τὸ 'εἰκὸς' καὶ τὸ 'ἴσως' καὶ 'τάχ' ὡς οἶμαι'· τοῦτο δ' οὐκ ἐπιστήμονός ἐστιν, ἀλλά τινος μὴ καταλαβόντος τὴν ἀκριβῆ γνῶσιν. Πρὸς τούτους δέ φαμεν ὡς ταῦτά φησιν οἷον προσδιοριζόμενος, ὅπερ οὐ ποιοῦσιν οἱ ἐφεκτικοί· οὔτε γὰρ ἀκριβῶς διαλέγονται οὔτε προσδιορίζονται, εἴπερ πάντων ἀκαταληψίαν λέγουσι.

Δεύτερον λόγον λέγουσιν ὅτι ἐξ ὧν τὰ ἐναντία περὶ τῶν αὐτῶν κατασκευάζει δῆλός ἐστιν ἀκαταληψίαν

9. 34-35 Ar. *Metaph.* Λ 7, 1072 a 24-b 4.

9. 32 τῷ Hermann : τῶν V ‖ 34 τῷ Hermann : τὸ V ‖ 36 καὶ[2] euan. in V, sed exstat expressum in pagina opposita (f. 36 v) : οὐ ex cod. Monac. ed. Hermann.
10. 2 τῷ Hermann : τὸ V ‖ 5 τοὺς : seq. ras. 4 litt. (vix νέους) V.

ble. Par exemple, discutant de l'amitié dans le *Lysis,* il a établi des thèses opposées; de même pour la sagesse dans le *Charmide* et pour la piété dans l'*Euthyphron.* Nous leur répondrons que même si Platon a établi des thèses opposées, du moins pour finir il a déterminé la vérité.

En troisième lieu ils allèguent ceci : d'après Platon, il n'y a pas de science. Cela ressort du fait que, dans le *Théétète,* il a renversé toute définition de la science aussi bien que la notion de nombre[110]. Dès lors, comment soutenir qu'un homme avec de pareilles opinions ait professé que nous pouvions saisir quelque chose? Nous leur répondrons que, d'après Platon, l'âme ne ressemble pas à une tablette dépourvue d'écriture[111], mais qu'elle a seulement besoin d'être débarrassée de son voile pour se reprendre elle-même et apercevoir les réalités, puisqu'elle possède en elle-même la connaissance et que sa vue est diminuée du fait de son contact avec le corps. Elle a donc seulement besoin d'être purifiée. C'est pourquoi Platon a réfuté les fausses notions de la science, en laissant à l'âme le soin d'intelliger le vrai, une fois qu'elle aura été complètement purifiée.

Voici leur quatrième argument. Puisque Platon admet deux modes de connaissance, l'un qui use des sens et l'autre, de l'intellect, et puisqu'il affirme que l'un et l'autre échouent, c'est évidemment qu'il professe que l'on ne peut rien saisir. Platon dit en effet : 'nous ne voyons ni n'entendons rien avec exactitude, mais les sens nous trompent'; et il dit encore au sujet des intelligibles : 'notre âme, étant attachée à <cet> élément mauvais, le corps, ne peut rien appréhender au moyen de l'intellect.' Nous leur répondrons que quand Platon déclare que les sens ne perçoivent pas les sensibles, il veut dire qu'ils ne connaissent pas l'essence des sensibles[112]; en effet, les sens ne perçoivent que la modification qui se produit en eux sous l'action des

110-112. Voir *Notes complémentaires*, p. 61.

πρεσβεύων· οἷον περὶ φιλίας ἐν τῷ Λύσιδι διαλεγόμενος τἀναντία κατεσκεύασεν, καὶ περὶ σωφροσύνης ἐν τῷ Χαρμίδῃ, καὶ περὶ ὁσιότητος ἐν τῷ Εὐθύφρονι. Καὶ πρὸς τούτους δὲ ἐροῦμεν ὅτι εἰ καὶ τἀναντία κατεσκεύασεν, ἀλλ' οὖν τελευταῖον ἐπέκρινε τὴν ἀλήθειαν.

Τρίτον λέγουσιν ὅτι οὐκ οἴεται ἐπιστήμην εἶναι· καὶ δῆλον ἐξ ὧν πᾶσαν ἀπόδοσιν τῆς ἐπιστήμης καὶ τὸν ἀριθμὸν ἀνεσκεύασεν ἐν Θεαιτήτῳ· πῶς οὖν κατάληψιν φήσομεν τὸν τοιοῦτον πρεσβεύειν; Πρὸς οὓς ἐροῦμεν ὅτι ὁ Πλάτων οὐκ οἴεται ἀγράφῳ γραμματείῳ ἐοικέναι τὴν ψυχήν, ἀλλὰ νομίζει αὐτὴν ἀνακαλύψεως δεῖσθαι μόνης πρὸς τὸ νῆψαι καὶ ἰδεῖν τὰ πράγματα, ἐπεὶ ἔχει τὴν ἐπιστήμην ἐν αὐτῇ, ἀμβλυώττει δὲ διὰ τὴν πρὸς τὸ σῶμα συνάφειαν. Μόνης οὖν ἀνακαθάρσεως δεῖται· διὸ τοὺς κακῶς εἰρημένους περὶ ἐπιστήμης λόγους ἀνεσκεύασεν, ἐάσας ψυχῇ ἀποκαθαρθείσῃ νοῆσαι τὸ ἀληθές.

Τέταρτον λέγουσι λόγον τοιοῦτον· εἰ διττὴν οἴεται τὴν γνῶσιν ὁ Πλάτων, τὴν μὲν δι' αἰσθήσεως, τὴν δὲ διὰ νοῦ γινομένην, ἑκατέραν δὲ λέγει σφάλλεσθαι, δῆλον ὡς ἀκαταληψίαν πρεσβεύει. Φησὶν γὰρ 'οὐδὲν οὔτε ὁρῶμεν οὔτε ἀκούομεν ἀκριβῶς, ἀλλὰ διαμαρτάνουσιν αἱ αἰσθήσεις'· καὶ πάλιν περὶ τῶν νοητῶν φησιν ὅτι 'ἡ ψυχὴ ἡμῶν προσπεπλεγμένη ⟨τῷ⟩ κακῷ τούτῳ, τῷ σώματι, οὐδὲν νοεῖ'. Πρὸς οὓς ἐροῦμεν ὅτι, ὅταν εἴπῃ ὡς αἱ αἰσθήσεις οὐκ ἀντιλαμβάνονται τῶν αἰσθητῶν, τοῦτο λέγει ὅτι τὴν οὐσίαν τῶν αἰσθητῶν οὐ γινώσκουσιν· ἐπεὶ τοῦ πάθους τοῦ εἰς αὐτὰς ἐξ αὐτῶν τῶν αἰσθητῶν γινο|μένου [206]

10. 27-28 Ar., *De an.* III 4, 429 b 31 || 29-30 Pl., *Phaed.* 67 C 5-D 2 ; *Resp.* X 611 B 9-D 8 || 37-39 Pl., *Phaed.* 65 B 2-4 || 39-41 *ibid.* 66 B 5-7 ; 79 C 2-8.

10. 30 αὐτῆι ex ταυτηι V || 32 κακῶς $V^{a.c.}$: -οὺς $V^{p.c.}$ || 33 ψυχῆς ἀποκαθαρθείσης Hermann || 40 τῷ addidi, cf. l. 51 ; an κακῷ τοιούτῳ ? (Pl., *Phaed.* 66 B 6).

sensibles, mais, tant qu'ils en sont réduits à eux-mêmes, ils ne connaissent pas l'essence elle-même. Par exemple, la vue perçoit l'influence pénétrante du blanc, mais elle ne sait pas, à elle seule, ce qu'est le blanc; elle n'y parvient qu'en conjonction avec l'imagination. De même l'opinion, tant qu'elle est réduite à elle-même, ne sait pas tout ce qu'elle sait quand elle se joint à la raison discursive[113]. En outre, lorsque Platon dit que l'âme est incapable d'intelliger tant qu'elle est unie à cet élément mauvais, il ne parle pas de tous les hommes, mais seulement de ceux qui vivent enfoncés dans la matière[114]. Ces hommes, en effet, ont une âme réduite en sujétion par le corps et précisément Platon les appelle ailleurs 'semés'[115], parce qu'ils sortent de la terre à la façon de plantes. Mais les purs, qu'il nomme ailleurs 'citoyens du ciel'[116], ceux-là sont capables d'intelliger.

Leur cinquième argument est celui-ci. Platon, disent-ils, déclare dans l'un de ses dialogues : «je ne sais rien ni n'enseigne rien; je ne fais que poser des questions». Voilà donc comment il avoue, de sa propre bouche, ne rien savoir de certain. Nous leur répondons que lorsque Platon dit : «je ne sais rien», il compare sa propre connaissance à celle des êtres divins. Car elle est bien différente de la nôtre. La nôtre, en effet, n'est que connaissance, tandis que celle de dieu est efficace; la connaissance divine connaît par une intuition simple, alors que nous devons passer par des causes et des prémisses. Ensuite Platon dit : «je n'enseigne personne» au sens de : «je ne mets mes opinions en personne»[118]. En effet, comme nous l'avons déjà dit[119], pour Platon l'âme n'est pas comme une tablette dépourvue d'écriture, de sorte qu'on pourrait inscrire sur elle des choses qu'elle ne contiendrait pas; il se contente, pour ainsi dire, de mettre ces choses à jour et de les élucider au

113-118. Voir *Notes complémentaires*, p. 61-62.

119. Ci-dessus, lignes 26-31 et n. 111, p. 16 (p. 61 des Notes complémentaires).

ἀντιλαμβάνονται, οὐκ ἴσασι δὲ τὴν οὐσίαν αὐτὴν καθ' αὐτὰς οὖσαι. Οἷον ἡ ὄψις διακρινομένη μὲν ὑπὸ λευκοῦ αἰσθάνεται, τί δ' ἔστιν λευκὸν καθ' αὑτὴν οὐκ οἶδεν, ἀλλὰ συμπλεκομένη τῇ φαντασίᾳ διαγινώσκει· ὥσπερ καὶ ἡ δόξα οὐκ οἶδεν καθ' αὑτὴν οὖσα ἅπερ οἶδεν μετὰ τῆς διανοίας. Πάλιν ὅταν εἴπῃ ὅτι ἡ ψυχὴ οὐ νοεῖ συνοῦσα τῷ κακῷ τούτῳ, οὐ περὶ πάντων τῶν ἀνθρώπων λέγει τοῦτο, ἀλλὰ περὶ τῶν ἐνύλως ζώντων· ἐκεῖνοι γὰρ καὶ ἡττωμένην ἔχουσι τὴν ψυχὴν ὑπὸ τοῦ σώματος, οὓς καὶ 'σπαρτικοὺς' ἀλλαχοῦ ὀνομάζει, δίκην φυτῶν ἀποβλαστάνοντας· οἱ δὲ καθαροὶ καὶ ὑπ' αὐτοῦ ἀλλαχοῦ 'οὐρανοπολῖται' λεγόμενοι, οὗτοι νοοῦσιν.

Πέμπτος λόγος ἐστὶν οὗτος· αὐτός, φασίν, λέγει ἐν διαλόγῳ αὐτοῦ ὅτι 'οὐδὲν οἶδα οὔτε διδάσκω τι, ἀλλὰ διαπορῶ μόνον'· ὅρα οὖν πῶς ὁμολογεῖ ἰδίῳ στόματι μηδὲν κατειληφέναι. Λέγομεν δὲ καὶ πρὸς τούτους ὅτι, ὅταν εἴπῃ 'οὐδὲν οἶδα', ὡς πρὸς τὴν τῶν θείων γνῶσιν τὴν ἰδίαν παραβάλλει γνῶσιν. Ἐκείνη γὰρ ἄλλη ἐστὶν παρὰ τὴν ἡμετέραν· μόνη γὰρ ψιλὴ γνῶσις ἡ ἡμετέρα, ἡ δὲ τοῦ θεοῦ ἔμπρακτος, κἀκείνη μὲν ἁπλῇ ἐπιβολῇ γινώσκει, ἡμεῖς δὲ δι' αἰτίων καὶ προτάσεων. Πάλιν δ' 'οὐδένα διδάσκω' λέγει ἀντὶ τοῦ 'οὐδενὶ ἐντίθημι τὰ δόγματα'· οὐ γὰρ ἀγράφῳ, ὥσπερ εἴρηται, γραμματείῳ ἀπεικάζει τὴν ψυχήν, ὡς ἐγγράψαι αὐτῇ μὴ ἐχούσῃ τὰ πράγματα, ἀλλ' ὡς ἂν εἰς φῶς ἄγει καὶ μόνον ἀνα-

10. 54 Pl., *Soph.* 247 C 4-5 || 55-56 cf. Pl., *Resp.* IX 592 B 2-3 ; *Tim.* 90 A 2-D 7 || 57-59 cf. Pl., *Apol.* 21 B 4-5 ; 33 B 3-8 ; *Theaet.* 150 C 2-8 ; *Symp.* 177 E 7-8 ; *Theag.* 128 B 1-4 ; *Charm.* 165 B 5-C 1 ; *Meno* 71 B 1-4 ; 80 C 8-D 1 || 66 Pl., *Apol.* 33 B 3-8 || 67-68 supra lin. 27-28.

10. 45 ἴσασι Hermann : ἴσα V || 61 θεῶν Hermann || 68 ὡς ἐγγράψαι Hermann : ὡσγράψαι ut uid. V (σγ euan.) || 69 ὡς ἂν Hermann : ὅτ' ἂν V || ἄγων Hermann.

moyen de la réminiscence, à la façon de ceux qui essuient la chassie qui empêche les yeux de voir[120]. De fait, comme il le dit ailleurs, c'est celui qui est interrogé qui conclut[121], et c'est pour cela qu'il n'accorde que ce qui lui semble juste. **11.** <Maintenant> que la 'mise en question' soit une méthode pour saisir le réel, voilà qui est évident pour quiconque. D'ailleurs, après avoir dit : «je ne sais rien», il ajoute : «sauf une toute petite chose, à savoir demander et rendre raison», c'est-à-dire l'art de la discussion[122]. Par conséquent, il connaît la dialectique. En outre, il déclare ailleurs connaître l'art de l'amour, et ailleurs encore la maïeutique. Et c'est au moyen de ces trois savoirs qu'on le voit, dans le *Phèdre,* célébrer le divin, en le proclamant bon, beau et sage[123]. De même, en effet, que la dialectique pénètre toutes les sciences, de même toutes choses aspirent au bien ; par suite, il fait correspondre le bien à la dialectique ; à l'érotique, il fait correspondre le beau, puisque nous aimons ce qui est beau ; à la maïeutique, enfin, il fait correspondre le sage. Car de même que la tâche du sage est de porter à la lumière ce qui est caché dans les profondeurs de l'âme et de faire apparaître les fruits du travail d'enfantement de l'âme, de même la tâche de l'art maïeutique est de mettre au jour l'enfant qui est dans les profondeurs du sein maternel[124].

Maintenant que nous avons transcrit les arguments de ces philosophes, montrons de façon directe que Platon n'était pas de cette opinion. Comment le pourrait-il, lui qui a formellement déclaré que rien ne pourrait jamais se vanter d'échapper à la méthode de division?[125] En outre, dans le *Gorgias,* Platon fait dire ceci à Socrate, quand il oblige son interlocuteur à accorder ce qu'il demande : «si tu ne t'entends pas

120. La chassie, image rebattue : cf. Procl., *In Alc.* 281.6, et les parallèles cités par A. Segonds, n. 3 (p. 436 des Notes complémentaires).

121. Allusion à une thèse fameuse du Ier *Alcib.*, 112 E 10-113 B 7 ; commentaires de Proclus, 283.1-286.22, et d'Olympiodore, 98.21-100.2.

122-125. Voir *Notes complémentaires*, p. 62.

μιμνῄσκων ἀνακαθαίρει δίκην τῶν ἐκματτόντων τὰς λήμας τὰς ἐπιπροσθούσας τοῖς ὀφθαλμοῖς. Ἀμέλει, ὡς ἀλλαχοῦ λέγει, ὁ ἐρωτώμενός ἐστιν ὁ συμπεραίνων· διὰ τοῦτο ὃ δοκεῖ αὐτῷ δίδωσιν. Ὅτι ⟨δὲ⟩ τὸ ‘διαπορεῖν’ 11
ὁδός ἐστιν πρὸς τὸ καταλαβεῖν, παντὶ δῆλον. Καὶ ἄλλως, εἰρηκὼς ‘οὐδὲν οἶδα’ προσέθηκεν ὅτι ‘πλὴν ὀλίγου τινός, καὶ τοῦτο τοῦ λαμβάνειν λόγον καὶ διδόναι’, ἀντὶ τοῦ ‘διαλέγεσθαι’· οἶδεν ἄρα τὴν διαλεκτικήν. Λέγει δὲ πάλιν εἰδέναι ἀλλαχοῦ τὰ ἐρωτικά, ὥσπερ ἐν ἄλλοις τὴν μαιείαν. Καὶ διὰ τούτων τῶν τριῶν φαίνεται ἐν τῷ Φαίδρῳ ἀνυμνῶν τὸ θεῖον, ἀγαθὸν αὐτὸ λέγων καὶ καλὸν καὶ σοφόν. Ὥσπερ γὰρ ἡ διαλεκτικὴ διὰ πασῶν τῶν ἐπιστημῶν πεφοίτηκεν, καὶ πάντα τοῦ ἀγαθοῦ ὀρέγεται, διὰ τοῦτο οὖν ἀναλογεῖν ἔφη ἐκεῖ τῇ διαλεκτικῇ τἀγαθόν· τῇ δὲ ἐρωτικῇ τὸ καλόν, τῶν γὰρ καλῶν ἐρῶμεν· τῇ δὲ μαιευτικῇ τὸ σοφόν, ὥσπερ γὰρ τοῦ σοφοῦ ἔργον τὸ τὰ ἐν βάθει κρυπτόμενα τῆς ψυχῆς εἰς φῶς ἄγειν καὶ τὰς ὠδῖνας αὐτῆς | ἐκφαίνειν, οὕτω καὶ τῆς μαιευτικῆς ἔργον ἐστὶν τὸ ἐν βάθει ὂν παιδίον ἐκφέρειν. [207]

Ἐπεὶ οὖν οὕτως τοὺς ἐκείνων λόγους ἀνεγράψαμεν, φέρε δὴ καὶ αὐτὸ καθ' αὑτὸ δείξομεν ὡς οὐκ ἦν τῆς δόξης ταύτης ὁ Πλάτων. Πῶς γὰρ ἔχει εἶναι τοιοῦτος ὁ εἰρηκὼς καὶ ἀποφηνάμενος ὡς οὐδὲν καυχήσεται φυγεῖν τὴν τῆς διαιρέσεως μέθοδον ; Καὶ πάλιν τὸν Σωκράτην ἐν Γοργίᾳ εἰσφέρει λέγοντα καὶ ὁμολογεῖν ποιοῦντα τὸν προσδιαλεγόμενον ταῖς ἐκείνου ἐρωτήσεσιν· ἀμέλει γοῦν φησιν

10. 71-72 Pl., *Alc.* I, 112 E 10-113 B 7.
11. 3-5 Pl., *Crat.* 390 C 10-11 ; cf. *Resp.* VII 534 B 3-4 ; *Prot.* 336 B 9-C 2 || 5-6 Pl., *Symp.* 177 D 7-8 ; 198 D 1-2 ; 201 D 5 ; *Theag.* 128 B 2-3 || 6-7 Pl., *Theaet.* 150 C 2-8 || 7-9 Pl., *Phaedr.* 246 D 8-E 1 || 19-21 Pl., *Soph.* 235 C 4-6 || 21-23 Pl., *Gorg.* 472 B 3-C 2 ; 474 A 5-B 1.

11. 1 δὲ add. Hermann || 2 post παντὶ dist. V || 14 τὸ s.l. add. V || 17 ἐκείνων scripsi : -ου V || leg. ἀνετρέψαμεν ? || 18 δὴ scripsi : δὲ V || leg. δείξωμεν ? || 20 καυχήσ$\overset{η}{ε}$ται pr. m. V.

toi-même le dire, ne va pas le croire en l'entendant de la bouche d'un autre»[126]. Comment considérer un tel homme comme un sceptique ?

12. Maintenant que nous avons appris que la philosophie de Platon l'emporte sur toutes les autres, qu'il est un philosophe dogmatique et non pas un sceptique, retraçons la procession ordonnée des êtres selon Platon[127]. D'après lui, le principe universel est unique et il n'y en a pas deux, comme le pense Empédocle, ni une infinité, comme le pensent les Épicuriens. Et ce principe n'est pas un corps, comme le pensent les Stoïciens, mais il est incorporel. Et cet incorporel n'est pas vie (sinon toutes choses seraient vivantes) ni âme ni intellect (ce qui aurait les mêmes conséquences absurdes), mais l'un, que Platon appelle aussi le bien. Après ce principe il y a, dit-il, le limitant et l'illimité ; puis le monde intelligible ; puis les dieux hypercosmiques ; puis les dieux encosmiques ; puis les douze classes d'anges[128] ; puis les âmes humaines ; ensuite les âmes des animaux sans raison ; ensuite l'âme végétative ; après elle, le corps, le matériel comme l'immatériel[129], le mortel comme l'immortel ; puis la forme matérialisée ; et, pour finir, la matière.

III

13. Maintenant que nous avons étudié la vie de Platon et le caractère de sa philosophie, abordons un troisième point et traitons de ses écrits. Pour com-

126-128. Voir *Notes complémentaires*, p. 62-63.

129. Le corps immatériel, c.-à-d., le véhicule lumineux des âmes, astrales ou humaines : voir Proclus, *Elem.* 208 : Πάσης μερικῆς ψυχῆς τὸ ὄχημα ἄυλόν ἐστι καὶ ἀδιαίρετον καὶ ἀπαθές. «Le véhicule de toute âme particulière est immatériel, indivisible en sa substance et impassible» (trad. Trouillard). *Theol. plat.* III 5, 19.9-9-13, et les notes 2 et 3 (p. 116 des Notes complémentaires) ; *In Tim.* I 113.12-13.

'εἰ μὴ σαυτοῦ λέγοντος [μὴ] ἀκούσῃς, ἄλλου λέγοντος μὴ πεισθῇς'· πῶς οὖν ἐφεκτικὸν τὸν τοιοῦτον λογισόμεθα ;

Ἐπειδὴ τοίνυν μεμαθήκαμεν ὡς πασῶν προὔχει ἡ 12
τούτου φιλοσοφία καὶ ὡς δογματικός ἐστιν καὶ οὐκ ἐφεκτικός, φέρε καὶ τὴν πρόοδον καὶ τὴν τάξιν τῶν ὄντων τὴν κατὰ Πλάτωνα ὑφηγησόμεθα. Οὗτος τοίνυν μίαν ἔλεγεν τῶν πάντων ἀρχὴν καὶ οὐ δύο, ὡς Ἐμπεδοκλῆς, οὔτε ἀπείρους, ὡς οἱ Ἐπικούρειοι· καὶ ταύτην οὐ σῶμα, ὡς οἱ Στωϊκοί, ἀλλὰ ἀσώματον· καὶ ἀσώματον οὐ ζωήν, ἢ γὰρ ἂν πάντα ἔζων, οὔτε ψυχήν, οὔτε νοῦν, οὐκ ὄν, διὰ τὰ αὐτὰ ἄτοπα, ἀλλὰ τὸ ἕν, ὃ καὶ τἀγαθὸν καλεῖ. Μετὰ τοῦτό φησιν εἶναι τὸ πέρας καὶ τὸ ἄπειρον· καὶ μετὰ ταῦτα τὸν νοητὸν κόσμον· μετὰ τοῦτο τοὺς ὑπερκοσμίους θεούς· μετὰ ταῦτα τοὺς ἐγκοσμίους· μετὰ ταῦτα ἀγγέλων ιβʹ γένη· εἶτα τῶν ἀνθρώπων ψυχάς· καὶ οὕτως τὰς τῶν ἀλόγων ζῴων· καὶ ἐφεξῆς τὴν φυτικὴν ψυχήν· καὶ οὕτως τὸ σῶμα τὸ ἔνυλον καὶ ἄυλον καὶ θνητὸν καὶ ἀθάνατον· καὶ τὸ ἔνυλον εἶδος· καὶ τελευταῖον τὴν ὕλην.

γʹ

Ἐπεὶ δὲ τοῦ Πλάτωνος τὴν ἱστορίαν μεμαθήκαμεν καὶ 13
τὸ εἶδος τῆς αὐτοῦ φιλοσοφίας, φέρε καὶ τρίτου κεφαλαίου ἀπαρξώμεθα καὶ διαλεχθῶμεν περὶ τῶν συγγραμ-

11. 24-25 Pl., *Alc.* I, 114 E 7-9.
12. 5 Emped., fr. B 17 || 6 Epic., fr. 267 et 269 Us. || 7 supra **9.** 3-5 || 9 Pl., *Parm.* 137 C 4-142 A 8 ; *Resp.* VI 506 D 8-E 5 ; 508 B 12-13 || 10 Pl., *Phil.* 16 C 5-E 2 ; 23 C 9-10.

11. 24 μὴ del. Hermann.
12. 4 leg. ὑφηγησώμεθα ?

mencer, résolvons la difficulté due au fait que Platon a décidé de mettre par écrit ses propres enseignements. C'est lui-même, dit-on, qui, dans le *Phèdre,* critique ceux qui écrivent[130], en faisant valoir que les écrits, parce qu'ils sont sans vie, sont incapables de répondre aux doutes qu'ils suscitent, étant donné qu'ils répètent toujours la même chose et qu'ils ne peuvent résoudre les difficultés qu'on leur oppose. Il ne faut donc pas écrire, dit Platon, mais laisser derrière soi des élèves, qui sont des écrits vivants. Telle était l'habitude de ses prédécesseurs. Voilà pourquoi Socrate et Pythagore n'ont laissé derrière eux que des disciples et non pas des écrits[131].

Telle est donc la difficulté ; de notre côté, nous répondons que Platon, une fois encore, a imité la divinité en prenant le parti d'écrire, parce qu'il a choisi un bien plus grand au lieu d'un moindre mal. De même, en effet, que parmi les êtres qu'elle a façonnés, la divinité a fait les uns invisibles (à savoir : tous les incorporels, anges, âmes, intellects et tout ce qui leur ressemble) et les autres tombant sous notre sensation et visibles (à savoir : les corps célestes et ceux qui sont soumis au processus de génération et de corruption), de même aussi Platon a transmis ses enseignements les uns par écrit, les autres sans recourir à l'écrit et sans qu'ils tombent sous notre sensation (comme les incorporels), et ce sont ceux qu'il a exprimés dans ses entretiens[132]. De fait Aristote a écrit sur les entretiens non écrits de Platon[133]. Afin donc de montrer par-là encore son amitié envers la divinité, Platon a pris à cœur de l'imiter. Car les amis ont à cœur de s'imiter entre eux.

130. Sur cette question, soulevée dans le *Phèdre* (274 B 9-278 B 6), voir le commentaire d'Hermias, 258.8-20.

131. L'enseignement oral de Pythagore et de Socrate est traditionnellement mentionné dans les introductions à la philosophie : Ol., *In cat.* 13.36-14.1 ; El., *In isag.* 10.14-17 ; David, *In isag.* 25.28-26.4 ; Ps.-El., *In isag.* 10.14-15. Cf. *supra*, Introduction, p. LXXX.

132-133. Voir *Notes complémentaires*, p. 63.

μάτων αὐτοῦ. Πρῶτον δ' ἐπιλυσώμεθα τὴν ἀπορίαν τὴν φερομένην διὰ τὸ συγγραφῆς ἀξιῶσαι τὰ οἰκεῖα δόγματα. Αὐτὸς γάρ, φασίν, ἐν Φαίδρῳ διαβάλλει τοὺς συγγραφομένους διὰ τὸ ἄψυχα ὄντα τὰ συγγράμματα μὴ δύνασθαι λόγον δοῦναι πρὸς τὸν ἀποροῦντα ἅτε δὴ τὸ αὐτὸ φθεγγόμενα καὶ μὴ δυνάμενα ἀπορίαν φερομένην κατ' αὐτῶν ἐπιλύσασθαι· οὐ δεῖ οὖν, φησίν, συγγράφειν, ἀλλὰ μαθητὰς δεῖ καταλιμπάνειν, οἵτινές εἰσιν ἔμψυχα συγγράμματα. Τοῦτο γὰρ καὶ οἱ πρὸ αὐτοῦ εἰώθεσαν ποιεῖν· ὅθεν Σωκράτης καὶ Πυθαγόρας ἑταίρους μόνον, οὐ μὴν καὶ συγγράμματα καταλελοίπασι.

Καὶ ταῦτα μὲν ἡ ἀπορία· ἡμεῖς δὲ | λέγομεν ὅτι καὶ ἐν τούτῳ τὸ θεῖον μιμούμενος συγγράφειν ἠξίω- [208] σεν μεῖζον ἀγαθὸν ἀντὶ ἐλάττονος κακοῦ αἱρησάμενος. Ὥσπερ γὰρ ἐκεῖνό τινα τῶν ὑπ' αὐτοῦ δημιουργηθέντων ἀφανῆ ἐποίησεν, οἷά εἰσι τὰ ἀσώματα πάντα, ἄγγελοι καὶ ψυχαὶ καὶ νοῖ καὶ ἄλλα τοιαῦτα, τινὰ δὲ ὑποπίπτοντα τῇ ἡμετέρᾳ αἰσθήσει καὶ φανερὰ τυγχάνοντα, οἷά εἰσιν τὰ οὐράνια σώματα καὶ τὰ ἐν γενέσει καὶ φθορᾷ, οὕτως καὶ αὐτὸς τινὰ μὲν ἐγγράφως παραδέδωκεν, τινὰ δὲ ἀγράφως καὶ μὴ ὑποπίπτοντα τῇ αἰσθήσει δίκην τῶν ἀσωμάτων, οἷά εἰσι τὰ ἐν συνουσίαις εἰρημένα αὐτῷ. Ἀμέλει γοῦν καὶ Ἀριστοτέλει γέγραπται περὶ τῶν ἀγράφων συνουσιῶν Πλάτωνος. Ἵνα οὖν κἂν τούτῳ δείξῃ τὴν πρὸς τὸ θεῖον φιλίαν, ἐσπούδασεν αὐτὸ μιμήσασθαι· οἱ γὰρ φίλοι μιμεῖσθαι ἑαυτοὺς σπουδάζουσι.

13. 6-10 Pl., *Phaedr.* 274 B 6-278 B 6 || 26-27 Ar., fr. 27-31 Rose; cf. *Phys.* IV 2, 209 b 15.

13. 6 φασίν scripsi : φη(σιν) V || 19 οἷά εἰσι Hermann : οἷ ἄσι (ει supra) V (in exemplari fuisse puto οιασι (ει supra)) || 25 συνουσίαις Hermann : οὐσίαις V.

IV

14. Nous nous en tiendrons là sur ce sujet. Maintenant il convient de rechercher pourquoi Platon a employé le genre du dialogue[134]. Mais avant d'en connaître la raison, disons ce qu'est un dialogue. Un dialogue est donc un discours en prose constitué de questions et de réponses formulées par plusieurs personnages, dont chacun a son caractère propre[135]. On ajoute 'en prose' parce que le genre comique et le genre tragique sont en vers; or eux aussi sont constitués de questions et de réponses de plusieurs personnages, dont chacun a son caractère propre.

Il convient de rechercher[136] pourquoi Platon, qui ailleurs critique les choses compliquées[137] (par exemple, il critique l'art de jouer de la flûte, parce qu'il exige des instruments compliqués, pourvus de plusieurs trous; l'art du cithariste, parce qu'il se sert de cordes variées[138], la comédie parce qu'elle emploie des personnages divers, et la tragédie pour la même raison)[139] —, pourquoi donc Platon, qui critique tous ces arts en donnant de telles raisons, emploie-t-il la forme littéraire du dialogue, alors qu'elle exige une diversité de personnages[140]. Il faut répondre que la diversité des personnages chez les auteurs comiques et tragiques n'est pas du même ordre que celle que l'on rencontre chez Platon. Car chez les premiers, il y a de bons et de mauvais personnages, mais chacun demeure finalement ce qu'il était. Chez Platon, au contraire, bien qu'il y ait aussi de bons et de mauvais personnages, on peut néanmoins voir les mauvais, sous l'influence des bons,

134-138. Voir *Notes complémentaires*, p. 63-64.

139. À propos de Platon, *Rép.* III 394 B 3-398 B 5 : cf. Procl., *In remp.* I 49.13-54.2; Ol., *In Gorg.* 172.6-23.

140. La source hostile à Platon, dont se sert Athénée XI, 505 b, constate, elle aussi, cette contradiction.

δ'

Καὶ ταῦτα μὲν περὶ τούτων· ἄξιον δ' ἐστὶν ζητῆσαι 14
διὰ τί διαλογικῷ χαρακτῆρι ἐχρήσατο. Ἀλλὰ πρὶν ἢ τούτου τὴν αἰτίαν μάθωμεν, εἴπωμεν τί ἐστιν διάλογος. Διάλογος τοίνυν ἐστὶν λόγος ἄνευ μέτρου ἐξ ἐρωτήσεως καὶ ἀποκρίσεως ποικίλων προσώπων συγκείμενος μετὰ τῆς προσηκούσης αὐτοῖς ἠθοποιίας. Τὸ δ' 'ἄνευ μέτρου' πρόσκειται διὰ τὸν κωμικὸν καὶ τραγικὸν λόγον ἔμμετρον ὄντα· σύγκειται γὰρ καὶ αὐτὸς ἐξ ἐρωτήσεως καὶ ἀποκρίσεως ποικίλων προσώπων μετὰ τῆς δεούσης ἠθοποιίας.

Ἄξιον δ' ἐστὶν ζητῆσαι διὰ τί, ἀλλαχοῦ τοῦ Πλάτωνος διαβάλλοντος τὰ ποικίλα τῶν πραγμάτων — ἀμέλει τὴν αὐλητικὴν διαβάλλει ὡς ποικίλοις καὶ πολυτρήτοις ὀργάνοις χρωμένην, καὶ τὴν κιθαριστικὴν ὡς διαφόροις χορδαῖς, καὶ τὴν κωμικὴν διὰ τὸ διάφορον τῶν προσώπων, ὁμοίως δὲ καὶ τὴν τραγικήν — ταῦτα οὖν διὰ τοῦτο διαβάλλων διὰ τί αὐτὸς ἐκ ποικίλων προσώπων συγκειμένου τοῦ διαλόγου κέχρηται τῇ τοιαύτῃ συγγραφικῇ ἰδέᾳ. Ἢ ἐκεῖνο δεῖ λέγειν ὡς οὐκ ἔστιν τοιοῦτον τὸ ποικίλον τῶν προσώπων τῶν παρὰ κωμῳδοῖς καὶ τραγῳδοῖς οἷόν ἐστιν τὸ παρὰ Πλάτωνι. Ἐν ἐκείνοις γὰρ ἀγαθῶν καὶ κακῶν ὄντων προσώπων ἐπὶ ταὐτῷ μένειν συμβαίνει τὰ πρόσωπα, παρὰ Πλάτωνι δέ, εἰ καὶ ἔστιν τοῦτο εὑρεῖν, ἀγαθὰ λέγω καὶ κακὰ πρόσωπα, ἀλλ' ἔστιν ἰδεῖν ἀμειβόμενα τὰ κακὰ ὑπὸ τῶν ἀγαθῶν καὶ διδασκό-

14. 11-12 Pl., *Resp.* III 399 E 9 ; 404 E 3 || 12-14 *ibid.* 399 D 3-5 || 14-15 cf. *ibid.* 399 D 7-8 || 15-16 *ibid.* 394 B 3-398 B 5.

14. 20 ποικίλον Hermann : -ων V || 22 ταὐτῷ scripsi : ταὐτὸ V.

changer, s'instruire, se purifier et dans tous les cas s'écarter de leur genre de vie matériel[141]. Par conséquent, autre est la vérité des personnages chez les premiers, autre celle que l'on trouve chez Platon, donc il n'y a pas de contradiction chez Platon.

15. Il faut maintenant dire les raisons pour lesquelles Platon a utilisé cette forme littéraire. Eh bien ! nous affirmons qu'il a fait cela parce que le dialogue est, en quelque sorte, un univers[142]. De même, en effet, que dans le dialogue il y a des personnages différents qui s'expriment chacun comme il lui sied, de même aussi dans l'univers entier il y a des natures différentes qui s'expriment de façon différente ; car chacun s'exprime selon sa propre nature. C'est donc pour imiter les œuvres divines (je veux dire l'univers) que Platon a agi ainsi.

Il a donc agi de cette façon ou bien pour cette raison ou bien parce que c'est l'univers qui est un dialogue. De même en effet que dans l'univers il y a des natures supérieures et des natures inférieures et que l'âme, au cours de son séjour dans le monde, tantôt se joint aux êtres supérieurs, tantôt aux êtres inférieurs[143], de même aussi dans le dialogue y-a-t-il des personnages qui réfutent et d'autres qui sont réfutés, et notre âme, comme une sorte de juge, tantôt prend le parti de celui qui réfute, tantôt le parti de celui qui est réfuté.

On pourrait encore faire valoir avec Platon lui-même que l'œuvre littéraire est analogue à un vivant[144], et donc que la plus belle œuvre doit être analogue au plus beau des vivants. Or le plus beau des vivants est l'univers ; et le dialogue est analogue à l'univers, comme nous l'avons dit plus haut. Par conséquent, le dialogue est l'œuvre littéraire la plus belle.

Voici un quatrième argument. Puisque notre âme se plaît à l'imitation et que le dialogue est une imitation de différents personnages, c'est en quelque sorte afin d'enchanter notre âme que Platon a adopté ce genre

141-144. Voir *Notes complémentaires*, p. 64.

μενα καὶ καθαιρόμενα καὶ τῆς ἐνύλου ζωῆς ἀπαναχωροῦντα πάντως. Ὥστε ἄλλο ἐστὶν τὸ παρ' ἐκείνοις ποικίλον καὶ ἄλλο τὸ παρὰ τούτῳ· οὐκ ἄρα τοῖς ἐναντίοις ὑπέπεσεν.

| Δεῖ οὖν εἰπεῖν τὰς αἰτίας δι' ἃς τοιούτῳ εἴδει 15
συγγραφῆς ἐχρήσατο. Λέγομεν τοίνυν ὅτι τοῦτο ἐποίη- [209]
σεν ἐπειδὴ ὁ διάλογος οἷον κόσμος ἐστίν. Ὥσπερ γὰρ ἐν τῷ διαλόγῳ διάφορα πρόσωπά εἰσιν φθεγγόμενα καθὼς ἑκάστῳ πρέπει, οὕτω καὶ ἐν τῷ ὅλῳ κόσμῳ διάφοροί εἰσιν φύσεις φθογγὴν διάφορον ἀφιεῖσαι· φθέγγεται γὰρ ἕκαστος κατὰ τὴν οἰκείαν φύσιν. Μιμούμενος οὖν τὰ θεῖα δημιουργήματα, τὸν κόσμον λέγω, καὶ τοῦτο ἐποίησεν.

Ἢ οὖν διὰ τοῦτο ἢ ἐπειδὴ ὁ κόσμος διάλογός ἐστιν. Ὥσπερ γὰρ ἐν τῷ κόσμῳ εἰσὶ φύσεις τινὲς μὲν ὑπέρτεραι, τινὲς δὲ καταδεέστεραι, καὶ ἐμμένουσα ἡ ψυχὴ ποτὲ μὲν τοῖς ὑπερτέροις συντίθεται, ποτὲ δὲ τοῖς ὑποδεεστέροις, οὕτως καὶ ἐν τῷ διαλόγῳ εἰσὶν πρόσωπα τινὰ μὲν ἐλέγχοντα, τινὰ δὲ ἐλεγχόμενα, καὶ ἡ ψυχὴ ἡμῶν οἷον δικαστής τις οὖσα ποτὲ μὲν τοῖς ἐλέγχουσι ἐκδίδωσιν ἑαυτήν, ποτὲ δὲ τοῖς ἐλεγχομένοις.

Ἢ ἐπειδή, ὡς αὐτὸς λέγει ὁ Πλάτων, ὁ λόγος ζῴῳ ἀναλογεῖ, οὐκοῦν καὶ τῷ καλλίστῳ τῶν ζῴων ὁ κάλλιστος λόγος ἀναλογήσει· κάλλιστον δὲ ζῷόν ἐστιν ὁ κόσμος· τούτῳ δὲ ἀναλογεῖ ὁ διάλογος, ὡς ἀνωτέρω εἰρήκαμεν· ὁ διάλογος ἄρα κάλλιστός ἐστιν λόγος.

Τέταρτος λόγος ἐστὶν τοιοῦτος· ἐπειδὴ ἡ ἡμετέρα ψυχὴ τῇ μιμήσει χαίρει, μίμησις δ' ὁ διάλογος διαφόρων προσώπων, ἵνα οὖν οἷον θέλξῃ τὴν ἡμετέραν ψυχὴν τοῦτο

15. 18-20 Pl., *Phaedr.* 264 C 2-5 || 20 Pl., *Tim.* 92 C 5-9.

15. 6 φύσεις Hermann : φάσεις V.

littéraire. Et que notre âme se plaise à l'imitation, c'est ce que met en évidence le fait que, dans notre enfance, nous sommes amateurs de mythes[145].

Un autre argument est le suivant. Platon a adopté cette forme de composition pour ne pas nous transmettre l'enseignement des réalités tout nu et sans le rapporter à des personnages. Par exemple, quand il discute de l'amitié, il ne veut pas suggérer l'amitié pure et simple, mais celle qui apparaît dans tel personnage ; et quand il discute de l'ambition, il n'en discute pas en elle-même, mais telle qu'elle apparaît dans tel personnage. Ainsi en effet, notre âme, voyant que certains personnages sont, par exemple, réfutés ou loués, est plus efficacement amenée à s'associer aux réfutations et à rivaliser avec ceux qui sont loués. Cela ressemble à ce qui arrive aux âmes qui, dans l'Hadès, voient d'autres âmes être châtiées pour leurs fautes, et qui sont assagies par la crainte des châtiments que subissent ces âmes[146].

Sixièmement, Platon a adopté la forme littéraire du dialogue pour imiter la dialectique[147]. Car de même que la dialectique procède par questions et réponses, de même aussi le dialogue est constitué par les questions et les réponses des personnages. C'est donc pour contraindre son lecteur à donner son assentiment à ce qui est dit, tout comme la dialectique contraint l'âme à mettre au jour les fruits du travail qui se poursuit en elle (car l'âme, selon Platon, ne ressemble pas à une tablette dépourvue d'écriture)[148] —, c'est donc pour cette raison que Platon a employé ce genre littéraire.

Septièmement : c'est pour que nous prêtions attention à ce qui se dit à cause de la diversité des interlocuteurs[149] et pour que, pour ainsi dire, nous ne tombions pas dans une somnolence en entendant sans arrêt l'enseignement d'une seule et même personne ; c'est ce qui est arrivé à Eschine le rhéteur pendant un

145. Cf. Procl., *In remp.* I 46.14-15 ; Ol., *In Gorg.* 237.14-23 ; El., *In isag.* 27.15-16 ; Ps.-El., *In isag.* 18.14.

146-149. Voir *Notes complémentaires*, p. 64.

πεποίηκεν. Ὅτι δὲ χαίρει τῇ μιμήσει ἡ ψυχὴ ἡμῶν, δηλοῖ τὸ παῖδας ἡμᾶς ὄντας φιλομύθους εἶναι.

Ἕτερος δ᾽ ἐστὶν ἐπὶ τούτῳ λόγος τοιοῦτος, ὅτι διὰ τοῦτο τοιοῦτον εἶδος συγγραφῆς ἐπετήδευσεν, ἵνα μὴ ψιλὰ τὰ πράγματα καὶ γυμνὰ προσώπων παραδῷ ἡμῖν· οἷον περὶ φιλίας διαλεγόμενος, ἵνα μὴ αὐτῆς ψιλῆς μνημονεύσῃ ἀλλὰ τῆς ἐν τῷδε γενομένης, καὶ περὶ φιλοτιμίας οὐκ αὐτῆς καθ᾽ ἑαυτὴν ἀλλὰ τῆς ἐν τῷδε. Οὕτως γὰρ μᾶλλον ἡ ἡμετέρα ψυχὴ ὁρῶσα ἄλλους οἷον ἐλεγχομένους ἢ ἐπαινουμένους ἀναγκάζεται συγκατατίθεσθαι τοῖς ἐλέγχοις ἢ ζηλοῦν τοὺς ἐπαινουμένους· καὶ ἔοικεν τοῦτο ταῖς ὁρώσαις ψυχαῖς ἐν ᾅδου ἄλλας ἁμαρτήμασι τιμωρουμένας καὶ σωφρονούσαις τῷ φόβῳ τῶν τιμωριῶν τῶν ἐν ἐκείναις γινομένων.

Ἕκτον διὰ τὸ διαλεκτικὴν μιμήσασθαι τὸ διαλογικὸν εἶδος ἐπετήδευσεν. Ὥσπερ γὰρ ἐκεῖνο ἐξ ἐρωτήσεως καὶ ἀποκρίσεως προέρχεται, οὕτως καὶ ὁ διάλογος ἐκ προσώπων ἐρωτωμένων καὶ ἀποκρινομένων· ἵνα οὖν δίκην τῆς διαλεκτικῆς ἀναγκαζούσης τὴν ψυχὴν τὰς ὠδῖνας ἃς ἐν αὐτῇ ἔχει τῶν πραγμάτων ἐκφᾶ|ναι — οὐ γὰρ ἀγράφῳ γραμματείῳ ἔοικεν ἡ ψυχὴ κατ᾽ αὐτόν — [210] συγκατατίθεσθαι τοῖς λεγομένοις, τούτου χάριν τοιούτῳ τρόπῳ συγγραφῆς ἐχρήσατο.

Ἕβδομον ἵνα οἷον πρόσσχωμεν τοῖς λεγομένοις τῷ διαφόρους εἶναι τοὺς λέγοντας καὶ μὴ ἑνὸς ὄντος ἀεὶ τοῦ διδάσκοντος οἷον ἀπονυστάξωμεν καὶ πάθωμεν ὅπερ Αἰσχίνης [ἐπεπόνθη] ὁ ῥήτωρ παριὼν διὰ τὸ εἷς εἶναι καὶ

15. 31-32 Pl., *Lysis* || 32-33 Pl., *Alc.* I ; cf. infra **23.** 21-25 || 37-39 Pl., *Gorg.* 525 B 1-C 8 || 46 Ar., *De an.* III 4, 429 b 31 || 52-58 cf. Aeschin., *Or.* 3.192.

15. 37 ἄλλας Hermann : ἀλλὰ V || 38 σωφρονούσαις Hermann : -ας V || 41 expectes ἐκείνη || 43 debebat ἐρωτώντων (Hermann) || 43-48 hiat oratio || 49 τῷ Hermann : τὸ V || 52 ἐπεπόνθη del. Hermann.

de ses discours, parce que c'était une seule et même personne qui prononçait le discours d'un bout à l'autre. Prononçant son discours du haut de la tribune, il ne pouvait tenir éveillé son auditoire, parce qu'il n'y avait pas de discussions avec questions et réponses, mais les juges étaient plongés dans le sommeil. S'en apercevant, l'orateur leur dit : « Puissiez-vous faire de beaux rêves au sujet de notre procès ! »[150] Ceux qui discutent sont donc tenus éveillés par les questions et les réponses. En tout cas Alcibiade était tellement excité par les discours de Socrate qu'il dit à son sujet : « Socrate, quand je t'entends, mon cœur fait des bonds comme si j'étais en transe, et il me vient des larmes ». Car s'il arrive que ces discours s'emparent d'un homme aussi bien doué, il est aussi difficile de leur faire lâcher prise qu'à une féroce vipère[151]. C'est donc pour toutes ces raisons que Platon a adopté la forme d'expression dialoguée.

V

16. Comme cinquième point, nous devons rechercher combien d'éléments constituent chacun des dialogues de Platon[152]. Et puisque nous avons appris que le dialogue est un univers et l'univers un dialogue, autant l'univers a de composants, autant nous en trouverons dans les dialogues. Or il y a dans l'univers : la matière, la forme, la nature (c'est elle qui dépose la forme dans la matière), l'âme, l'intellect et la divinité[153].

Dans le dialogue, ce qui correspond à la matière, ce sont les personnages ainsi que les circonstances de temps et de lieu dans lesquelles Platon a placé son

150. Voir *Notes complémentaires*, p. 64-65.

151. Allusion à Platon (*Symp.* 218 A 4-6), qui se trouve déjà chez Ol., *In Alc.* 113.22-24.

152-153. Voir *Notes complémentaires*, p. 65.

ὁ αὐτὸς ὁ λέγων ἀπ' ἀρχῆς ἄχρι τέλους πέπονθεν. Οὗτος γὰρ ἐν βήματι ὢν καὶ λέγων διὰ τὸ μὴ προσδιαλέγεσθαι καὶ ἐρωτᾶν καὶ ἐρωτᾶσθαι οὐ διήγειρεν τοὺς ἀκροατάς, ἀλλ' εἰς ὕπνον κατηνέχθησαν οἱ δικάζοντες· ὅπερ ἑωρακὼς ὁ ῥήτωρ φησὶν πρὸς αὐτοὺς 'γένοιτο ὑμᾶς ὄναρ χρηστὸν ἑωρακέναι περὶ τῆς δίκης'. Οἱ οὖν προσδιαλεγόμενοι διὰ τὸ ἐρωτᾶν καὶ ἐρωτᾶσθαι διεγείρονται· ἀμέλει γοῦν καὶ ὁ Ἀλκιβιάδης οὕτως διεγείρετο πρὸς τοὺς λόγους Σωκράτους ὡς εἰπεῖν περὶ αὐτοῦ ὅτι '῏Ω Σώκρατες, οὕτως μου ἀναπηδᾷ ἡ καρδία ἐκ τοῦ λόγου τοῦ σοῦ καθάπερ οἱ κορυβαντιῶντες, καὶ δακρύω'. Τοιούτου γὰρ εἰ δράξωνται εὐφυοῦς ἀνδρός, ἔχονται αὐτοῦ δίκην ἀγρίας ἐχίδνης δυσαπολύτως. Διὰ ταῦτα οὖν πάντα τὸ διαλογικὸν εἶδος τῆς ἑρμηνείας ἐπετήδευσεν.

ε'

Πέμπτον ἐπὶ τοῖς εἰρημένοις κεφάλαιον ζητήσωμεν 16
πόσα ἐστὶν τὰ συνιστῶντα ἕκαστον τῶν Πλάτωνος διαλόγων. Ἐπεὶ τοίνυν μεμαθήκαμεν ὡς ὁ διάλογος κόσμος ἐστὶν καὶ ὁ κόσμος διάλογος, ὅσα εἰσὶν τὰ συνιστῶντα τὸν κόσμον, τοσαῦτα καὶ τοὺς διαλόγους εὑρήσομεν. Εἰσὶν τοίνυν ἐν τῷ ὅλῳ κόσμῳ ὕλη, εἶδος, φύσις ἡ τὸ εἶδος ἐνθεῖσα τῇ ὕλῃ, ψυχή, νοῦς καὶ θεότης.

Ἐν δὲ τῷ διαλόγῳ ἀναλογεῖ μὲν τῇ ὕλῃ τὰ πρόσωπα καὶ ὁ χρόνος καὶ ὁ τόπος ἐν ᾧ τοὺς διαλόγους ἔγραψεν

15. 60-63 Pl., *Symp.* 215 E 1-3 || 64-65 *ibid.* 218 A 4-6.
16. 3-4 cf. supra **15.** 2-17.

15. 57 ὑμᾶς Hermann : ἡμᾶς V || 60 διηγείρετο Hermann || 61 αὐτοῦ ex αὑτοῦ V || 64 δράξωνται scripsi : -ονται V.
16. 7 ἐνθεῖσα Hermann (cf. **22**, 24, 48, 49) : ἐνοῦσα V.

dialogue[154]. Cependant, alors que nous sommes capables de trouver dans chaque dialogue les personnages, nous ne pouvons pas toujours indiquer les circonstances de temps et de lieu, par exemple dans le *Minos* et le *Clitophon*. Et ce n'est pas sans raison. En effet, ce sont les personnages, et non pas les circonstances de temps ou de lieu, qui constituent la matière à proprement parler. De même donc que dans le cas des êtres soumis à la génération il y a forcément une matière et que si cette matière vient à manquer il n'y a pas de génération, parce qu'une des causes manque, tandis que le temps et le lieu n'ont qu'une valeur de conditions *sine qua non*[155], de même aussi en l'absence de personnages il n'existe tout simplement pas de dialogue, puisque nous avons donné comme définition du dialogue 'un discours constitué des questions et des réponses des personnages'. C'est pourquoi nous pouvons toujours trouver les personnages, mais non pas toujours les circonstances de temps et de lieu.

Maintenant ces personnages ou bien possèdent la science ou bien une opinion droite ou bien sont dans l'ignorance[156]. Et dans ce dernier cas, ils souffrent <ou bien> de l'ignorance simple ou bien de l'ignorance double ou bien de l'ignorance suprême ou bien de l'ignorance sophistique[157]. Il y a ignorance simple lorsque l'on ignore telle chose déterminée et que l'on sait qu'on l'ignore. Il y a ignorance double quand on ignore telle chose déterminée et que l'on ne sait pas qu'on l'ignore, comme le dit Socrate dans le *Phèdre* : «Je ne suis pas capable, suivant l'inscription delphique, de me connaître moi-même». Il y a ignorance suprême quand on ignore et que l'on sait que l'on ignore, mais que, dominé par la passion que l'on éprouve pour l'opinion contraire, on refuse d'abandonner sa propre ignorance. Enfin, il y a ignorance sophistique lorsque l'on ignore quelque chose, mais qu'on s'efforce, au moyen de raisonnements spécieux, de masquer sa

154-157. Voir *Notes complémentaires*, p. 65-67.

ὁ Πλάτων. Ἀλλὰ τῶν μὲν προσώπων ἐν παντὶ διαλόγῳ ἐστὶν εὐπορῆσαι, χρόνον δὲ καὶ τόπον οὐκ ἐν παντὶ δυνάμεθα λέγειν, καθάπερ ἐν Μίνωϊ καὶ Κλειτοφῶντι· καὶ τοῦτο εἰκότως. Ἡ γὰρ κυρίως ὕλη τὰ πρόσωπά ἐστιν, οὐχ ὁ χρόνος καὶ ὁ τόπος. Ὥσπερ οὖν ἐν τοῖς γινομένοις ἀνάγκη ἐστὶν ὕλην εἶναι καὶ ταύτης ἀπούσης ὡς ἑνὸς τῶν αἰτίων οὔσης οὐ γίνεται τὸ γινόμενον, χρόνος δὲ καὶ τόπος τὸν ὧν οὐκ ἄνευ λόγον ἐπέχει, οὕτως προσώπων ἀπόντων οὐκ ἔστιν ὅλως διάλογος, ἐπειδὴ ἐν τῷ ὁρισμῷ τοῦ διαλόγου ἐλέγομεν ὅτι ἐκ πολλῶν προσώπων ἐρωτώντων τε καὶ ἐρωτωμένων σύγκειται ὁ διάλογος. Διὰ ταύτην οὖν τὴν αἰτίαν προσώπων μὲν εὐποροῦμεν, χρόνου δὲ καὶ τόπου οὐκ ἀεί.

Ταῦτα δὲ τὰ πρόσωπα ἢ ἐπι|στημονικά ἐστιν ἢ ὀρθο- [211]
δοξαστικὰ ἢ ἀμαθῆ· καὶ ἀμαθῆ ⟨ἢ⟩ τὴν ἁπλῆν ἄγνοιαν ἀγνοοῦντα ἢ τὴν διπλῆν ἢ τὴν μεγίστην ἢ τὴν σοφιστικήν. Ἁπλῆ μὲν οὖν ἐστιν ἀμαθία ὅταν τις ἀγνοῇ τόδε τι [εἶναι] καὶ οἶδεν ὅτι ἀγνοεῖ· διπλῆ ἐστιν ὅταν καὶ ἀγνοῇ τόδε τι καὶ μὴ γινώσκῃ ὅτι ἀγνοεῖ, ὡς φησὶν ἐν Φαίδρῳ 'Οὐ δύναμαι κατὰ τὸ Δελφικὸν γράμμα γνῶναι ἐμαυτόν'· μεγίστη δ' ἄγνοιά ἐστιν ὅταν καὶ ἀγνοῇ καὶ οἶδεν ὅτι ἀγνοεῖ, κρατούμενος δ' ὑπὸ τοῦ πάθους τοῦ ἐναντίου δόγματος οὐκ ἀφίσταται τῆς οἰκείας ἀγνοίας· σοφιστικὴ δ' ἐστὶν ἄγνοια ὅταν ἀγνοῇ μέν τις, σπεύδῃ δὲ διὰ πιθανολογίας ἐπικαλύψαι τὴν οἰκείαν ἄγνοιαν.

16. 18-20 cf. supra **14.** 4-6 || 26-27 Pl., *Soph.* 229 B 7-C 10; cf. *Alc.* I, 117 E 9-118 A 6 || 29-30 Pl., *Phaedr.* 229 E 5-6 || 30-32 cf. Pl., *Prot.* 357 E 2 || 33-34 Pl., *Soph.* 267 E 10-268 A 4.

16. 24 ἢ addidi || 27 εἶναι deleui || ἀγνοεῖ Hermann : -ῆι V.

propre ignorance. Ces personnages ne sont pas totalement historiques (car Platon ne pouvait traiter en historien le moindre détail, par exemple le fait que Socrate repliait la jambe), mais ce qu'il dit des personnages n'est pas entièrement fictif (sinon ils n'auraient plus aucune vérité) ; Platon retient plutôt ce qui tend à mettre en valeur une chose, à la façon des peintres qui choisissent les couleurs appropriées pour peindre une figure[158]. En voilà assez concernant les personnages.

Quant au temps, Platon a donné ses dialogues non pas dans n'importe quel temps, mais à un moment où avaient lieu des solennités ou des fêtes en l'honneur des dieux, pour qu'à ce moment ses écrits soient récités et déclamés comme des hymnes, puisqu'au cours des fêtes nous avons coutume de faire entendre des hymnes. En tout cas, il a donné le *Timée* lors des Bendidies (c'est une fête en l'honneur d'Artémis que l'on célèbre au Pirée), le *Parménide* lors des Panathénées, et d'autres dialogues en d'autres fêtes[159]. En voilà assez concernant les circonstances de temps.

Pour ce qui est du lieu : Platon le veut différent pour chaque dialogue. Du vivant de Socrate, Platon plaçait la scène de ses dialogues à Athènes, mais après la mort de Socrate il ne les a plus placés à Athènes, parce qu'il jugeait les Athéniens indignes de paraître dans ses entretiens[160]. En tout cas, il a placé le *Banquet* dans la maison d'Agathon, la *République* au Pirée, le *Phèdre* dans le sanctuaire des Nymphes, le *Timée* non pas dans un lieu particulier, mais dans la cité[161], et d'autres dialogues en d'autres lieux. En voilà assez pour les circonstances de lieu.

17. Tout cela donc correspond à la matière, tandis qu'à la forme correspond le style. Or ce dernier est soit ample soit grêle soit mixte[162] ; et quand il est mixte, il

158. Pour tout ce paragraphe, comparer Procl., *In Alc.* 18.5-19.12, où il se réfère à un autre de ses ouvrages (ἐν ἄλλοις, 19.3) probablement encore les *Prolégomènes* (ci-dessus, Introduction, p. LVIII-LIX).

159-162. Voir *Notes complémentaires*, p. 67.

Ταῦτα δὲ τὰ πρόσωπα οὔτε πάντη κέκτηνται τὸ ἱστορικόν (οὐ γὰρ ἂν καὶ τὰ μικρότατα εἶχεν ἱστορῆσαι ὁ Πλάτων, οἷον ὅτι συνέκαμψεν τὸ σκέλος ὁ Σωκράτης), ἀλλ' οὔτε πάντα πλασματώδη εἰσὶν τὰ περὶ τὰ πρόσωπα (οὐ γὰρ ἂν ἐκέκτηντο τὸ ἀληθές), ἀλλὰ τὰ εἰς ἑνὸς πράγματος ἀπόδειξιν συντείνοντα λέγει [δ'] ὁ Πλάτων δίκην τῶν γραφέων τῶν ἐκλεγομένων τὰ ἐπιτήδεια χρώματα πρὸς ἑνὸς εἴδους γραφήν. Τοσαῦτα μὲν περὶ τῶν προσώπων.

Ἐν χρόνῳ δὲ τοὺς διαλόγους ἐξέδωκεν οὐ τῷ τυχόντι, ἀλλ' ἐν ᾧ πανηγύρεις ἦσαν καὶ ἑορταὶ τῶν θεῶν, ἵνα τότε καθάπερ ὕμνοι ἀνυμνῶνται καὶ κηρύττωνται τὰ συγγράμματα αὐτοῦ, ἐν γὰρ ταῖς ἑορταῖς εἰώθαμεν τοὺς ὕμνους λέγειν. Ἀμέλει γοῦν Τίμαιον μὲν ἐν τοῖς Βενδιδίοις (ἑορτὴ δ' αὕτη τίς ἐστιν τῆς Ἀρτέμιδος ἐν τῷ Πειραιεῖ), Παρμενίδην δ' ἐν τοῖς Παναθηναίοις ἐξέδωκεν, καὶ ἄλλον ἐν ἄλλῃ ἑορτῇ. Τοσαῦτα καὶ περὶ τοῦ χρόνου.

Τόπον δὲ ἄλλοτε ἄλλον εἰσάγει τοῖς ἰδίοις διαλόγοις. Ζῶντος μὲν γὰρ Σωκράτους ἐν ταῖς Ἀθήναις ἐποιεῖτο τὰς σκηνὰς τῶν διαλόγων, θανόντος δ' αὐτοῦ οὐκέτι ἐν Ἀθήναις διὰ τὸ ἀναξίους ἡγεῖσθαι Ἀθηναίους τῶν οἰκείων λόγων. Ἀμέλει γοῦν τὸ μὲν Συμπόσιον ἐν τῇ Ἀγάθωνος οἰκίᾳ ἐποιήσατο, τὴν Πολιτείαν δ' ἐν τῷ Πειραιεῖ, τὸν δὲ Φαῖδρον ἐν τῷ Νυμφῶν ἱερῷ, τὸν δὲ Τίμαιον οὐκ ἔν τινι μερικῷ τόπῳ, ἀλλ' ἐν πόλει, καὶ ἄλλον ἐν ἄλλῳ τόπῳ. Τοσαῦτα καὶ διὰ τὸν τόπον.

Ταῦτα μὲν οὖν ἀναλογοῦσιν ὕλῃ, τῷ δ' εἴδει ἀναλογεῖ 17
ὁ χαρακτήρ. Οὗτος δ' ἢ ἁδρὸς ἢ ἰσχνὸς ἢ μικτός· καὶ

16. 36-37 Pl., *Phaed.* 60 B 1-2 || 40-42 cf. Pl., *Gorg.* 503 E 4-504 A 1 || 43-47 Pl., *Tim.* 21 A 2-3 || 47-49 Pl., *Resp.* I 354 A 10-11 (cf. 327 A 1-B 1); *Tim.* 21 A 2-5 || 49-50 Pl., *Parm.* 127 A 7-B 1 || 55-56 Pl., *Symp.* 174 A 6 || 56-57 Pl., *Resp.* I 327 A 1 || 57 Pl., *Phaedr.* 230 B 7-8 || 57-58 cf. Pl., *Tim.* 20 C 6-8; 21 A 2-3.

16. 40 δ' deleui.

l'est soit par mélange soit par juxtaposition[163]. Platon emploie le style ample dans ses dialogues théologiques <et> le style grêle dans ses autres dialogues, parce qu'il imite les réalités par son style. Mais avant d'apprendre dans quel dialogue Platon emploie le style mixte par mélange, disons d'abord la nature et la qualité de ce style. Nous disons donc : si le style est modérément ample ou si le style grêle comporte une petite part d'ampleur, on est en présence du style mixte par mélange ; on est en présence du style mixte par juxtaposition, lorsqu'une partie du dialogue est écrite en style grêle et une autre en style ample. C'est ainsi que Platon a composé le *Gorgias* : en effet, ce qui précède le mythe est en style grêle, tandis que le mythe est en style ample, pour la raison qu'on vient tout juste de mentionner, à savoir que Platon exprime ce qui est théologique au moyen du style ample, et ce qui est logique au moyen du style grêle. Quant au style mixte par mélange, Platon l'emploie dans les dialogues éthiques, parce qu'il y discute de la vertu ; or les vertus sont des justes milieux et le style mixte par mélange est, à proprement parler, le style moyen.

Le mode de la rencontre correspond à la nature. Ce mode est soit l'exposition soit la recherche soit un mixte[164]. On est en présence d'exposition, lorsque Platon propose ses opinions sans se livrer à aucune recherche ou démonstration ; on est en présence d'une recherche, lorsque Platon poursuit une recherche ; enfin le mode mixte est composé des deux précédents. En outre, chacun des deux modes extrêmes se subdivise en deux. En effet, l'exposition peut être théorétique ou politique, et la recherche, une controverse ou un exercice. Platon emploie l'exposition théorétique dans ses dialogues de théologie, et l'exposition politique dans la *République*[165].

163. Distinction stoïcienne (*SVF* II fr. 471, p. 153.2-6 et 12-23), qui, ailleurs, s'applique à la physique, jamais au style.

164-165. Voir *Notes complémentaires*, p. 67-68.

εἰ μικτός, ἢ κατὰ κρᾶσιν ἢ κατὰ παράθεσιν. Κέχρηται δὲ τῷ μὲν ἁδρῷ ἐν τοῖς θεολογικοῖς διαλόγοις, τῷ ⟨δὲ⟩ ἰσχνῷ ἐν τοῖς ἄλλοις διαλόγοις, μιμούμενος ἐν τῇ φράσει τὰ πράγματα. Πρὶν ἢ | δὲ μάθωμεν ἐν τίνι κέχρηται τῷ [212]
μικτῷ κατὰ κρᾶσιν, εἴπωμεν πρῶτον τίς ἐστιν καὶ ποῖος ὁ μικτὸς κατὰ κρᾶσιν. Λέγομεν τοίνυν ὅτι ὁ ὑφειμένως ἁδρὸς ἢ ὁ ἰσχνὸς ὁ ἔχων ὀλίγην ἁδρότητα, οὗτος κατὰ κρᾶσίν ἐστιν· κατὰ παράθεσιν δέ, ὅταν μέρος μὲν τοῦ διαλόγου ἰσχνῶς πέφρασται, μέρος δ' ἁδρῶς, καθάπερ ἐν τῷ Γοργίᾳ ποιεῖ. Τὰ μὲν γὰρ προηγούμενα τοῦ μύθου ἰσχνῶς πέφρασται, τὰ δ' ἐν τῷ μύθῳ ἁδρῶς διὰ τὴν αἰτίαν τὴν εἰρημένην προσεχῶς, ὅτι τὰ θεολογικὰ ἁδρῶς, τὰ δὲ λογικὰ ἰσχνῶς φράζει. Τῷ δὲ κατὰ κρᾶσιν μικτῷ κέχρηται ἐν τοῖς ἠθικοῖς διαλόγοις, ἐπειδὴ περὶ ἀρετῆς διαλέγεται ἐν αὐτοῖς, αἱ ἀρεταὶ δὲ μεσότητές εἰσιν· κυρίως δὲ μέσος ἐστὶν ὁ κατὰ κρᾶσιν μικτὸς χαρακτήρ.

Ὁ δὲ τρόπος τῆς συνουσίας ἀναλογεῖ τῇ φύσει. Οὗτος δὲ ἢ ὑφηγηματικός ἐστιν ἢ ζητηματικὸς ἢ μικτός· καὶ ἔστι μὲν ὑφηγηματικὸς τρόπος ὅταν τὰ ἑαυτῷ δοκοῦντα δίχα πάσης ζητήσεως καὶ ἀποδείξεως προβάλληται, ζητηματικὸς δὲ ὅταν ζητῇ, μικτὸς δὲ ὁ ἐξ ἀμφοῖν συγκρινόμενος. Δίχα δὲ διαιρεῖται ἑκάτερος τῶν ἄκρων· τοῦ γὰρ ὑφηγηματικοῦ ὁ μέν ἐστιν θεωρητικός, ὁ δὲ πολιτικός, καὶ τοῦ ζητηματικοῦ ὁ μέν ἐστιν ἀγωνιστικός, ὁ δὲ γυμναστικός. Κέχρηται δὲ τῷ μὲν ὑφηγηματικῷ θεωρητικῷ ἐν τοῖς θεολογικοῖς, τῷ δὲ ὑφηγηματικῷ πολιτικῷ ἐν ταῖς Πολιτείαις.

17. 17 Ar., *Eth. Nic.* II 5, 1106 b 27.

17. 4 τῷ[1] Hermann : τὸ V || δὲ add. Hermann || 15 τῷ Hermann : τὸ V || 27 τῷ Hermann : τὸ V.

À l'âme correspondent les démonstrations, car c'est l'âme qui les produit, et à l'intellect correspond le problème autour duquel se projettent les démonstrations à la manière d'une circonférence. Et c'est à bon droit que l'on compare le problème à l'intellect. En effet, de même que l'intellect est indivisible et qu'il est conçu comme le centre d'un cercle, tandis que se disposent autour de lui les processus discursifs à la façon d'une circonférence qui se déroule autour du centre[166], de même en va-t-il pour le problème, et autour de lui, à la façon d'une circonférence, se déploient les démonstrations qui cherchent à capturer l'objet du problème. Enfin, à <la divinité> correspond le bien visé par le dialogue.

Voilà pour cette façon de voir. On peut aussi montrer d'une autre façon que les éléments qui constituent le dialogue correspondent à ceux qui composent le monde. En effet, puisqu'il y a six causes pour toute réalité qui vient au monde (à savoir les causes matérielle, formelle, efficiente, finale, exemplaire et instrumentale)[167], à la cause matérielle correspondent les personnages, le temps et le lieu ; à la cause formelle, le style ; à la cause efficiente, l'âme ; à la cause instrumentale, les démonstrations ; à la cause exemplaire, les problèmes ; à la cause finale, le bien visé par le dialogue.

VI

18. Comme sixième point, il nous faut rechercher d'où Platon tire les titres de ses dialogues. Eh bien ! nous disons qu'il les tire des personnages ou bien des réalités[168]. Si c'est des personnages, ils peuvent ou bien donner un enseignement ou bien le recevoir ou bien remplir une fonction. De personnages donnant un

166-167. Voir *Notes complémentaires*, p. 68.

168. Texte parallèle : Procl., *In remp.* I 8.16-23 (cité ci-dessus, Introduction, p. LXV).

Τῇ δὲ ψυχῇ ἀναλογοῦσιν αἱ ἀποδείξεις, τὰς γὰρ ἀποδείξεις αὕτη προβάλλεται· τῷ δὲ νῷ τὸ πρόβλημα, περὶ ὃ αἱ ἀποδείξεις δίκην περιφερείας προβάλλονται. Καὶ εἰκότως τῷ νῷ τὸ πρόβλημα ἔοικεν· ὥσπερ γὰρ ἀμερής ἐστιν ὁ νοῦς καὶ δίκην κέντρου νοεῖται, περὶ δὲ τὸν νοῦν εἰσιν τὰ διανοητικὰ δίκην περιφερείας περὶ τὸ κέντρον ἀνελιττομένης, οὕτως καὶ τὸ πρόβλημά ἐστιν, περὶ δὲ τοῦτο δίκην περιφερείας αἱ ἀποδείξεις ἀνελίττονται θηρᾶσαι βουλόμεναι τὸ προβληθέν. Τῷ δ⟨ὲ θεῷ τὸ⟩ ἀγαθόν.

Καὶ οὕτως μὲν εἴρηται· ἔστι δὲ καὶ ἄλλως δεῖξαι πῶς τοῖς ἐν τῷ κόσμῳ ἀναλογοῦσι τὰ συμπληροῦντα τὸν διάλογον. Ἓξ γὰρ ὄντων αἰτίων ἐπὶ ἑκάστου τῶν γινομένων πράγματος, ὑλικοῦ εἰδικοῦ ποιητικοῦ τελικοῦ παραδειγματικοῦ ὀργανικοῦ, τῷ μὲν ὑλικῷ ἀναλογοῦσι τὰ πρόσωπα καὶ ὁ χρόνος καὶ ὁ τόπος, τῷ δὲ εἰδικῷ ὁ χαρακτήρ, τῷ δὲ ποιητικῷ ἡ ψυχή, τῷ δὲ ὀργανικῷ αἱ ἀποδείξεις, τῷ δὲ παραδειγματικῷ τὰ προβλήματα, τῷ δὲ τελικῷ τὸ ἀγαθόν.

ϛʹ

18 Ἕκτον κεφάλαιον δεῖ ζητῆσαι πόθεν τὰς ἐπιγραφὰς τῶν διαλόγων ποιεῖται ὁ Πλάτων. Φαμὲν τοίνυν ὅτι ἀπὸ | [213] προσώπων ἢ ἀπὸ πραγμάτων. Καὶ ἀπὸ προσώπων ἢ τελειούντων ἢ τελειουμένων ἢ χρείαν τινὰ ἀποπληρούν-

17. 38-39 τῷ δὲ θεῷ τὸ suppleui : τῶι δ V et mg. θεὸς τοῦτο || 42 ἓξ Hermann : ἐπεὶ V || 46 τῷ² Hermann : τὸ V || 47 τῷ¹ Hermann : τὸ V || 47-48 τῷ δὲ τελικῷ Hermann : τὸ δὲ τελικον V.

enseignement Platon a tiré, par exemple, le titre du *Parménide* et celui du *Timée*. De personnages recevant un enseignement, Platon a tiré le titre de l'*Alcibiade*, du *Phèdre* etc. De personnages remplissant une fonction, le titre du *Criton*. Si maintenant Platon prend ses titres de réalités, il les tire ou bien d'événements, comme dans le cas de l'*Apologie* (elle appartient, en effet, aux événements) ou bien de l'objet de ses recherches, comme dans le cas du *Sophiste*, ou bien encore ***

VII

19. Comme septième point, proposons-nous de rechercher à partir de quoi il faut diviser chaque dialogue en sections[169]. Puis donc qu'il y a trois éléments <dans> chaque dialogue, l'histoire et les personnages, la dialectique et les raisonnements, et enfin les enseignements, il ne faut pas faire ces divisions à partir de l'histoire ou des personnages, comme le font certains qui divisent le *Gorgias* en discussions avec Gorgias, discussions avec Polos et discussions avec Calliclès[170]. Il ne faut pas tirer de là les divisions, car souvent, quand il argumente sur un sujet, Platon réserve une partie de l'argumentation pour une seconde phase de l'action et pour un second personnage. Il ne faut pas non plus faire les divisions à partir de la dialectique ou des raisonnements, comme le font certains qui découpent l'*Alcibiade* selon les dix raisonnements que le dialogue nous livre[171]. Il n'en faut rien faire pour la même raison, car souvent Platon formule sur un même sujet des raisonnements différents, en sorte que la démonstration ne s'achève pas dans un seul raisonnement. Non, c'est d'après les enseignements qu'il faut faire la division des dialogues[172].

169-170. Voir *Notes complémentaires*, p. 68.

171. Même critique chez Procl., *In Alc.* 12.17-13.19 (voir aussi 15.1-18.8); sur les syllogismes, voir aussi Ol., *In Alc.* 114.24-25.

172. Thèse de Proclus (et de Jamblique) : cf. *In Alc.* 13.2-14.19.

των · τελειούντων μὲν ὡς ἐπὶ τοῦ Παρμενίδου καὶ Τιμαίου ἐποίησεν, τελειουμένων δὲ ὡς ἐπὶ τοῦ Ἀλκιβιάδου καὶ Φαίδρου καὶ τῶν τοιούτων, χρείαν δέ τινα ἀποπληρούντων ὡς ἐπὶ τοῦ Κρίτωνος. Εἰ δὲ ἀπὸ πραγμάτων ποιοῖτο τὰς ἐπιγραφάς, ἢ ἀπὸ γινομένων ποιεῖται, ὡς ἐπὶ τῆς Ἀπολογίας, αὕτη γὰρ τῶν γινομένων ἐστίν, ἢ ἀπὸ ζητουμένων, ὡς ἐπὶ τοῦ Σοφιστοῦ, ἢ ἀπὸ τοῦ ***

ζ′

Ἕβδομον ἐπὶ τοῖς εἰρημένοις προκείσθω ἡμῖν εἰς 19 ζήτησιν κεφάλαιον τὸ μαθεῖν πόθεν δεῖ τὰς διαιρέσεις τῶν τμημάτων ἑκάστου διαλόγου εὑρεῖν. Τριῶν τοίνυν ὄντων ⟨ἐν⟩ ἑκάστῳ διαλόγῳ, ἱστορίας καὶ προσώπων, διαλεκτικῆς καὶ συλλογισμῶν, καὶ δογμάτων, οὐκ ἀπὸ τῆς ἱστορίας καὶ τῶν προσώπων δεῖ ποιεῖσθαι τὰς διαιρέσεις, καθάπερ τινὲς ποιοῦσι, τὸν Γοργίαν διαιροῦντες εἰς τοὺς πρὸς Γοργίαν καὶ Πῶλον καὶ Καλλικλέα λόγους · οὐκ ἐκ τούτων δεῖ ποιεῖσθαι, πολλάκις γὰρ περὶ πράγματα κατασκευάζων μέρος τῆς κατασκευῆς εἴωθεν νέμειν τῇ δευτέρᾳ ἱστορίᾳ καὶ τῷ δευτέρῳ προσώπῳ. Ἀλλ' οὐδὲ ἐκ τῆς διαλεκτικῆς καὶ τῶν συλλογισμῶν ποιεῖσθαι δεῖ τὰς διαιρέσεις, καθάπερ τινὲς ποιοῦσι, τὸν Ἀλκιβιάδην διαιροῦντες εἰς τοὺς δέκα συλλογισμοὺς τοὺς ἐν αὐτῷ παραδιδομένους · οὐδ' ἐκ τούτων οὖν δεῖ ποιεῖσθαι διὰ τὴν αὐτὴν αἰτίαν, πολλάκις γὰρ περὶ τοῦ αὐτοῦ πράγματος διαφόρους λέγει συλλογισμούς, ὡς μὴ περαίνεσθαι εἰς ἕνα συλλογισμὸν τὰ τῆς δείξεως · ἀλλ' ἐκ τῶν δογμάτων δεῖ τὰς διαιρέσεις ποιεῖσθαι.

18. 8 ποιοῖτο Hermann : ποιοῦτο, ου ex ο, V || 11 του et spat. uac. 1 ½ lin. V.

19. 4 ἐν addidi.

VIII

20. Maintenant, il nous faut rechercher comme huitième point, comment est mis en scène l'entretien des personnages dans le dialogue[173]. Il faut donc savoir que Platon amène l'entretien (1) ou bien au moyen des personnages eux-mêmes (comme lorsque Platon présente Socrate lui-même <ou> quelqu'un d'autre discutant en personne) (2) ou bien au moyen d'intermédiaires qui ont entendu les personnages discuter (comme lorsqu'il présente un narrateur qui expose ce qu'il a entendu de Socrate) (3) ou bien au moyen de gens qui ont été instruits par les auditeurs de Socrate (4) ou bien au moyen d'autres gens qui ont été instruits par des auditeurs de seconde main. La procession des auditeurs va jusque-là et non pas plus loin[174]. Et en cela encore Platon imite évidemment l'ordre des êtres. Celui-ci en effet ne procède pas au-delà du troisième degré, puisque tous les êtres sans exception sont saisis ou bien par l'intellect[175] ou bien par le discursus (ce sont des images des intelligibles) ou bien par la sensation (ce sont des images des objets du discursus) ou bien sont des images des sensibles (comme les œuvres des peintres). Et il n'y a rien au-delà, de sorte que nous avons, là encore, quatre [plans]. Les personnages correspondent aux intelligibles ; aux objets du discursus correspondent les auditeurs des personnages, car les auditeurs sont, pour ainsi dire, les images des personnages, tout comme les objets du discursus sont les images des intelligibles ; aux sensibles, enfin, correspondent les auditeurs d'auditeurs.

173. Diogène Laërce, III 50, signale la division en dialogues dramatiques, rapportés, et mixtes, division qu'il regarde comme étant littéraire plutôt que philosophique. Pour les Néoplatoniciens, les deux coïncident (*supra* Introduction, p. LXV).

174-175. Voir *Notes complémentaires*, p. 68-69.

η´

20 Ὄγδοον ἐπὶ τοῖς εἰρημένοις κεφάλαιον δεῖ ζητῆσαι ποῖος ὑπάρχει ὁ τρόπος συνουσίας τῶν ἐν τῷ διαλόγῳ προσώπων. Ἰστέον τοίνυν ὅτι τὴν συνουσίαν ποιεῖται ἢ διὰ τῶν προσώπων αὐτῶν, ὡς ὅταν εἰσαγάγῃ αὐτὸν τὸν Σωκράτη ⟨ἢ⟩ ἄλλον τινὰ διαλεγόμενον δι᾿ ἑαυτοῦ, ἢ δι᾿ ἑτέρων τινῶν ἀκουσάντων ἐκ προσώπων, ὡς ὅταν εἰσαγάγῃ τινὰ περὶ πράγματα διαλεγόμενον ἃ ἤκουσε Σωκράτους, ἢ δι᾿ ἄλλων ἐκ τούτων τῶν ἀκουσάντων ἀπὸ Σωκράτους μαθόντων, ἢ δι᾿ ἄλλων ἐκ τῶν δευτέρων ἀκουσάντων· ὡς μέχρι τούτων τὴν πρόοδον τῶν ἀκουσάντων γίνεσθαι, μηκέτι δὲ περαιτέρω προβῆναι. Κἂν τούτῳ δὲ πάλιν τὴν τῶν ὄντων τάξιν μιμούμενος φαίνεται· οὐ πρόεισι γὰρ περαιτέρω τῶν τρίτων, ἐπειδὴ τὰ ὄντα πάντα ἢ νοητά [214] εἰσιν ἢ διανοητά, ἅτινα εἰκόνες εἰσὶν τῶν νοητῶν, ἢ αἰσθητά, ἃ καὶ αὐτὰ εἰκόνες εἰσὶν τῶν διανοητῶν, ἢ εἰκόνες τῶν αἰσθητῶν, οἷαί εἰσιν αἱ ὑπὸ τῶν γραφέων γινόμεναι, καὶ περαιτέρω τούτων οὐδέν ἐστιν, ὡς τέσσαρά τινα κἀνταῦθα εἶναι. Καὶ ἀναλογεῖ μὲν τὰ πρόσωπα τοῖς νοητοῖς· τοῖς δὲ διανοητοῖς τὰ ἐκ τούτων ἀκούσαντα, οἷον γὰρ εἰκόνες εἰσὶν τῶν προσώπων αὐτῶν αὐτά, καθάπερ καὶ τὰ διανοητὰ τῶν νοητῶν· τοῖς δ᾿ αἰσθητοῖς ἀναλογοῦσιν οἱ δεύτεροι ἀκούσαντες.

20. 13-18 Pl., *Resp.* VI 509 D 1-511 E 5.

20. 5 ἢ add. Hermann || διαλεγόμενον] -ον ex -ος V || 7 πράγμα$^{\tau}$ V || 9 μαθόντων Hermann : μαθὼν V.

IX

21. Le neuvième point est le suivant : rechercher combien il nous faut de règles pour nous lancer à la chasse du dessein de chaque dialogue[176]. Recherche indispensable puisque, comme dit Platon dans le *Phèdre* : « Il n'est qu'une seule voie, mon garçon, pour qui veut délibérer comme il faut sur un sujet, c'est de savoir ce qu'est l'objet sur lequel on délibère[177]. Autrement, c'est forcé, on manque complètement le but ». Comment, après une telle déclaration, refuserions-nous d'examiner les écrits de Platon pour savoir de quoi il discute en chacun ? Mais nous apprendrons encore mieux l'utilité d'une telle recherche, si nous prenons garde au fait que la plupart des dialogues ont un double titre[178]. Presque tous, en effet, ont un double titre : par exemple *« Phédon ou de l'âme », « Phèdre ou de la beauté »* et ainsi de suite. On ne voit donc pas immédiatement quel sujet parmi ceux mentionnés dans le titre il traite. Par conséquent il n'est pas inutile de faire une recherche sur ce point. Nous nous lancerons à la chasse du dessein de chaque dialogue à partir des dix chefs suivants. (1) Un ou multiple ? (2) Universel ou particulier ? (3) Total ou partiel ? (4) Approximatif ou exact ? (5) Supérieur ou inférieur ? (6) En accord ou en désaccord ? (7) Non réfutatif. (8) Non passionnel. (9) Non instrumental (10) Non matériel.

(1) Un ou multiple ? Nous devons affirmer qu'un dialogue n'a qu'un seul dessein et non pas plusieurs[179]. Comment, en effet, un dialogue aurait-il plusieurs desseins, alors que Platon exalte tellement le divin à

176-178. Voir *Notes complémentaires*, p. 69.

179. Unicité du dessein : Hermias, *In Phaedr.* 9.7-9 ; 11.17-18 ; Ol., *In meteor.* 9.5-6 (qui cite, lui aussi, *Phèdre* 264 C 2-5) ; El., *In isag.* 41.16-18 ; *In cat.* 131.10-13 (Jamblique).

θ′

Ἔννατον ἐπὶ τοῖς εἰρημένοις δεῖ ζητῆσαι κεφάλαιον, 21
ἐκ πόσων κανόνων δεῖ θηρᾶν τὸν ἑκάστου διαλόγου σκοπόν. Χρεία γάρ ἐστιν τοῦτον ζητεῖν, ἐπειδὴ ὡς αὐτὸς λέγει ἐν Φαίδρῳ ‘Ὦ παῖ, μία τίς ἐστιν ὁδὸς τοῖς μέλλουσι καλῶς βουλεύεσθαι, εἰδέναι περὶ οὗ ἂν ᾖ ἡ βουλή· ἐπειδὴ τοῦ παντὸς ἁμαρτάνειν ἀνάγκη’. Πῶς οὖν αὐτοῦ τοῦτο λέγοντος παραιτησόμεθα ἐπὶ τῶν αὐτοῦ συγγραμμάτων τὸ εἰδέναι περὶ τίνος ἐν ἑκάστῳ διαλέγεται ; Ἔτι δ' ἂν μᾶλλον τὸ χρήσιμον τῆς τοιαύτης ζητήσεως μάθοιμεν, εἰ τῇ διπλῇ τῶν ἐπιγραφῶν τῶν πλείστων διαλόγων προσέχοιμεν. Ἕκαστος γὰρ σχεδὸν διπλῆν ἔχει τὴν ἐπιγραφήν, οἷον ‘Φαίδων ἢ περὶ ψυχῆς’ καὶ ‘Φαῖδρος ἢ περὶ κάλλους’ καὶ οἱ ἄλλοι οὕτως· ἄδηλον οὖν ἐστιν περὶ ποίου ἄρα τῶν ἐγκειμένων τῇ ἐπιγραφῇ διαλέγεται· οὐκ ἄρα ἀχρείως ζητοῦμεν τοῦτο τὸ κεφάλαιον. Ἐκ δέκα τοίνυν κεφαλαίων τοῦτον θηρᾶσαι δυνατόν· ἐκ τοῦ ἑνὸς καὶ τοῦ πλήθους, ἐκ τοῦ καθόλου καὶ μερικοῦ, ἐκ τοῦ ὅλου καὶ μέρους, ἐκ τοῦ ὁλοσχεροῦς καὶ βεβαίου, ἐκ τοῦ κρείττονος καὶ χείρονος, ἐκ τοῦ συμφώνου καὶ ἀσυμφώνου, ἐκ τοῦ μὴ κατά τινος εἰρῆσθαι, ἐκ τοῦ μὴ ἐμπαθῆ εἶναι, ἐκ τῶν ὀργάνων, ἐκ τῆς ὕλης.

Ἐκ μὲν τοῦ ἑνὸς καὶ τοῦ πλήθους, ἵνα ἕνα σκοπὸν λέγωμεν ἔχειν τὸν διάλογον καὶ μὴ πολλούς. Πῶς γὰρ πολλοὺς ἔμελλεν σκοποὺς ἔχειν ὁ διάλογος Πλάτωνος

21. 4-6 Pl., *Phaedr.* 237 B 7-C 2.

21. 8 ἐν ἑκάστῳ scripsi : ἕνεκα V (ἕκαστα Hermann) || 20 τινος Hermann : νος V.

cause de son unité ?[180] En outre le dialogue, de l'aveu même de Platon, ressemble à un vivant, puisqu'il est un discours. En effet, tout discours composé avec art est analogue à un vivant[181]. Si donc le dialogue est analogue à un vivant et si le vivant a comme fin unique le bien (c'est pour cela, <en effet>, qu'il est venu à l'être), le dialogue aussi a nécessairement une fin unique, c'est-à-dire un unique dessein. C'est pourquoi il ne faut pas approuver ceux qui prétendent que le *Phédon* a trois desseins : l'immortalité de l'âme, l'art de bien mourir et le genre de vie philosophique. Ceux-là ont tort, comme nous venons de le dire, puisqu'un dialogue ne peut avoir plusieurs desseins, mais un seul.

(2) Universel ou particulier ? Nous devons choisir un dessein plus universel et plus compréhensif de préférence à un dessein plus particulier. C'est pourquoi il ne faut pas approuver ceux qui soutiennent que le *Sophiste* a pour sujet le sophiste, mais c'est ceux qui affirment qu'il traite du non-être qu'il faut approuver[182]. Car un sophiste est un certain non-être ; or le non-être *simpliciter* est plus universel qu'un certain non-être. Or s'il est plus universel, il est aussi plus compréhensif, en sorte que le dessein plus universel contient le particulier. Cela montre avec évidence (et c'est là une sorte de corollaire[183] qui surgit sous nos yeux) qu'un livre ne doit pas avoir deux titres[184]. En effet, ou bien ces titres diffèrent l'un de l'autre ou bien ils reviennent à la même chose ou bien l'un est plus universel et l'autre plus particulier. (a) Si donc ils diffèrent l'un de l'autre, nous les refuserons pour éviter d'adopter plusieurs desseins et pour ne pas tomber dans les absurdités que dénonce la première règle. (b) S'ils reviennent à la même chose, on n'a que faire de l'un des deux et l'on peut le tenir pour superflu. (c) Enfin, si l'un des deux est plus universel, c'est le titre universel qu'il faut choisir.

180. C'est même, on l'a vu *supra*, p. 8.24-31, une supériorité de la philosophie de Platon.

181-184. Voir *Notes complémentaires*, p. 69-70.

τοῦ οὕτως ἀνυμνοῦντος τὸ θεῖον ὅτι ἕν ἐστιν ; Καὶ ἄλλως, εἰ αὐτός ἐστιν ὁ λέγων ὅτι ὁ διάλογος ζῴῳ ἔοικεν, ἐπειδὴ καὶ ὁ λόγος· πᾶς γὰρ λόγος ἄριστα γεγραμμένος ζῴῳ ἀναλογεῖ· εἰ οὖν ὁ διάλογος ζῴῳ ἀναλογεῖ, τὸ δὲ ζῷον ἓν τέλος ἔχει τὸ ἀγαθόν (τούτου ⟨γὰρ⟩ χάριν καὶ γέγονεν), καὶ ὁ διάλογος ἄρα ἓν ὀφείλει ἔχειν τέλος, τοῦτ' ἔστιν ἕνα σκοπόν. Ὅθεν οὐκ ἀποδεκτέον τοὺς λέγοντας τρεῖς εἶναι τοὺς σκοποὺς τοῦ Φαίδωνος, περὶ ἀθανασίας ψυχῆς καὶ περὶ εὐθανασίας καὶ περὶ φιλοσόφου βίου· κακῶς οὖν, ὡς | εἴρηται, λέγουσιν οὗτοι, οὔτε γὰρ πολλοὺς δεῖ εἶναι τοὺς σκοπούς, ἀλλ' ἕνα. [215]

Ἐκ τοῦ καθόλου καὶ μερικοῦ, ἵνα τὸν καθολικώτερον καὶ περιεκτικώτερον σκοπὸν αἱρώμεθα μᾶλλον τοῦ μερικωτέρου. Ὅθεν οὐκ ἀποδεκτέον τοὺς λέγοντας τὸν Σοφιστὴν περὶ τοῦ σοφιστοῦ ἔχειν τὸν σκοπόν, ἀλλὰ τοὺς λέγοντας περὶ τοῦ μὴ ὄντος ἀποδεκτέον. Ὁ γὰρ σοφιστὴς τὶ μὴ ὄν ἐστιν, καθολικώτερον δὲ τὸ μὴ ὂν ἁπλῶς τοῦ τὶ μὴ ὄντος· εἰ δὲ καθολικώτερον, καὶ περιεκτικώτερον, ὥστε ὁ καθολικώτερος σκοπὸς τὸν μερικὸν περιέχει. Ἐκ δὴ τούτου φανερόν (οἷον γὰρ πόρισμα ἡμῖν ἀνακύπτει) ὡς οὐ δεῖ διττὰς εἶναι τὰς ἐπιγραφὰς ἐν τοῖς λόγοις. Ἢ γὰρ ἕτεραί εἰσιν ἀλλήλων ἢ μία καὶ ἡ αὐτὴ [καὶ] ἢ ἡ μὲν καθολικωτέρα, ἡ δὲ μερικωτέρα. Εἰ οὖν ἕτεραί εἰσιν, οὐκ ἀποδεξόμεθα, ἵνα μὴ πολλοὺς σκοποὺς αἱρησώμεθα καὶ διὰ τοῦτο ἐμπέσωμεν εἰς τὰ ἄτοπα τοῦ πρώτου κανόνος· εἰ δὲ μία καὶ ἡ αὐτή εἰσιν, μάτην εἴληπται ἡ ἑτέρα ὡς ἀδολεσχία· εἰ ἡ ἑτέρα καθολικωτέρα, αἱρετέα ἡ καθολική.

21. 26 u. supra **8.** 25-31 || 27 Pl., *Phaedr.* 264 C 2-5.

21. 26 ὅτι] ὅπερ V, et mg. inf. ὅτι || 30 τούτου] τὸ ὅτου Hermann || γὰρ addidi || 39 οὐκ Monac. : οὐ V || 48 καὶ² secl. Hermann || 49 οὐκ Monac. : οὐ V || 52 εἰσιν] ἐστιν ex εἰσιν (compend.) V.

22. (3) Total ou partiel? Nous ne devons pas tirer le dessein à partir de propos contenus dans une petite partie du dialogue, mais à partir des enseignements de l'ouvrage entier[185]. Ainsi nous désapprouvons ceux qui prétendent que le *Phèdre* a pour dessein la rhétorique. On n'y discute, en effet, que brièvement de la rhétorique, car dans le dialogue entier Platon traite de la beauté en général[186]. Il faut donc affirmer que tel est son dessein. Nous désapprouvons aussi ceux qui prétendent que Platon a pour dessein dans le *Gorgias* de discuter s'il est préférable de commettre l'injustice ou de la subir. Car c'est dans une petite partie du dialogue que Platon donne un enseignement sur ce point ; en fait, dans l'ensemble du dialogue il donne un enseignement sur les principes éthiques du bonheur[187]. De même, en effet, qu'ont tort ceux qui prétendent que l'homme est né pour l'une des parties qui le constituent, par exemple pour la vue, l'ouïe ou quelque autre partie de ce genre (ce n'est pas pour cela, en effet, que l'homme est né, mais pour être une médiation entre les êtres divins et ceux soumis à la génération, puisqu'il n'est ni immortel comme les êtres divins, ni mortel comme les animaux sans raison, mais qu'il a quelque point commun avec chacun des deux ordres)[188], de même aussi nous désapprouvons ceux qui tirent d'une de ses parties le dessein d'un dialogue. Autre argument : si Platon imite toujours la nature, comment ne l'imiterait-il pas sur ce point? En effet, si à la matière correspond la partie et à la forme le tout, si la nature produit la forme et si le dessein de la nature est d'imposer la forme dans la matière, comment Platon ne devrait-il pas, lui aussi, prendre pour objet ce qui ressemble à la forme (c'est-à-dire le tout), et ne point le tirer d'une partie?

(4) Approximatif ou exact? Nous préférerons un dessein exact à un dessein approximatif et lointain. Ici encore, par exemple, nous n'approuverons pas ceux qui

185-188. Voir *Notes complémentaires*, p. 70-71.

22 Ἐκ δὲ τοῦ ὅλου καὶ μέρους, ἵνα μὴ ἐκ τῶν ἕν τινι βραχεῖ μέρει τοῦ διαλόγου εἰρημένων ποιησώμεθα τὸν σκοπόν, ἀλλ' ἐκ τῶν ἐν ὅλῳ διδασκομένων. Οὕτως οὖν διαβάλλομεν τοὺς λέγοντας τὸν Φαῖδρον περὶ ῥητορικῆς σκοπὸν ἔχειν· ἐπ' ὀλίγον γὰρ περὶ αὐτῆς ἐκεῖσε διαλέγεται, ἐν ὅλῳ γὰρ τῷ διαλόγῳ περὶ τοῦ διὰ παντὸς κάλλους ⟨δια⟩λαμβάνει· δεῖ οὖν περὶ ἐκείνου λέγειν εἶναι τὸν σκοπόν. Καὶ τοὺς λέγοντας αὖ ἐν τῷ Γοργίᾳ σκοπὸν ἔχειν τὸν Πλάτωνα διαλεχθῆναι περὶ τοῦ εἰ ἄμεινον ἀδικεῖν ἢ ἀδικεῖσθαι διαβάλλομεν· ἐν γὰρ μικρῷ μέρει περὶ τούτου διδάσκει, ἐν δὲ τῷ ὅλῳ διαλόγῳ περὶ τῶν ἠθικῶν ἀρχῶν τῆς εὐδαιμονίας. Ὥσπερ γὰρ κακῶς ποιοῦσιν οἱ διά τι μέρος τῶν ἐν τῷ ἀνθρώπῳ ὄντων λέγοντες γεγονέναι τὸν ἄνθρωπον, οἷον διὰ τὸ ὁρᾶν ἢ ἀκούειν ἢ δι' ἄλλο τι τοιοῦτον· οὐ γὰρ διὰ τοῦτο γέγονεν, ἀλλὰ διὰ τὸ μεσότης εἶναι τῶν θείων καὶ τῶν γενητῶν, οὔτε γὰρ ἀθάνατός ἐστιν ὡς τὰ θεῖα οὔτε θνητὸς ὡς τὰ ἄλογα, ἀλλὰ κοινωνεῖ κατά τι ἑκατέροις· οὕτως οὖν καὶ τοὺς ἀπὸ μέρους ποιουμένους τὸν σκοπὸν διαβάλλομεν. Καὶ ἄλλως· εἰ γὰρ πανταχοῦ τὴν φύσιν μιμεῖται Πλάτων, πῶς οὐχὶ καὶ ἐν τούτῳ μιμήσεται τὴν φύσιν ; Εἰ γὰρ τῇ ὕλῃ ἀναλογεῖ τὸ μέρος, τὸ δὲ ὅλον τῷ εἴδει, τὸ δ' εἶδος ποιεῖ ἡ φύσις καὶ οὗτος αὐτῆς ἐστιν σκοπός, ἐνθεῖναι τὸ εἶδος, πῶς οὐκ ὤφειλε καὶ αὐτὸς τὸ | οἷον εἶδος (ἀντὶ τοῦ 'τὸ ὅλον') ποιήσασθαι τὸν σκοπόν, καὶ μὴ ἐκ τοῦ μέρους ; [216]

Ἐκ δὲ τοῦ ὁλοσχεροῦς καὶ βεβαίου, ἵνα τὸν βέβαιον σκοπὸν αἱρώμεθα μᾶλλον τοῦ ὁλοσχεροῦς καὶ πόρρω. Πάλιν γοῦν κἀνταῦθα οὐκ ἀποδεξόμεθα τοὺς λέγοντας

22. 1 ἕν Hermann : ἔν V || 6 διὰ del. ? || 7 διαλαμβάνει scripsi : λαμβάνει V || 22 ἀναλογεῖ Hermann : -ῆι, η in ras., V || 25 ἀντὶ τοῦ τὸ] ἐντιθεὶς τοῦτο Hermann || ποιήσασθαι scripsi : μιμήσασθαι V.

soutiennent que le dessein du *Timée* est de donner un enseignement sur la science de la nature[189]. En effet, ce dessein est approximatif et lointain, et Aristote lui aussi ainsi que beaucoup d'autres philosophes donnent un enseignement sur la science de la nature, et l'on ne voit pas clairement de quel genre d'étude de la nature il est question, tant que l'on ne prête attention qu'au dessein ainsi défini du dialogue et au titre du dialogue. Il faut donc rendre notre démarche plus exacte[190] et dire que le dessein du dialogue est l'étude de la nature à la façon de Platon, en définissant cette manière, au lieu de parler d'une étude de la nature en général[191].

(5) Supérieur ou inférieur? Il faut choisir un dessein supérieur de préférence à un dessein inférieur. C'est ainsi que nous n'approuvons pas ceux qui soutiennent que le dessein du *Gorgias* est de réfuter la rhétorique que pratiquent Polos et Gorgias[192]. Car ce dessein serait honteux et digne d'un sophiste. Platon se propose plutôt d'expliquer ce qu'est la véritable rhétorique, et ce dessein est supérieur et digne d'admiration. Et si l'on dit : 'Pourquoi alors Platon mentionne-t-il Polos et Gorgias, les faisant participer à l'entretien et renversant leurs arguments ? », nous répondrons : de même que le dessein de la nature est d'imposer la forme à la matière et non pas d'abolir la privation et que cette imposition a pour conséquence de supprimer la privation, de même aussi des raisons qui montrent ce qu'est la véritable rhétorique découle le renversement de celle que pratiquent Polos et Gorgias.

(6) En accord ou en désaccord[193]. Nous devons choisir un dessein qui s'accorde avec ce qui est dit dans le dialogue de préférence à ceux qui ne s'accordent pas. C'est au moyen de cette règle que nous réfuterons ceux qui prétendent que le *Gorgias* a pour dessein l'intellect qui se contemple lui-même[194]. En effet, ce dessein serait en total désaccord et en dysharmonie avec ce qui est enseigné dans le dialogue.

189-194. Voir *Notes complémentaires*, p. 71-72.

τὸν σκοπὸν εἶναι τοῦ Τιμαίου περὶ φυσιολογίας διδάξαι· οὗτος γὰρ ὁλοσχερής ἐστιν καὶ πόρρω, καὶ γὰρ καὶ ὁ Ἀριστοτέλης περὶ φυσιολογίας διδάσκει καὶ ἄλλοι πολλοί, καὶ ἄδηλον περὶ ποίας φυσιολογίας τὸν λόγον ποιεῖται, εἴ γε τούτῳ μόνῳ πρόσσχωμεν τῷ σκοπῷ καὶ τῇ ἐπιγραφῇ τοῦ διαλόγου. Δεῖ οὖν βεβαιότερον κινουμένους λέγειν ὅτι περὶ τῆς κατὰ Πλάτωνα φυσιολογίας ἐστὶν ὁ σκοπὸς καὶ τίς ἐστιν ἡ κατὰ Πλάτωνα φυσιολογία, καὶ μὴ ἁπλῶς περὶ φυσιολογίας.

Ἐκ δὲ τοῦ κρείττονος καὶ χείρονος, ἵνα τὸν κρείττονα σκοπὸν αἱρησώμεθα μᾶλλον τοῦ χείρονος. Οὕτως οὐκ ἀποδεχόμεθα τοὺς λέγοντας σκοπὸν ἔχειν ἐν Γοργίᾳ τὴν ἐν Πώλῳ καὶ Γοργίᾳ ῥητορικὴν ἐλέγξαι· αἰσχρὸν γὰρ τοῦτο καὶ σοφιστικόν· ἀλλὰ τὴν ἀληθῆ ῥητορικὴν πρόκειται διδάξαι, ὃ κρεῖττόν ἐστιν καὶ θαυμάσιον. Εἰ δέ τις εἴποι 'Καὶ διὰ τί μέμνηται Πώλου καὶ Γοργίου, εἰσάγων αὐτοὺς προσδιαλεγομένους καὶ ἀνασκευάζων τὰ ὑπ' ἐκείνων λεγόμενα;' ἐροῦμεν ὅτι, ὥσπερ ἡ φύσις σκοπὸν ἔχει τῇ ὕλῃ τὸ εἶδος ἐνθεῖναι ἀλλ' οὐ τὴν στέρησιν ἀφελεῖν, ἕπεται δὲ τῇ τοῦ εἴδους ἐνθέσει ἡ τῆς στερήσεως ἄρσις, οὕτως καὶ τοῖς λόγοις τοῖς δεικνύουσι τὴν ἀληθῆ ῥητορικὴν ἐπακολουθεῖ τῆς ἐν Πώλῳ καὶ Γοργίᾳ ῥητορικῆς ἡ ἀνασκευή.

Ἐκ τοῦ συμφώνου καὶ ἀσυμφώνου, ἵνα μᾶλλον αἱρώμεθα τὸν συμφωνοῦντα τοῖς λεγομένοις σκοπὸν τῶν μὴ συμφωνούντων. Τούτῳ δὲ χρώμενοι τῷ κανόνι ἀνασκευάσομεν τοὺς λέγοντας σκοπὸν ἔχειν τὸν Γοργίαν περὶ τοῦ ἑαυτὸν ὁρῶντος νοῦ· ἀσύμφωνον γὰρ καὶ ἀπᾷδον τοῖς διδασκομένοις ἐκεῖ τοῦτο παντάπασιν.

(7) Ne croyons pas non plus que le dessein d'un dialogue puisse être de s'opposer à quelqu'un. En effet, le divin Platon n'est pas homme à choisir de contredire quelqu'un[195]. Ainsi réfutons-nous ceux qui prétendent que le dessein du *Ménéxène* est de critiquer Thucydide et de rivaliser avec lui[196]. Platon a écrit, disent-ils, cet éloge funèbre parce qu'il voulait répondre à l'éloge funèbre composé par Thucydide. Or cela est faux.

23. (8) Non passionnel. Il ne faut pas que le dessein d'un dialogue soit passionnel, pour qu'il ne soulève pas chez les lecteurs une passion en les entraînant dans la matière. C'est ainsi que certains se trompent quand ils soutiennent que le *Philèbe* a pour dessein le plaisir[197], qui précisément peut entraîner l'âme. Or comment un homme qui a choisi une vie de purification pourrait-il discuter du plaisir? Tel n'est donc pas le dessein du *Philèbe*, mais la hiérarchie des six biens.

(9) Non instrumental. Nous ne devons pas tirer le dessein du dialogue à partir des instruments qui y sont mis en œuvre[198]. En effet, le dessein n'est pas un moyen, mais une fin. Ainsi, par exemple, se trompent ceux qui prétendent que le *Sophiste* a pour dessein l'art de la division[199]. Assurément Platon en a fait mention dans le dialogue et il déclare même que rien ne peut se flatter d'échapper au pouvoir de la division. Car, dit-il, cette division est un don venant des dieux, apporté aux hommes par Prométhée[200]. Dès lors, puisque cet art est un instrument de démonstration, il fait partie de ce qui concourt à la réalisation du dessein. Nous employons cet art, en effet, pour nous lancer à la chasse du dessein du dialogue, et il ne faut pas, à partir de là, déterminer le dessein du dialogue.

(10) Enfin il ne faut pas tirer le dessein à partir de la matière du dialogue, comme le font certains qui soutiennent que le dessein de l'*Alcibiade* est l'ambition

195. Cf. Hermias, *In Phaedr.* 9.15-17 ; Procl., *In Alc.* 18.15-16 ; Ol., *In Phaed.* 2 § 6.7 ; 3 § 6.3-4.

196-200. Voir *Notes complémentaires*, p. 72-73.

Ἀλλ' οὐδ' ἐκ τοῦ κατά τινος δεῖ λέγειν εἶναι τὸν σκοπὸν τοῦ διαλόγου· οὔτε γὰρ τοιοῦτος ὁ θεῖος Πλάτων ὡς διαβάλλειν αἱρεῖσθαι. Οὕτως δ' ἀνασκευάζομεν τοὺς λέγοντας τὸν σκοπὸν εἶναι τοῦ Μενεξένου περὶ τοῦ διαβάλλειν καὶ προσαμιλλᾶσθαι πρὸς Θουκυδίδην. Ὁ γὰρ ἐπιτάφιος, φασί, διὰ τοῦτο γέγραπται αὐτῷ, ἀντιγράφειν βουλομένῳ τῷ Θουκυδίδου ἐπιταφίῳ· ὅπερ ψεῦδος.

Ἐκ δὲ τοῦ μὴ ἐμπαθοῦς, ὅτι οὐ χρὴ εἶναι ἐμπαθῆ τὸν 23 σκοπόν, ἵνα μὴ τοῖς ἀναγινώσκουσι πάθος ἐμποιήσῃ κα|τασπῶν εἰς τὴν ὕλην, καθάπερ τινὲς κακῶς ποιοῦντες [217] τὸν Φίληβον περὶ ἡδονῆς φασιν ἔχειν τὸν σκοπόν, ἥτις κατασπᾶν δύναται τὴν ψυχήν. Πῶς δ' ὁ καθαρτικοῦ ὢν βίου περὶ ἡδονῆς διελέγετο ; Οὐ περὶ τούτου οὖν αὐτῷ ὁ σκοπός, ἀλλὰ περὶ τῆς τάξεως τῶν ἓξ ἀγαθῶν.

Ἐκ δὲ τῶν ὀργάνων, ἵνα μὴ ἐκ τούτων τὸν σκοπὸν ποιώμεθα· ὁ γὰρ σκοπὸς ἕνεκά του οὐκ ἔστιν, ἀλλ' οὗ ἕνεκα. Οὕτως γοῦν κακῶς ποιοῦσιν οἱ τὸν Σοφιστὴν λέγοντες περὶ τῆς διαιρετικῆς ἔχειν τὸν σκοπόν. Καὶ γὰρ ἐκεῖσε μέμνηται αὐτῆς· ἀμέλει φησὶν ἐκεῖ ὡς οὐδὲν καυχήσεται φυγὸν τὴν τῆς διαιρέσεως δύναμιν· ταύτην γὰρ τὴν διαίρεσιν καὶ δόσιν εἶναι τοῖς ἀνθρώποις φησὶν ἐκ θεῶν διὰ Προμηθέως. Ἐπειδὴ οὖν αὕτη ὄργανόν ἐστι τῆς ἀποδεικτικῆς, καὶ τῶν εἰς τὸν σκοπὸν συμβαλλομένων ἐστίν· ἕνεκα γὰρ τοῦ θηρᾶσαι τὸν σκοπὸν κεχρήμεθα αὐτῇ, καὶ οὐ δεῖ ἐκ ταύτης ποιεῖσθαι τὸν σκοπόν.

Ἐκ τῆς ὕλης οὐ δεῖ ποιεῖσθαι, ὥσπερ τινὲς ποιοῦσιν, τὸν Ἀλκιβιάδην λέγοντες σκοπὸν ἔχειν περὶ τῆς ⟨ἐν⟩

23. 12-15 Pl., *Soph.* 235 C 4-6 et *Phil.* 16 C 5-7.

22. 59 οὐδ' ἐκ Hermann : οὐδὲ V.
23. 3 κατασπῶν εἰς scripsi : κατασκοπεῖν V || 21 ἐν addidi (habet schol. ad h.l.).

<d'> Alcibiade, tirant ainsi à tort le dessein du dialogue de sa matière, ce qu'il faut éviter[201]. La matière des dialogues, avons-nous dit, ce sont les personnages. Il n'est pas possible, en effet, que le dessein de l'*Alcibiade* soit de réfuter l'ambition qui habite l'âme d'Alcibiade, puisque nous tomberions alors dans l'absurdité que dénonce la deuxième règle, en choisissant un dessein particulier au lieu d'un dessein universel. Mieux vaut donc dire, en général, que ce dialogue a pour objet de réfuter l'ambition qui réside en chaque âme. Il y a, de fait, en chacun de nous l'ambition pour ainsi dire d'un Alcibiade, à laquelle il faut imposer la mesure et l'ordre pour la porter à un plan supérieur[202]. Car il n'est pas juste de dire que le divin Platon s'abaissait à de telles tâches, à réfuter les passions humaines ; cette réfutation, néanmoins, découle forcément de ses arguments. Telles sont donc les règles pour déterminer le dessein de chaque dialogue.

X

24. Comme dixième point, proposons-nous d'apprendre l'ordre des dialogues de Platon[203]. Certains ont donc dit qu'il fallait tirer cet ordre du temps et de l'organisation en tétralogies. Le temps peut s'entendre de deux façons : ou bien c'est celui de Platon lui-même ou bien c'est celui des personnages des dialogues.

Si l'on considère le temps de l'auteur, le premier dialogue, disent-ils, est le *Phèdre*, étant donné, disent ces auteurs, que Platon recherche dans ce dialogue s'il faut ou non écrire[204]. Comment aurait-il pu, alors, composer un dialogue antérieur à celui où il se demande s'il doit écrire? Autre argument : Platon emploie

201-203. Voir *Notes complémentaires*, p. 73.

204. D.L. III 38 : λόγος δὲ πρῶτον γράψαι αὐτὸν τὸν Φαῖδρον· καὶ γὰρ ἔχειν μειρακιῶδές τι τὸ πρόβλημα, «on dit que sa première œuvre fut le *Phèdre*, parce que la question soulevée révèle l'esprit d'un jeune homme».

Ἀλκιβιάδῃ φιλοτιμίας, ἐκ τῆς ὕλης λέγοντες τὸν σκοπὸν κακῶς, οὐ γὰρ δεῖ τοῦτο ποιεῖν. Ὕλην δ' ἐλέγομεν τῶν διαλόγων τὰ πρόσωπα. Οὐδὲ γὰρ διὰ τὸ ἐλέγξαι τὴν ἐν τῇ ψυχῇ Ἀλκιβιάδου φιλοτιμίαν ὁ σκοπὸς αὐτῷ ἐστιν, ἐπεὶ συνεμπεσούμεθα τῷ ἀτόπῳ τοῦ δευτέρου κανόνος, τὸ μερικὸν ἀντὶ τοῦ καθόλου εἰσάγοντες. Ἄμεινον οὖν καθόλου λέγειν ὅτι περὶ τῆς ἐν ἑκάστῃ ψυχῇ φιλοτιμίας σκοπὸν ἔχει τοῦ ἐλέγξαι. Ἔστιν γὰρ ἑκάστῳ ἡμῶν οἷον Ἀλκιβιάδειος φιλοτιμία, ἣν δεῖ ῥυθμίζειν καὶ κοσμεῖν ἐπὶ τὸ βέλτιον. Οὐδὲ γὰρ ἄξιον λέγειν ὅτι ὁ θεῖος Πλάτων εἰς τοιαῦτα κατέφερεν ἑαυτόν, πρὸς τὸ ἐλέγχειν πάθη ἀνθρώπων· ἐπακολουθεῖ μέντοι πάντως ὁ ἔλεγχος τοῖς λόγοις αὐτοῦ. Ἐκ τοσούτων οὖν δεῖ θηρᾶσθαι τὸν ἑκάστου διαλόγου σκοπόν.

ι'

Δέκατον κεφάλαιον ἔστω τὸ τὴν τάξιν τῶν Πλάτωνος 24
διαλόγων μαθεῖν. Τινὲς τοίνυν εἰρήκασι τὴν τάξιν αὐτῶν δεῖν λαμβάνεσθαι ἔκ τε τοῦ χρόνου καὶ ἐκ τῆς τετραλογίας· καὶ ἐκ τοῦ χρόνου διχῶς, ἢ ἐκ τοῦ χρόνου τοῦ Πλάτωνος ἢ ἐκ τοῦ χρόνου τῶν προσώπων τῶν ἐν τοῖς διαλόγοις.

Καὶ ἐκ μὲν τοῦ χρόνου τοῦ συγγραφέως πρῶτον λέγουσιν εἶναι τὸν Φαῖδρον, ὡς ἂν ἐκεῖ, φασί, ζητοῦντος αὐτοῦ εἰ δέοι συγγράφειν ἢ οὔ· πῶς δ' εἶχεν, ἐκεῖ ἀπορῶν εἰ δεῖ συγγράφειν, ἄλλον πρὸ αὐτοῦ γράψαι ; Καὶ ἄλλως

24. 8-9 Pl., *Phaedr.* 274 B 6-278 B 6 || 10-12 *ibid.* 238 D 2-3 ; cf. 241 E 1-2.

23. 34 leg. θηρᾶσαι ?
24. 3 δεῖν Hermann : δεῖ V || 4 ἐκ^2 mg. add. V || 10 δεῖ Hermann : δε V.

<dans> cet ouvrage le style dithyrambique, comme s'il n'avait pas encore renoncé au genre du dithyrambe[205]. En tout dernier, disent ces auteurs, ont été écrites les *Lois*, puisque Platon les a laissées non corrigées et en désordre, la mort ne lui ayant pas laissé le temps de les mettre en ordre. Et si l'ouvrage nous semble aujourd'hui convenablement en ordre, ce n'est pas parce que Platon a achevé l'ouvrage, mais un certain Philippe d'Oponte, qui fut son successeur à la tête de l'école platonicienne[206].

Si l'on considère le temps des personnages qui figurent dans les dialogues, le premier dialogue, disent ces auteurs, est le *Parménide*, parce qu'il présente Socrate comme un très jeune homme recevant l'enseignement de Parménide, et le dernier le *Théétète*, parce qu'il est placé après la mort de Socrate.

D'après les tétralogies, voici ce qu'il en est : Platon, selon ces auteurs, a publié ses dialogues en tétralogies[207] à l'imitation des auteurs tragiques ou comiques, qui présentaient au concours quatre pièces ayant le même sujet et donnaient à la dernière un tour plaisant. **25.** Ils disent donc qu'il y a neuf tétralogies, de sorte que les dialogues de Platon sont trente-six en tout. Ces auteurs, pour obtenir ce nombre de tétralogies, déclarent authentique l'*Epinomis*, alors qu'il est inauthentique. Qu'il soit inauthentique, c'est ce que le très savant Proclus montre au moyen de deux arguments[208]. Premièrement : «Comment Platon, dit-il, qui n'a pas pu corriger les *Lois*, parce qu'il ne lui est pas resté assez de temps à vivre, aurait-il pu écrire l'*Epinomis*, qui vient après les *Lois*?» Deuxièmement : «Alors que Platon, dans ses autres dialogues, fait mouvoir les planètes de droite à gauche[209], dans ce dialogue, il les fait mouvoir

205-208. Voir *Notes complémentaires*, p. 73.

209. Mouvement des planètes de droite à gauche : Alcin., *Didasc.* 14 ; D.L. III 68 ; Procl., *In Tim.* II 258.25-260.3 ; *In remp.* II 232.24-233.20 ; 251.18-23 ; Calcid., *In Tim.* 146.9-147.10 Waszink. Sur cet argument cf. L. Tarán, *op. cit.*, p. 8-11 (l'argument de Proclus est une erreur d'interprétation).

δ' ὅτι ⟨ἐν⟩ ἐκείνῳ κέχρηται τῷ διθυραμ|βώδει χαρακτῆρι [218] ὡς ἂν μήπω ἀποθέμενος τὴν τῶν διθυράμβων μοῦσαν. Ἐσχάτους δὲ τοὺς Νόμους φασὶν γεγράφθαι, διότι ἀδιορθώτους αὐτοὺς κατέλιπεν καὶ συγκεχυμένους μὴ εὐπορήσας χρόνου διὰ τὴν τελευτὴν πρὸς τὸ συνθεῖναι αὐτούς· εἰ δὲ καὶ νῦν δοκοῦσι συντετάχθαι κατὰ τὸ δέον, οὐκ αὐτοῦ τοῦ Πλάτωνος συνθέντος ἀλλά τινος Φιλίππου Ὀπουντίου, ὃς διάδοχος γέγονε τοῦ Πλατωνικοῦ διδασκαλείου.

Ἐκ τοῦ χρόνου τῶν ἐγκειμένων προσώπων οὕτως· πρῶτον λέγουσι τὸν Παρμενίδην, ὅτι λίαν νέον ὑποτίθεται τὸν Σωκράτη, διδασκόμενον ὑπὸ Παρμενίδου· τὸν δὲ Θεαίτητον τελευταῖον, ὅτι μετὰ θάνατον Σωκράτους ὑπόκειται.

Ἐκ δὲ τῶν τετραλογιῶν οὕτως· κατὰ τετραλογίαν
φασὶν ἐκδεδόσθαι αὐτῷ τοὺς διαλόγους κατὰ μίμησιν
τῶν τε τραγικῶν καὶ τῶν κωμικῶν, οἵτινες διὰ τεσσάρων
δραμάτων ἠγωνίζοντο τὸν αὐτὸν ἐχόντων σκοπόν, ἐν δὲ
τῷ τελευταίῳ εἰς ἡδονὴν κατήντων. Φασὶν οὖν ἐννέα εἶναι **25**
τετραλογίας, ὡς λϛ' εἶναι τοὺς πάντας διαλόγους αὐτοῦ. Οὗτοι δὲ διὰ τὸ συστῆναι τὸν τῶν τετραλογιῶν ἀριθμὸν τὸ Ἐπινόμιον, νοθευόμενον, γνήσιον ἀποφαίνουσιν· ὅτι δὲ νόθον ἐστίν, διὰ δύο τινῶν δείκνυσιν ὁ σοφώτατος Πρόκλος, πρῶτον μὲν λέγων 'Πῶς ὁ τοὺς Νόμους μὴ εὐπορήσας διορθώσασθαι διὰ τὸ μὴ ἔχειν χρόνον ζωῆς τὸ Ἐπινόμιον μετὰ τούτους ὃν εἶχεν γράψαι ;' δεύτερον δ' ὅτι ἐν μὲν τοῖς ἄλλοις διαλόγοις αὐτοῦ φησιν τοὺς πλανωμένους ἀστέρας ἀπὸ τῶν δεξιῶν ἐπὶ τὰ ἀριστερὰ

25. 9-11 Pl., *Tim.* 36 C 5-7 ; cf. 40 A 7-B 8 ; *Resp.* X 617 A 4-7.

24. 11 ἐν add. Hermann || 14 κατέλιπεν] ι ex ει V || 16 τὸ mg. add. V || 20 ante οὕτως dist. V.
25. 8 ὃν] ἂν Hermann.

au sens contraire, de gauche à droite». Ceux qui disent que les dialogues ont été publiés par tétralogies, affirment que la première tétralogie comprend l'*Euthyphron*, l'*Apologie*, le *Criton* et le *Phédon*. Ils placent l'*Euthyphron* en premier parce que, dans ce dialogue, Socrate est présenté comme attendant son jugement; l'*Apologie* en deuxième, parce qu'elle présente Socrate en cours de jugement; le *Criton* en troisième, parce que le jugement de Socrate est désormais chose faite, et le *Phédon* en quatrième, parce que l'on assiste à la mort de Socrate dans ce dialogue[210]. Ceux qui pensent que l'*Euthyphron* a été écrit en premier disent que les *Lettres* ont été écrites en tout dernier lieu : en effet, dans l'*Euthyphron*, Platon parle abondamment de la vie de Socrate, tandis que dans les *Lettres* il traite abondamment de sa propre vie. Il a donc adopté cet ordre pour que son point d'arrivée coïncidât avec son point de départ. Nous ne les approuverons pas quand ils affirment que Platon a adopté l'ordre tétralogique pour imiter les poètes tragiques; en effet, Platon lui-même les critique en disant qu'ils tracent des reflets de reflets. On peut montrer qu'il ne les imite pas d'une autre façon encore : les tragiques achèvent leur tétralogie par un sujet plaisant, tandis que Platon avec le *Phédon*, qui est le dernier ouvrage de la première tétralogie, ne termine pas sur un sujet plaisant, mais sur la mort de Socrate. Par conséquent, ils ont tort d'affirmer que les dialogues de Platon ont été publiés par tétralogies. D'ailleurs, autre est le dessein de Platon dans l'*Euthyphron*, autre celui dans l'*Apologie*, autre celui dans le *Criton*, autre enfin celui dans le *Phédon*[211].

26. Afin d'apprendre l'ordre véritable des dialogues, disons d'abord quels sont les inauthentiques, dont nous n'aurons pas à chercher l'ordre. Tout le monde convient que sont inauthentiques le *Sisyphe*, le *Démodocos*, l'*Alcyon*, l'*Eryxias* et les *Définitions*, que l'on rapporte à

210. Voir *Notes complémentaires*, p. 74.

211. Critique du classement en tétralogies chez Albin., *Isag.* 4, p. 149.13-20.

κινεῖσθαι, ἐν αὐτῷ δὲ τὸ ἀνάπαλιν ἀπὸ τῶν ἀριστερῶν ἐπὶ τὰ δεξιά. Κατὰ τετραλογίαν δὲ λέγοντες ἐκδεδόσθαι τοὺς διαλόγους πρώτην φασὶν τετραλογίαν εἶναι τὸν Εὐθύφρονα καὶ τὴν Ἀπολογίαν καὶ τὸν Κρίτωνα καὶ τὸν Φαίδωνα. Καὶ πρῶτον μὲν λέγουσι τὸν Εὐθύφρονα ὡς ἐν αὐτῷ ὑποτιθεμένου τοῦ Σωκράτους ὡς κριθησομένου, δευτέραν δὲ τὴν Ἀπολογίαν ὡς ἐν αὐτῇ κρινομένου αὐτοῦ, τρίτον δὲ τὸν Κρίτωνα ὡς κριθέντος ἐν αὐτῷ ἤδη τοῦ Σωκράτους, τέταρτον τὸν Φαίδωνα ὡς ἐν αὐτῷ τελευτῶντος. Ἔσχατον δὲ πάντων γεγράφθαι λέγουσι τὰς Ἐπιστολάς, πρῶτον οἰόμενοι τὸν Εὐθύφρονα, διότι καὶ ἐν τῷ Εὐθύφρονι πολλὰ περὶ Σωκράτους βίου διαλέγεται καὶ ἐν ταῖς Ἐπιστολαῖς πολλὰ περὶ τοῦ οἰκείου βίου διέξεισιν· ἵνα οὖν ἐκ τοῦ αὐτοῦ ἄρξηται καὶ εἰς τὸ αὐτὸ λήξῃ, τοιαύτῃ ἐχρήσατο τάξει. Οὐκ ἀποδεξόμεθα δ' αὐτοὺς λέγοντας | [219] αὐτὸν κατὰ μίμησιν τῶν τραγικῶν τὸ τῶν τετραλογιῶν εἶδος ἐπιτηδεῦσαι· αὐτὸς γὰρ διαβάλλων αὐτοὺς λέγει εἴδωλα εἰδώλων γράφειν. Καὶ ἄλλως ἐστὶν δεῖξαι ὡς οὐ μιμεῖται αὐτούς· ἐκεῖνοι γὰρ τὸ τελευταῖον εἰς ἡδονὴν καταντῶσιν, οὗτος δ' ἐν τῷ Φαίδωνι, τελευταίῳ ὄντι τῆς πρώτης τετραλογίας, οὐκ εἰς ἡδονὴν κατήντησεν, ἀλλ' εἰς τελευτὴν τοῦ Σωκράτους· οὐκ ἄρα καλῶς λέγουσιν εἰς τετραλογίας ἐκδεδόσθαι τοὺς διαλόγους αὐτοῦ. Καὶ ἄλλως ἄλλος ἐστὶν σκοπὸς ἐν τῷ Εὐθύφρονι καὶ ἄλλος ἐν τῇ Ἀπολογίᾳ καὶ ἄλλος ἐν τῷ Κρίτωνι καὶ ἄλλος ἐν τῷ Φαίδωνι.

26 Ἵνα δὲ τὴν ἀληθῆ τάξιν μάθωμεν, εἴπωμεν πρῶτον ποῖοί εἰσιν οἱ νόθοι καὶ τούτων τὴν τάξιν μὴ ζητήσωμεν. Πάντες τοίνυν κοινῶς ὁμολογοῦσι νόθους εἶναι τὸν Σίσυφον καὶ τὸν Δημόδοκον καὶ τὴν Ἀλκυόνα καὶ τὸν Ἐρυξίαν καὶ τοὺς Ὅρους, οὓς εἰς Σπεύσιππον ἀνα-

25. 11-12 Pl., *Epin.* 987 B 5-6 || 28 Pl., *Resp.* X 605 C 3.

26. 3 κοινῶς Hermann : -ους V || 5 Ἐρυξίαν Hermann : εὐρυξίαν V.

Speusippe[212]. Ainsi, il y a trente-six dialogues en tout. Parmi ces dialogues, le divin Proclus considère l'*Epinomis* comme inauthentique pour les raisons que l'on a dites plus haut. Il rejette la *République* parce qu'elle contient plusieurs livres et qu'elle n'est pas écrite sous forme de dialogue, et aussi les *Lois*, pour la même raison ; il rejette encore les *Lettres* à cause du caractère simple de leur style[213]. De la sorte il ne reste que trente deux dialogues en tout. Si l'on ajoute les douze livres des *Lois* et les dix livres de la *République*, on obtient cinquante quatre dialogues en tout[214]. Puisque l'ordre de tous ces dialogues n'est pas une chose très importante et qu'il exigerait une étude excédant ce bref exposé, nous passons outre et allons rapporter la position du divin Jamblique[215]. Celui-ci donc ramenait tous les dialogues à douze [principaux], et appelait les uns 'physiques' et les autres 'théologiques'. À nouveau, il ramenait ces douze dialogues à deux : le *Timée* et le *Parménide*, le *Timée* couvrant tout le champ de la physique, le *Parménide* toutes les questions de théologie[216]. Il vaut maintenant la peine de rechercher l'ordre de ces [douze dialogues], car ce sont aussi les dialogues que tout le monde a jugé bon d'expliquer en classe[217]. Il faut donc expliquer en premier lieu l'*Alcibiade*, parce que, dans ce dialogue, nous apprenons à nous connaître nous-mêmes[218] ; or il est juste, avant de connaître les objets extérieurs, de se connaître soi-même. Comment en effet pouvons-nous connaître ces objets-là si nous nous ignorons nous-mêmes[219] ? En dernier il faut expliquer le *Philèbe*, puisque la discussion y porte sur le bien, qui est au-delà de tout[220] : il faut donc aussi que ce dialogue soit au-delà de tous les autres et le dernier. Quant aux dialogues intermédiaires, il faut les ranger ainsi : comme les vertus s'ordonnent selon cinq degrés, physiques, morales, politiques, cathartiques, théorétiques[221], il faut lire d'abord le *Gorgias*, comme étant politique, deuxièmement le *Phédon*, comme étant

212-221. Voir *Notes complémentaires*, p. 74-76.

φέρουσιν· ὡς λϛʹ εἶναι πάντας. Ὧν τὸ Ἐπινόμιον νοθεύει ὁ θεῖος Πρόκλος διὰ τὰς εἰρημένας αἰτίας· ἐκβάλλει δὲ καὶ τὰς Πολιτείας διὰ τὸ πολλοὺς εἶναι λόγους καὶ μὴ διαλογικῶς γεγράφθαι, καὶ τοὺς Νόμους δὲ διὰ τὸ αὐτό· καὶ τὰς Ἐπιστολὰς δ' ἐκβάλλει διὰ τὸ ἁπλοῦν τῆς φράσεως, ὡς καταλιμπάνεσθαι λβʹ τοὺς πάντας διαλόγους. Οἷς προστιθεμένοις ιβʹ τῶν Νόμων καὶ δέκα τῆς Πολιτείας γίνονται οἱ πάντες διάλογοι νδʹ. Τούτων δὲ πάντων τὴν τάξιν μὴ πάνυ τι χρησιμεύουσαν ἀλλὰ καὶ ὑπερβαίνουσαν τῷ μήκει τὴν βραχυλογίαν ὑπερτιθέμεθα, λέγομεν δὲ ὃ ὁ θεῖος Ἰάμβλιχος ἐποίησεν. Αὐτὸς τοίνυν πάντας εἰς ιβʹ διῄρει διαλόγους, καὶ τούτων τοὺς μὲν φυσικοὺς ἔλεγεν, τοὺς δὲ θεολογικούς· πάλιν δὲ τοὺς δώδεκα συνῄρει εἰς δύο, εἴς τε τὸν Τίμαιον καὶ τὸν Παρμενίδην, ὧν τὸν μὲν Τίμαιον ἐπὶ πᾶσι τοῖς φυσικοῖς, τὸν δὲ Παρμενίδην τοῖς θεολογικοῖς. Τούτων δὲ ἄξιόν ἐστιν τὴν τάξιν ζητῆσαι, διότι καὶ τούτους ἠξίωσαν πάντες πράττεσθαι. Πρῶτον τοίνυν δεῖ τὸν Ἀλκιβιάδην πράττειν, διότι ἐν αὐτῷ γινώσκομεν ἑαυτούς, ἄξιον δ' ἐστὶν πρὶν ἢ τὰ ἔξω γνῶναι ἑαυτοὺς γνῶναι· πῶς γὰρ ἔχομεν ἐκεῖνα γνῶναι ἑαυτοὺς ἀγνοοῦντες ; Ἔσχατον δὲ δεῖ τὸν Φίληβον, ἐπειδὴ ἐν αὐτῷ περὶ τοῦ ἀγαθοῦ διαλέγεται, ὃ πάντων ἐπέκεινά ἐστιν· οὐκοῦν καὶ αὐτὸν δεῖ πάντων ἐπέκεινα καὶ τελευταῖον εἶναι. Τοὺς δ' ἐν μέσῳ οὕτω δεῖ τάττειν. Πέντε οὐσῶν τῇ τάξει κατὰ βάθος τῶν ἀρετῶν, φυσικῶν ἠθι|κῶν πολιτικῶν καθαρτικῶν θεωρη- [220] τικῶν, πρῶτον δεῖ ἀναγνῶναι τὸν Γοργίαν ὡς πολιτικὸν ὄντα, δεύτερον τὸν Φαίδωνα ὡς καθαρτικόν, μετὰ γὰρ

26. 6-7 cf. supra **25.** 4-12 || 24-25 Pl., *Phaedr.* 229 E 5-230 A 1.

26. 17 διῄρει] leg. συνῄρει? (cf. l. 19) || 27 ἐν αὐτῷ ex εαυτωι V.

cathartique : après la vie politique vient en effet la vie cathartique[222]. Nous passons ensuite à la connaissance des êtres, qui s'acquiert par la vertu théorétique. Or ces êtres se laissent voir <soit dans les noms> soit dans les concepts soit dans la réalité des choses : ainsi donc, après les dialogues susdits, il faut lire en quatrième le *Cratyle*, comme donnant un enseignement sur les noms, puis le *Théétète*, comme donnant un enseignement sur les concepts. Puis, après ces dialogues, nous passons au <*Sophiste* et au *Politique* comme étant théorétiques et> donnant un enseignement sur la nature[223], et ensuite, cela fait, au *Phèdre* et au *Banquet*[224], comme étant théorétiques et portant sur des questions de théologie. Et, cela fait, il faut en venir aux dialogues parfaits, je veux dire le *Timée* et le *Parménide*[225].

Voilà ce que nous avons à dire sur ce sujet. Mais puisque certains jugent bon d'expliquer les *Lois* et la *République*, il convient d'exposer le dessein de ces dialogues aussi. Il y a trois sortes de constitutions : (1) l'état réformé, (2) l'état qui dépend d'une situation donnée et (3) l'état idéal[226]. On a (1) l'état réformé, lorsque nous ramenons les habitudes de notre âme, qui sont mauvaises, à leur état imperverti. (2) On a l'état qui dépend d'une situation donnée lorsque l'on prend appui sur certaines lois et coutumes existantes. (3) On a enfin l'état idéal, quand on ne concède rien à la tradition mais que toutes choses sont communes, de sorte que ce qui est à moi est aussi à toi et ce qui est à toi, aussi à moi, et que les biens de chacun appartiennent en propre à chacun en même temps qu'aux autres. Platon traite de l'état réformé dans les *Lettres*, de l'état qui dépend d'une situation donnée dans les *Lois* et enfin de l'état idéal dans la *République*.

222-224. Voir *Notes complémentaires*, p. 76-77.

225. Cf. A. J. Festugière, *art. cit.*, p. 292-293 = *Études*, p. 546-547.

226. Voir *Notes complémentaires*, p. 77.

τὴν πολιτικὴν ζωὴν ἡ καθαρτική ἐστιν. Εἶτα ἐρχόμεθα ἐπὶ τὴν γνῶσιν τῶν ὄντων, ἥτις διὰ τῆς ἠθικῆς ἀρετῆς προσγίνεται· ταῦτα δὲ τὰ ὄντα ἢ ἐν νοήμασι θεωροῦνται ἢ ἐν πράγμασιν. Οὐκοῦν μετὰ τοὺς εἰρημένους διαλόγους δεῖ ἀναγνῶναι τέταρτον τὸν Κρατύλον ὡς περὶ ὀνομάτων διδάσκοντα, εἶτα τὸν Θεαίτητον ὡς περὶ πραγμάτων. Εἶτα ἐρχόμεθα μετὰ τούτους εἰς τὸν*** περὶ φυσικῶν διδάσκοντα· καὶ εἶθ' οὕτως ἐπὶ τὸν Φαῖδρον καὶ τὸ Συμπόσιον ὡς θεωρητικοὺς καὶ περὶ θεολογικῶν διαλεγομένους· καὶ οὕτως ἐπὶ τοὺς τελείους δεῖ ἐλθεῖν, τὸν Τίμαιόν φημι καὶ τὸν Παρμενίδην.

Καὶ οὕτως μὲν περὶ τούτων λέγομεν· ἐπειδὴ δὲ καὶ τοὺς Νόμους καὶ τὰς Πολιτείας πράττειν ἀξιοῦσί τινες, ἄξιόν ἐστι καὶ τούτων τὸν σκοπὸν εἰπεῖν. Τριῶν τοίνυν ὄντων εἰδῶν πολιτείας, τοῦ ἐξ ἐπανορθώσεως, τοῦ ἐξ ὑποθέσεως, τοῦ ἄνευ τῆς ὑποθέσεως· καὶ ἐξ ἐπανορθώσεως μὲν ὄντος ὅταν τὰ τῆς ἡμετέρας ψυχῆς ὄντα κακὰ ἤθη ἀδιάστροφα ποιήσωμεν, ἐξ ὑποθέσεως δὲ ὅταν ὑποκειμένους νόμους ποιῶσι καὶ ἤθη τινὰ ἐν ταῖς πόλεσιν, ἀνυποθέτου δὲ ὅταν μηδὲν ᾖ ὑποτεθὲν ἀλλὰ πάντα κοινὰ ὦσιν, ὡς τὸ ἐμὸν σὸν εἶναι καὶ τὸ σὸν ἐμὸν καὶ τὴν ἑκάστου περιουσίαν ἰδίαν τε εἶναι ἅμα καὶ ἀλλοτρίαν· περὶ μὲν οὖν τοῦ ἐξ ἐπανορθώσεως ἐν ταῖς Ἐπιστολαῖς διαλαμβάνει, περὶ δὲ τοῦ ἐξ ὑποθέσεως ἐν τοῖς Νόμοις, περὶ δὲ τοῦ ἀνυποθέτου ἐν τῇ Πολιτείᾳ.

26. 56-57 Pl., *Ep.* VII et VIII.

26. 35 ἠθικῆς] debebat θεωρητικῆς || 40 lacunam statui ; uide supra *Praef.* p. LXXII || 42 θεωρητικοὺς scripsi : -ῶς V.

XI

27. Le dernier point à examiner dans ces préliminaires aux dialogues de Platon est de rechercher quel mode d'enseignement il emploie[227]. Il utilise donc quinze modes d'enseignement : (1) l'inspiration divine; (2) la démonstration; (3) la définition; (4) la division; (5) l'analyse; (6) l'indice; (7) l'image; (8) l'exemple; (9) l'induction; (10) l'analogie; (11) l'arithmétique; (12) l'abstraction; (13) l'addition; (14) l'histoire et (15) l'étymologie.

(1) Platon use de l'inspiration divine dans le *Phèdre*, où Socrate est dit possédé par les Nymphes[228]; dans le huitième livre de la *République*, où il parle des Muses; dans le *Timée*, où il met en scène le Démiurge adressant la parole aux êtres célestes, et dans quelques autres dialogues.

(2) Il use de la démonstration dans le *Phédon*, où il prouve l'immortalité de l'âme en prenant l'automotricité comme moyen terme[229].

(3) Il use de la définition dans presque tous ses dialogues, tantôt en donnant lui-même la définition, tantôt en amenant ses interlocuteurs à la donner.

(4) Il use de la division dans le *Sophiste*, où il dit, comme nous l'avons déjà vu, que rien ne pourra jamais se flatter d'échapper à la méthode de division, qui a été donnée par dieu aux hommes par l'entremise de Prométhée[230].

227-228. Voir *Notes complémentaires*, p. 78.

229. Erreur : cette preuve se trouve dans le *Phèdre* 245 C 5 et non pas dans le *Phédon*. Même erreur sur un passage voisin du *Phèdre* dans Simpl., *In phys.* 464.26-29; Ascl., *In metaph.* 90.27. Dans le cas de Simpl., qui était incapable d'une telle bourde, un copiste doit être le coupable; peut-être les deux autres auteurs, eux aussi, méritent-ils le bénéfice du doute.

230. Cf. *supra*, 23.12-15, et n. 200, p. 72 des Notes complémentaires.

ια´

Τελευταίου δ' ὄντος εἰς ζήτησιν κεφαλαίου ἐν τοῖς 27 προτελείοις τῶν τοῦ Πλάτωνος διαλόγων τοῦ γνῶναι ποίῳ τρόπῳ κέχρηται διδασκαλίας ὁ Πλάτων, πεντεκαίδεκα τοίνυν κέχρηται τρόποις διδασκαλικοῖς· τῷ ἐνθουσιαστικῷ, τῷ ἀποδεικτικῷ, τῷ ὁριστικῷ, τῷ διαιρετικῷ, τῷ ἀναλυτικῷ, τῷ τεκμηριώδει, τῷ εἰκονικῷ, τῷ παραδειγματικῷ, τῷ ἐπαγωγικῷ, τῷ ἀναλογικῷ, τῷ ἀριθμητικῷ, τῷ κατὰ ἀφαίρεσιν, τῷ κατὰ πρόσθεσιν, τῷ ἱστορικῷ, τῷ ἐτυμολογικῷ.

Καὶ τῷ μὲν ἐνθουσιαστικῷ κέχρηται ἐν τῷ Φαίδρῳ νυμφόληπτος γενόμενος καὶ ἐν τῷ η´ τῶν Πολιτειῶν περὶ Μουσῶν διαλεγόμενος καὶ ἐν τῷ Τιμαίῳ ὑποκρινόμενος τὸν δημιουργὸν διαλεγόμενον πρὸς τὰ οὐράνια, καὶ ἐν ἄλλοις δέ τισιν.

Τῷ δ' ἀποδεικτικῷ πάλιν ἐν τῷ Φαίδωνι δεικνὺς τὴν | ἀθανασίαν τῆς ψυχῆς διὰ μέσου τοῦ αὐτοκινήτου. [221]

Τῷ δ' ὁριστικῷ ἐν πᾶσι σχεδὸν τοῖς διαλόγοις, αὐτός τε ὁριζόμενος καὶ τοὺς προσδιαλεγομένους ὁρίζεσθαι παρασκευάζων.

Τῷ δὲ διαιρετικῷ κέχρηται ἐν τῷ Σοφιστῇ, λέγων, ὡς καὶ ἀνωτέρω εἰρήκαμεν, ὡς οὐδὲν καυχήσεται διαφυγὸν τὴν διαιρετικὴν μέθοδον τὴν τοῖς ἀνθρώποις ἐκ θεοῦ δοθεῖσαν διὰ μέσου Προμηθέως.

27. 11 Pl., *Phaedr.* 238 D 1 || 11-12 Pl., *Resp.* VIII 545 D 5-547 A 5 || 12-13 Pl., *Tim.* 41 A 7-D 3 || 14 Pl., *Theaet.* 173 C 6-177 B 7 || 15-16 Pl., *Phaedr.* 245 C 5-246 A 2 || 20-23 Pl., *Soph.* 235 C 4-6 et *Phil.* 16 C 5-7 || 20-21 ὡς... εἰρήκαμεν : cf. *supra* **23**.12-15.

27. 11 Πολιτειῶν scripsi : πολιτικῶν V.

(5) Il use de l'analyse dans le *Timée*, où il analyse tous les êtres de la nature en réceptacle et forme (par réceptacle, il veut dire la nature); puis il analyse la forme, à son tour, en figures, les figures en triangles, ajoutant que ce qui se trouve au-delà n'est connu que de dieu et de celui qu'il aime.

(6) Il use de l'indice dans l'*Alcibiade*[231], où il déclare que l'indice de l'erreur est le désaccord, celui du vrai, l'accord. Le vrai n'est ni en désaccord avec lui-même ni en conflit.

(7) Il use de l'image[232] dans le *Phèdre*, où il compare notre âme à un cocher et ses puissances à deux chevaux, ajoutant que l'un est bon et l'autre mauvais.

(8) Il use de l'exemple[233] dans la *République*, où il assimile la cité à un navire, le peuple au capitaine, et les magistrats à des matelots qui cherchent à enivrer le capitaine pour avoir licence de faire tout ce qu'ils veulent. L'image diffère de l'exemple, en ce que l'image exprime et imite mieux la nature dont elle est image, tandis que l'exemple l'imite à un moindre degré. En tout cas, l'on peut désigner une réalité véritable du nom de son image. Ainsi, en appelant 'cocher' une âme nous ne saurions nous tromper. En revanche, il n'est pas possible d'appeler une chose du nom d'un exemple. Qui appelerait la cité 'un navire'? La raison en est le plus ou moins grand degré de ressemblance.

(9) Il use de l'induction dans l'*Alcibiade*, où il déclare que celui qui convainc un seul homme peut aussi

231. Cf. Procl., *In Alc.* 261.11-21 ; 267.22 ss. ; Philop., *De an.* 30.20-21 ; 31.15-16 ; Simpl., *In phys.* 15.15-25 ; 1279.22-27 ; Ol., *In Alc.* 92.4-5 ; *In meteor.* 333.38-334.5.

232. Proclus emploie εἰκονικὸς τρόπος d'une manière différente, l'image étant la réalité inférieure qui reflète une réalité plus élevée : *Theol. plat.* I 4, p. 19.6-22 ; *In remp.* II 8.11-14 (cité *supra*, p. 78, note 228) ; cf. *ibid.* I 84.26-27 ; *In Parm.* I, 646.28-31. Malgré cette différence, l'anonyme a pu emprunter le terme à une liste chez Proclus.

233. Platon lui-même, dans ce passage, emploie le mot εἰκών (*Rép.* VI 488 C 1 et 489 A 5).

Τῷ δ' ἀναλυτικῷ ἐν Τιμαίῳ κέχρηται ἀναλύων τὰ φυσικὰ πάντα εἰς δεξαμενὴν καὶ εἶδος (δεξαμενὴν καλῶν τὴν ὕλην), τὸ δὲ εἶδος πάλιν εἰς σχήματα, τὰ δὲ σχήματα εἰς τρίγωνα, τὰ δὲ ἐπέκεινα τούτων μόνον θεὸν λέγων εἰδέναι καὶ τὸν τούτῳ φίλον.

Τῷ δὲ τεκμηριώδει κέχρηται ἐν τῷ Ἀλκιβιάδῃ λέγων τεκμήριον εἶναι τοῦ ψεύδους τὴν διαφωνίαν, τοῦ δ' ἀληθοῦς τὴν συμφωνίαν· τὸ δ' ἀληθὲς ἑαυτῷ οὔτε διαφωνεῖ οὔτε μάχεται.

Τῷ δὲ εἰκονικῷ ἐν Φαίδρῳ κέχρηται, ἀπεικάζων τὴν ψυχὴν ἡμῶν ἡνιόχῳ, τὰς δὲ δυνάμεις αὐτῆς ἵπποις, καὶ τὸν μὲν λέγων ἀγαθόν, τὸν δὲ κακόν.

Τῷ δὲ παραδειγματικῷ ἐν ταῖς Πολιτείαις λέγων ἐοικέναι τὴν μὲν πόλιν νηΐ, τὸν δὲ δῆμον ναυκλήρῳ, τοὺς δὲ ἄρχοντας ναύταις βουλομένοις μεθῦσαι τὸν ναύκληρον ὅπως ἐπ' ἐξουσίας ἔχοιεν πράττειν ὅ τι καὶ βούλονται. Διαφέρει δ' ὁ εἰκονικὸς τοῦ παραδειγματικοῦ τῷ μᾶλλον τὸν εἰκονικὸν ἐνδείκνυσθαι καὶ μιμεῖσθαι τὴν φύσιν ἧς ἐστιν εἰκών, τὸν δὲ παραδειγματικὸν ἧττον μιμεῖσθαι. Ἀμέλει γοῦν καὶ τῷ τῆς εἰκόνος ὀνόματι δυνατόν ἐστιν καλέσαι τὸ ἀληθὲς πρᾶγμα· οὕτως γοῦν τὴν ψυχὴν ἡνίοχον λέγοντος οὐκ ἂν ἁμάρτοιμεν· τῷ δὲ τοῦ παραδείγματος οὐ δυνατὸν καλέσαι· τίς γὰρ ἐρεῖ τὴν πόλιν ναῦν ; Τούτου δ' αἴτιον τὸ μᾶλλον ἐοικέναι καὶ ἧττον.

Τῷ δὲ ἐπαγωγικῷ κέχρηται ἐν τῷ Ἀλκιβιάδῃ, ἔνθα λέγει ὅτι ὁ ἕνα πείθων καὶ πολλοὺς δύναται πεῖσαι καὶ

27. 24-28 Pl., *Tim.* 52 D 2-53 C 3 || 29-32 Pl., *Alc.* I, 111 A 11-112 D 6 || 33-35 Pl., *Phaedr.* 246 A 2-B 4 || 36-39 Pl., *Resp.* VI 488 A 1-489 A 3.

27. 38 ἄρχοντας ναύταις βουλομένοις Hermann : ἀρχτ[ασας] ναύταις[ας] βουλομένους (ας ter compendio scriptum) V || 41 τὸν Hermann : τὸ V || 46 παραδείγματος scripsi : παραδειγματικοῦ V.

convaincre une multitude, et que celui qui convainc une multitude peut aussi convaincre un seul homme, et il prouve cela au moyen d'une induction. En tout cas, le géomètre, qui convainc un seul homme peut aussi convaincre une multitude, et s'il peut convaincre une multitude, il a aussi, évidemment, le pouvoir de convaincre un seul homme[234].

(10) <Il use de l'analogie> dans le *Gorgias*[235], où il soutient que ce que la médecine est à la cuisine, la justice l'est à la sophistique. En effet, de même que la médecine vise le bien et l'avantage du malade en lui prescrivant tel remède ou tel régime, même désagréable, tandis que la cuisine ne vise que l'agréable dans ses combinaisons compliquées de saveurs, de même aussi la justice ne procure que de solides avantages et de vrais biens, tandis que la rhétorique ne poursuit que l'agrément (dans ce dialogue, Platon donne à la rhétorique le nom de sophistique). Aussi rapporte-t-on qu'Eschine, montant un jour à la tribune, dit à ses auditeurs : «Que désirez-vous ? Que dois-je proposer ? En quoi pourrai-je vous faire plaisir ?»[236] Quant à Platon, il démontre ce qu'il veut dire au moyen d'une proportion géométrique : 'A est à B comme ...'

(11) Il use de l'arithmétique[237] dans le *Philèbe*, où il explique qu'il y a six ordres de biens et quels ils sont, en les dénombrant[238].

(12) Il use de l'abstraction dans le *Timée*, où il se lance à la chasse de la matière et la découvre en faisant abstraction de toutes les formes.

(13) Il use de l'addition dans l'*Alcibiade*. En effet, il se propose de rechercher dans ce dialogue ce qu'est l'homme, s'il est le corps ou bien l'âme ou bien le composé des deux. Et il montre que l'homme n'est ni le corps ni le composé de l'âme et du corps, mais l'âme en elle-même. Plus loin, il ajoute que l'homme n'est pas l'âme toute entière, car il n'est ni l'âme végétative ni

234. Cf. Procl., *In Alc.* 201.12-13 et 293.3.
235-238. Voir *Notes complémentaires*, p. 78-79.

ὁ πολλοὺς πείθων καὶ ἕνα οἷός ⟨τέ⟩ ἐστιν πεῖσαι, καὶ τοῦτο πιστοῦται δι᾽ ἐπαγωγῆς· ὁ γοῦν γεωμέτρης ἕνα πείθων καὶ πολλοὺς δύναται πεῖσαι καὶ πολλοὺς πείθων ὁ αὐτὸς καὶ ἕνα δῆλον ὅτι πεῖσαι δύναται.

⟨Τῷ δὲ ἀναλογικῷ κέχρηται⟩ ἐν τῷ Γοργίᾳ λέγων ὅτι ὡς ἰατρικὴ πρὸς ὀψοποιΐαν, οὕτως δικαστικὴ πρὸς σοφιστικήν. Ὥσπερ γὰρ ἰατρικὴ πρὸς τὸ ἀγαθὸν καὶ συμφέρον ὁρῶσα προσφέρει τόδε τὸ βοήθημα ἢ τὸ ἔδεσμα, κἂν ἀηδὲς ᾖ, ἡ δὲ ὀψοποιητικὴ πρὸς τὸ ἡδὺ μόνον ὁρᾷ καὶ κεκαρυκευμένον ποικίλαις ποιότησιν, οὕτως καὶ ἡ δικαστικὴ τὰ συμφέροντα μόνον καὶ ἀγαθὰ ποιεῖ, ἡ δὲ ῥητορικὴ τὰ ἡδέα· | [222] σοφιστικὴν δὲ ἐκεῖ τὴν ῥητορικὴν καλεῖ. Ὅθεν λέγουσί ποτε τὸν Αἰσχίνην ἀναβάντα ἐπὶ τοῦ βήματος εἰπεῖν πρὸς τοὺς ἀκροατὰς ὅτι 'Τί βούλεσθε ; Τί εἴπω ; Τί ὑμῖν χαρίσωμαι ;' Δέδεικται δὲ τὸ εἰρημένον διὰ γεωμετρικῆς ἀναλογίας, 'ὡς τόδε πρὸς τόδε'.

Τῷ δ᾽ ἀριθμητικῷ κέχρηται ἐν Φιλήβῳ λέγων ἓξ εἶναι τάξεις τῶν ἀγαθῶν καὶ ποῖαι αὗται, ταύτας ἀπαριθμούμενος.

Τῷ δ᾽ ἀφαιρετικῷ κέχρηται ἐν Τιμαίῳ τηρῶν καὶ εὑρίσκων τὴν ὕλην ἐκ τῆς ἀφαιρέσεως πάντων τῶν εἰδῶν.

Τῷ δὲ προσθετικῷ ἐν τῷ Ἀλκιβιάδῃ· προτίθεται γὰρ ζητεῖν τί ἐστιν ὁ ἄνθρωπος, πότερον σῶμα ἢ ψυχὴ ἢ τὸ συναμφότερον, καὶ δείκνυσιν ὡς οὔτε τὸ σῶμα οὔτε τὸ συναμφότερον, ἀλλ᾽ ἡ ψυχὴ καθ᾽ αὑτήν· εἶτα προϊὼν προστίθησιν ὡς οὐ πᾶσα ψυχή, οὐ γὰρ δὴ ἥ γε φυτικὴ

27. 49-54 Pl., *Alc.* I, 114 B 6-C 8 || 55-63 Pl., *Gorg.* 465 C 1-3 || 63-65 Demosth., *Or.* 3.22 || 68-70 Pl., *Phil.* 66 A 4-C 10 || 71-72 Pl., *Tim.* 48 E 2-52 D 1.

27. 51 τε addidi || 55 Τῷ — κέχρηται add. Hermann || 57 leg. γὰρ ἡ? || 66 διὰ γεωμετρικῆς Hermann : διαμετρικῆς V || 71 leg. θηρῶν? || 73 προτίθεται scripsi : πρόστίθεται V || 77 δὴ ex δεῖ(?) al. m. V.

l'âme privée de raison, mais seulement l'âme dotée de raison. Et il ajoute encore que l'homme est une médiation entre les êtres divins et les êtres soumis à la génération[239]. Voilà comment en avançant Platon fait des additions à son thème de départ[240].

(14) Il use de l'histoire dans les *Lois*, où il raconte ce qui s'est passé du déluge jusqu'aux guerres persiques.

(15) Il use de l'étymologie dans le *Théétète*[241].

28. Qu'ainsi s'achèvent ces préliminaires à notre lecture commune de l'œuvre philosophique de Platon, compris en onze points à savoir :

I. La vie du philosophe.
II. Le caractère de sa philosophie.
III. Pourquoi Platon en est venu à écrire ?
IV. Pourquoi a-t-il adopté la forme dialoguée ?
V. Quels éléments constituent les dialogues ?
VI. D'où faut-il tirer les subdivisions des dialogues ?
VII. D'où faut-il se lancer à la chasse de leur titre ?
VIII. De quel type d'exposition Platon fait-il usage dans ses dialogues, c'est-à-dire quelle est leur disposition.
IX. À partir de quoi faut-il se lancer à la chasse du dessein de chaque dialogue ?
X. L'ordre des dialogues.
XI. Quelles méthodes d'enseignement utilise le très divin Platon.

Fin des Préliminaires à la philosophie de Platon.

239. Cf. *supra* 22.15-18 et n. 188, p. 71 des Notes complémentaires.

240. Olympiodore analyse l'argumentation de l'*Alc.* d'une manière assez semblable (*In Alc.* 9.1-11 ; 171.10-19 ; *In Gorg.* 103.26-104.2), mais sans parler d'un τρόπος συνθετικός.

241. Erreur pour le *Cratyle*.

ἢ ἡ ἄλογος, ἀλλ' ἡ λογική · καὶ πάλιν ὅτι ὁ ἄνθρωπος μεσότης ἐστὶν τῶν τε θείων καὶ τῶν γενητῶν. Καὶ ὅρα πῶς προϊὼν προσέθηκε τῇ ζητήσει.

Τῷ δ' ἱστορικῷ κέχρηται ἐν τοῖς Νόμοις ἱστορῶν τὰ ἀπὸ τοῦ κατακλυσμοῦ ἕως τῶν Περσικῶν.

Τῷ δ' ἐτυμολογικῷ ἐν τῷ Θεαιτήτῳ.

Καὶ μέχρι μὲν τούτων ἔστω τὰ προτέλεια τῆς συναναγνώσεως τῆς Πλάτωνος φιλοσοφίας ἐν ἕνδεκα κεφαλαίοις περικλεισθέντα · 28

ἑνὶ μὲν τῷ περιέχοντι τὴν ἱστορίαν τοῦ φιλοσόφου,

ἑτέρῳ δὲ τὸ εἶδος τῆς φιλοσοφίας αὐτοῦ,

καὶ τρίτῳ διὰ τί εἰς τὸ συγγράφειν ἦλθεν,

τετάρτῳ δὲ διὰ τί τὸ διαλογικὸν εἶδος τῆς λογογραφίας ἐπετήδευσε,

πέμπτῳ δὲ τίνα συμπληροῦσι τοὺς διαλόγους,

ἕκτῳ πόθεν τὰς διαιρέσεις τῶν Πλάτωνος διαλόγων ποιητέον,

ἑβδόμῳ πόθεν τὰς ἐπιγραφὰς δεῖ θηρᾶν,

ὀγδόῳ δὲ ποίῳ τρόπῳ ὑφηγήσεως ἐν τοῖς διαλόγοις κέχρηται, τοῦτ' ἔστιν τί ἐστιν ἡ διασκευή,

ἐννάτῳ δὲ πόθεν τοὺς σκοποὺς τῶν διαλόγων θηρατέον,

δεκάτῳ δὲ τίς ἡ τάξις τῶν διαλόγων,

τελευταίῳ δὲ πόσοις τρόποις κέχρηται διδασκαλίας ὁ θειότατος Πλάτων.

Τέλος τῶν προτελείων τῆς Πλάτωνος φιλοσοφίας.

27. 81-82 Pl. *Leg.* III || 84 *Cratylus.*

27. 81 δ' s.l. V.
28. 10 et 12 locum mutare debent || 14 leg. *τίς*?

NOTES COMPLÉMENTAIRES

Page 1.

1. L'épithète laudative δαιμόνιος (génial, pris au sens de « qui possède le caractère d'un génie » c.-à-d. d'un *daimon*) sert en même temps à déprécier Aristote par rapport à Platon, et même par rapport à Jamblique, qui sont tous les deux qualifiés de divins (θεῖοι). Voir Proclus, *Theol. plat.* I, p. 35.24-36.1, avec la note 5, p. 141 ; Ol., *In Alc.* 218.11-14 ; Dam., *Vita Isid.* p. 62.1-5. Chez l'anonyme, Proclus sera qualifié de θεῖος (*infra* 26.7), tandis que Platon recevra (28.18) le qualificatif de θειότατος.

3. Ce passage reprend presque mot à mot le préambule du commentaire d'Olympiodore sur l'*Alcibiade* (1.3-7) : « Aristote déclare, au début de sa *Théologie* : Tous les hommes ont par nature le désir de savoir, comme l'indique le plaisir qu'ils trouvent à éprouver des sensations. Quant à moi, au début de mon cours de philosophie platonicienne, je dirais volontiers qu'à plus forte raison tous les hommes ont le désir de la philosophie de Platon ; tous veulent y puiser ce qui leur est utile et ils aspirent à s'enivrer de ses flots » (pour le texte grec voir ci-dessus, p. LXXIX). Il y a deux possibilités : ou bien l'anonyme a copié Olympiodore, ou bien tous les deux s'inspirent des *Prolégomènes* de Proclus.

4. Lieu commun tiré d'Aristote, *Metaph.* α 1, 993 b 9-10 : « De même que les chauves-souris sont disposées par rapport à la lumière du jour, de même l'intellect de notre âme ... » Voir les allusions nombreuses chez les Alexandrins citées dans l'*Introduction*, p. LXXIX. On peut y ajouter Philopon, *In Nicom.* I α', p. 1.10-12 Hoche, paraphrase très libre qui, précisément à cause de cette liberté, a été identifiée à tort comme une référence au Περὶ φιλοσοφίας, dont il forme le fr. 8 dans les recueils de Walzer et Ross. La question a été débrouillée par W. Haase, « Ein vermeintliches Aristoteles-Fragment bei Johannes Philoponos », dans *Synusia* (Mélanges Schadewaldt), Pfullingen 1965, 323-354.

Page 2.

6. Cf. Apul., *De Plat.* I 1 [la brève vie de Platon, *schol. in Lucan.* X 180, 321.21-323.4, dérive directement d'Apulée et est donc négligeable] ; D. L. III 1 ; Procl., *In Tim.* I 81.27-82.11 ;

Simpl., *In phys.* 772.28 ; Ol., *In Alc.* 2.17-21 ; Suda, IV 140.26-30. Il n'y a qu'Olympiodore qui, sans doute par négligence, fasse d'Ariston aussi un descendant de Solon. Périctionê, de son côté, doit cette origine illustre au passage du *Timée* 20 E 1, où Critias (un cousin de Périctionê, ou, d'après d'autres, son grand-père ; voir Proclus, *loc. cit.*) dit que son arrière-grand-père à lui, Dropidès, était un οἰκεῖος de Solon, mot qui peut s'expliquer, soit comme «ami de la famille» soit comme «parent» (A.S. Riginos, p. 139, n. 19).

8. Critique de cette «tradition» (qui se retrouve *Index Hercul.* col. II, 36-42 ; Sénèque, *Ad Lucil.* 58.30 ; Sextus, *Adv. math.* I 258 ; D. L. III 4 ; Procl., *In Crat.* 6.26 ; Ammonius, *De int.* 20.18-19 ; Servius, *In Aen.* VI 668 ; Ol., *In Alc.* 2.36-41 ; Étienne, *De int.* 9.29-32 ; *Suda* IV 141.14-16 ; II 701. 25-27) chez J. A. Notopoulos, «The Name of Plato», *Class. Philol.* 34, 1939, 135-145 ; Riginos p. 35-38.

9. Encore une tradition assez répandue : Cic., *Orat.* 62 ; Strabon XIII 2, 4 ; Pline, *Nat. hist.*, praef. 29 ; Quintil. X 1, 83 ; D.L. V 38 ; Procl., *In Crat.* 6.27 ; Ammon., *De int.* 20, 19 ; Ol., *In Alc.* 2.41-43 ; *Suda* II 701.23-27 ; cf. PW Suppl. Bd. VII, col. 1357. 32 ss. (art. Theophrastos).

10. Voir Introduction p. LX-LXI, où nous avons montré que l'auteur des *Prolégomènes* a réuni méthodiquement tous les éléments biographiques qui peuvent servir à prouver le *caractère* apollinien de Platon, tout en éliminant toutes les traces d'une prétendue *naissance* apollinienne. — Aux textes déjà connus on peut ajouter maintenant un passage de Proclus cité par Psellus, *Theologica* I, ed. P. Gautier, Leipzig 1989, *Opusc.* 106.110-113 : Ἑλλήνων δέ φησι θεολογικωτέρους τοὺς περὶ Πυθαγόραν καὶ Σωκράτην καὶ Πλάτωνα· οὓς δὴ καὶ Πρόκλος ὁ σοφὸς τῆς Ἀπολλωνιακῆς ἀξιώσας σειρᾶς, τὸν μὲν κεκρυμμένον φησὶν ἥλιον, τὸν Πυθαγόραν, τὸν δὲ ἐμφανῆ, τὸν δὲ μέσως πως ἔχοντα, τὸν Πλάτωνα. «Par les plus grands théologiens des Grecs, [Grégoire de Nazianze] entend Pythagore, Socrate et Platon, que Proclus juge dignes d'être assignés à la chaîne d'Apollon : l'un d'eux, Pythagore, serait le soleil caché, l'autre le soleil visible, tandis que le troisième, Platon, aurait une position pour ainsi dire intermédiaire».

11. *Phédon,* 85 B 4-5 : «Moi aussi, je suis compagnon de servitude des cygnes et consacré au même dieu». C'est Socrate qui parle, en se référant, semble-t-il, au mandat qu'il croit avoir reçu de l'oracle de Delphes (*Apol.* 20 E 5-23 E 1). Avant l'anonyme, Olympiodore (*In Alc.* 2.30-31) avait déjà rapporté ces mots à Platon, soit par erreur (ce qui semble peu probable) soit de propos délibéré. Un cas semblable se rencontre dans l'interprétation de *Phèdre,* 250 B 7, où Socrate déclare qu'il a appartenu, autrefois, dans le cortège céleste, à l'escorte de Zeus (μετὰ μὲν Διὸς ἡμεῖς) ; Hermias (178.4-5 Couvreur) explique : λέγει οὖν *ἑπόμενοι μὲν μετὰ Διὸς ἡμεῖς* ὡς τὸν οἰκεῖον θεὸν ἐπιγνοὺς ὁ Πλάτων («Platon dit *Nous-mêmes, en suivant Zeus,* parce qu'il reconnaît en lui son propre

dieu».) A-t-il deviné l'intention secrète de Platon ? Et Olympiodore, de même ?

12. L'anecdote est des plus connues : voir Apul., *De Plat.* I 1 ; Tertull., *De an.* 46.9 ; D.L. III 5 ; Orig., *C. Cels.* VI 8 ; Ol., *In Alc.* 2.83-86 ; *Suda,* IV 141.12-13. Parodie malicieuse chez Athénée, XI 507 c-d : le cygne est devenu une corneille qui picote la tête chauve de Socrate ; Athénée cite comme source de tout ce passage Hégésandre de Delphes, un auteur du IIe s. av. J.-C., l'histoire du cygne doit donc être antérieure à cette époque. Cf. Riginos p. 35-38 et 54-55.

Page 3.

13. Encore une histoire qu'on ne connaît que par l'anonyme et par Ol., *In Alc.* 2.156-164 (cf. Riginos p. 24-25), et qui peut provenir d'Olympiodore ou de Proclus. Comme aucun de ces deux auteurs n'était capable de fabriquer des détails comme celui de l'interprétation proposée par Simmias, l'anecdote doit être plus ancienne, peut-être déjà de l'époque hellénistique. La comparaison de Platon avec Homère est empruntée, elle aussi, avec tout le reste, à Olympiodore ou à Proclus.

14. Dam., *In Phaed.* I § 360 : Ὅτι Ἀπολλωνιακὸς ὢν κατὰ τὴν καθαρτικὴν ζωὴν εἰκότως ὁμόδουλος εἶναι λέγει τοῖς κύκνοις. « En homme apollinien à cause de sa vie cathartique, [Socrate] se dit à bon droit *compagnon de servitude des cygnes* ». Apollon, d'après Proclus, *In Alc.* 5.12, « gouverne la vie de purification ».

15. Dans l'Antiquité, aucune étymologie ne s'impose, on est libre de choisir celle qui se prête le mieux au contexte du moment. Ici, sans se soucier des quatre explications du nom d'Apollon proposées par Platon (*Crat.* 404 D 8-406 A 3), l'auteur en offre une autre, très répandue : voir Plut., *Is. et Osir.* 75, 381 F ; *De E ap. Delphos* 20, 393 C ; Plot. V 5, 6.27-28 ; Jambl., *In Nicom.* 12.10-12 ; Hermias, *In Phaedr.* 89.33 ; Macrob., *Saturn.* I 17, 7 (où l'étymologie est attribuée à Chrysippe) ; Lydus, *De mens.* II 12, p. 33.12-13.

16. Même expression chez Ol., *In Alc.* 171.8, « puisque le 'ma-' est un préfixe privatif » (étymologie de μακάριος) et El., *In cat.* 236.6, « puisque le 'a-' est un préfixe privatif » (*supra,* p. XXXV et LXXIX). Voir aussi Macrob., *loc. cit., primam enim nominis litteram retinere significationem negandi.*

17. La date de la naissance de Platon est une donnée empruntée à Apollodore : « Platon naquit, comme le dit Apollodore dans sa *Chronique*, dans la 88e Olympiade, le septième jour du mois de Thargélion, jour de la naissance d'Apollon d'après les Déliens », D.L. III 2 ; cf. Plut., *Quaest. conv.* 8.1.1, 717 B ; Apul., *De Plat.* I 1. S'agit-il d'une coïncidence que l'on avait remarquée depuis longtemps (rappelons que c'était déjà Speusippe qui, dans son éloge funèbre de Platon, avait parlé d'une naissance miraculeuse) ou bien, la date fut-elle inventée pour établir une telle coïncidence ? Voir Riginos p. 15-17, et la note suivante.

18. La date de la naissance de Socrate provient de la même source que celle de Platon : c'est encore Apollodore, et il constate aussi que ce fut le même jour que naquit Artémis (D.L. II 44; Plut., cité *supra*, n. 17 ; Élien, *Var. hist.* II 25). Apulée, I 1, diffère de ces auteurs en faisant naître les jumeaux divins le même jour (7 Thargélion). La raison pour assigner à Socrate comme anniversaire la fête d'Artémis est évidente : c'est son rôle de sage-femme dans le *Théétète* (149 A-151 D), car il est peu vraisemblable que, à l'époque hellénistique, on ait connu la vraie date. Ce fait contribue à mettre en doute aussi ce qu'Apollodore dit au sujet de Platon.

19. La division (διαίρεσις), c.-à-d., la classification par dichotomie (ou trichotomie, etc.), est le procédé favori des Alexandrins tardifs. Elle s'applique partout : d'abord, à la philosophie (p. ex. ci-dessus, Introduction p. XLIX-L et LIX-LX), ensuite à la médecine (Étienne, *In progn.* p. 166, 31 Duffy ; *In aphor.* I, p. 34.17-38.13 W., et partout dans la pathologie). Ici, l'auteur essaie, sans beaucoup de succès, de la transférer aussi à la biographie ; voir aussi C. Hein, *Définition,* p. 72 ss.

20. Cf. *supra,* p. 3 et n. 17 : Apollodore *ap.* D.L. III 2-3 ; d'où *Suda,* IV 141.3-4.

Page 4.

23. Tradition très ancienne, qui commence dès Speusippe dans son Πλάτωνος περίδειπνον (*Banquet funèbre de Platon,* fr. 1 Tarán ; ensuite chez Cléarque le biographe péripatéticien, *Éloge de Platon,* fr. 2 Wehrli, et un certain Anaxilidès, tous trois cités par D.L. III 2 et Jérôme, *Adv. Iovin.* I 42). Selon cette version, comme selon celle de Plutarque (*Quaest. conv.* 8.1.2, 717 E), l'union sexuelle est interdite à Ariston pendant la grossesse de sa femme, mais c'est bien d'Apollon que vient cette interdiction, par le moyen d'une vision ou d'un rêve (d'une vision *divine,* sans précision, d'après la *Suda,* IV 140.30-141.3). Ce n'est que chez Apulée, I 1, et Olympiodore, *In Alc.* 2.21-24, qu'une « apparition apollinienne » (*figuratio,* φάσμα) engendre Platon (cf. aussi Orig., *C. Cels.* I 37 et VI 8). Mais il faut bien souligner que cette version présuppose la paternité du dieu Apollon, auquel on a dû substituer quelque demi-dieu d'un ordre plus bas. Nous avons déjà remarqué que l'auteur des *Prolégomènes* a détaché cette histoire du contexte du caractère apollinien de Platon, pour éviter, soit le scandale, soit l'analogie avec la naissance de Jésus, déjà relevée par Jérôme : *et sapientiae principem non aliter arbitrantur nisi* de partu virginis *editum* (Introduction p. LXXXVIII). Sur toute la question, voir Riginos p. 9-15, et aussi L. Bieler, Θεῖος ἀνήρ, qui la replace dans le cadre des biographies de thaumaturges.

24. Textes parallèles : Cic., *De divin.* I 36, 78 ; Val. Max. I 6, ext. 3 ; Pline, *Nat. hist.* XI 17, 55 ; Élien, *Var. hist.* X 21 ; XII 45 ;

Ol., *In Alc.* 2.24-29. Seuls, Élien et Olympiodore font mention du but de cette excursion en montagne. Voir Riginos, p. 17-21, qui donne une liste d'autres personnages au sujet desquels circulait la même anecdote : Homère, Hésiode, Pindare, Sophocle, Ménandre, Virgile, Lucain (n. 39) ; on peut y ajouter Ambroise (Paulinus notar., *Vita S. Ambr.* 3, PL 13,30 A-B).

25. Aucun texte ancien, semble-t-il, n'attribue la pratique du végétarisme à Platon (en particulier Porphyre ne le fait nulle part dans le *De abstinentia*) ; en revanche, Proclus, au dire de Marinus, pratiquait le végétarisme (*Proclus,* 12 et 19) ; la source pourrait donc être Proclus, qui se serait autorisé de Platon.

26. Erreur : il s'agit en fait de Ps.-Platon, *Amat.* 132 A 1, où l'école de ce Denys forme la scène où se déroule un petit débat (Apulée, *De Plat.* I 2 ; D.L. III 4 ; Porph., *Hist. philos.* fr. 14 Nauck ; Ol., *In Alc.* 2.32-34 ; *Suda* IV 141.8-9). Voir Riginos p. 38, n. 1.

27. Ariston d'Argos, le maître de gymnastique de Platon : Apul., *De Plat.* I 2 ; D.L. III 4 ; Porph., *Hist. philos.* fr. 14 Nauck (p. 188-189 Segonds) ; Ol., *In Alc.* 2.35-36 ; *Suda* IV 141.9-10.

28. Selon Dicéarque, cité par Diogène Laërce (III 4), Platon aurait participé aux jeux isthmiques ; selon Apulée (I 2) et Porphyre *(loc. cit.)* il aurait participé aussi aux jeux pythiques (plus prestigieux) ; seuls Servius (*In Aen.* VI 668) et notre passage lui attribuent des victoires ; simple mention chez Himérius 48, 21. Voir Riginos p. 39-40.

29. Ps.-Plutarque, *De mus.* 17 (1136 F) mentionne comme professeurs de Platon en musique, Dracon d'Athènes et Mégillos [?] d'Agrigente (Μεγίλλου Cobet, Μεγύλλου Weil-Reinach : μετέλλου codd.) ; Olympiodore, *In Alc.* 2.43-44, ne parle que de Dracon, élève de Damon. Dans notre texte, les mots corrompus ἐκ γεμύλλων doivent cacher un nom propre au singulier, comme le prouve la suite τοῦ ἀπὸ Δάμωνος. Mais même si l'on substitue Μεγύλλου au nom latin Μετέλλου donné par le Ps.-Plutarque, et ἐκ Μεγύλλου à ἐκ γεμύλλων ici, reste la question de savoir ce que signifie ὃς γέγονεν ἐκ Μεγύλλου τοῦ ἀπὸ Δάμωνος. Le texte peut vouloir dire soit « Dracon, qui appartenait à l'école de Mégyllos, disciple de Damon » soit « Dracon, qui était le fils de Mégyllos, disciple de Damon ». — Le renvoi au *Théétète* est une des erreurs si nombreuses dans les *Prolégomènes* ; voir l'apparat des sources.

Page 5.

31. Cf. D.L. III 5, probablement toujours d'après Dicéarque (voir *supra* p. 4 et n. 28 ; Apul., *De Plat.* I 2 ; Ol., *In Alc.* 2.55-62 ; *Suda* IV 141.10-11).

32. Le passage du *Phèdre,* où Socrate dit qu'il est allé jusqu'à parler en dithyrambes (238 D 2-3 ; cf. 241 E 1-2) a dû suggérer cet épisode dans la biographie de Platon. Voir Ol., *In Alc.* 2.63-65 et

ci-dessous 24.10-12, où ce caractère dithyrambique est donné comme l'une des raisons pour placer le *Phèdre* au début de l'œuvre littéraire de Platon.

33. Sur Platon comme poète tragique, voir *infra* n. 37.

34. Olympiodore, *In Alc.* 2.65-72, et l'anonyme sont les seuls à attester l'intérêt que Platon aurait porté à la comédie, à part, bien sûr, l'épigramme attribuée à Platon lui-même. — Dans cette épigramme (D. L. Page, *Epigrammata Graeca,* Oxford 1975, p. 51, Plato XIV), l'accord entre Olympiodore et les vies d'Aristophane (W. J. W. Koster, *Scholia in Aristophanem,* Pars I, fasc. I A, Groningen 1975, XXIX a 49-54 [p. 140, *vita Marciana*]; XXXII b 16-18 [p. 145, *vita Tzetziana*]; XXXIII 16-18 [p. 147, *vita Thomana*]) garantit la leçon οὔτι (ou οὐχὶ) πεσεῖται contre celle de notre texte, cité évidemment de mémoire (voir aussi D. L. Page, *Further Greek Epigrams,* Cambridge, 1981, p. 174).

35. Rien de plus connu que l'histoire des *Mimes* de Sophron trouvés sous l'oreiller de Platon après sa mort : Val. Max. VIII 7, ext. 3; Quintil. I 10, 17; D.L. III 18; Ol., *In Alc.* 2.65-69 (avec Aristophane, selon celui-ci); cf. aussi *Suda* IV 411.29-30. Athénée (XI 504 b) citant Duris de Samos (début du IIIe s. av. J.-C.) dit qu'il les avait toujours à portée de main. D'après Diogène Laërce et Choricius (*Or.* 32.14-15 Foerster-Richtsteig) ce serait Platon qui en apporta le texte de Sicile à Athènes.

37. Selon la version la plus répandue, Platon brûle ses tragédies après sa rencontre avec Socrate : Élien, *Var. hist.* II 30; Apul., *De Plat.* I 2 (la variante donnée par ce même auteur, *Apol.* 10, est une plaisanterie); D.L. III 5; comparer aussi Procl., *In remp.* I 205.4-13; Olympiodore, *In Alc.* 2.76-82, y ajoute des dithyrambes et d'autres poèmes; cf. *Suda,* IV 141.10-12. Le vers d'Homère paraît chez Diogène et Olympiodore, ainsi que dans une scolie sur Procl., *loc. cit.* (II 372.21-29) et dans Eustathe, *In Il.* 18.392 (1149.1-5 : Platon brûle ses épopées, découragé par la grandeur d'Homère; ensuite, il abandonne la tragédie pour suivre Socrate). Voir Riginos p. 46-48. Quand, vers le milieu du VIe s. (voir Introduction, p. XIX), le grammairien Anatolius, en accueillant Héphaestus, le nouveau préfet d'Égypte, s'adresse à lui au moyen de ce même vers d'Homère ("Ηφαιστε, πρόμολ' ὧδε· Φάρος νύ τι σεῖο χατίζει : Ol., *In Alc.* 2.80-82), c'est notre anecdote plutôt que le texte d'Homère qui a dû l'inspirer.

Page 6.

38. Dans la version de cette anecdote présentée par D.L. II 41 sur l'autorité de Justus de Tibériade dans son ouvrage *Stemma* (fin du Ier s. ap. J.-C.), l'action de Platon a lieu pendant le procès de Socrate, chose évidemment impossible. L'auteur des *Prolégomènes* la situe avant le procès, alors que Socrate est encore en prison, ce

qui est encore plus impossible, puisqu'à ce moment-là il n'y avait pas de juges (= jurés). Olympiodore, *In Gorg.* 211.11-16, n'apporte aucune précision. On peut accepter la supposition de Mme Riginos (p. 57), selon qui il s'agit d'un doublet de Xénophon, *Memor.* III 6.1 (Glaucon, frère de Platon, monte à la tribune pour se présenter comme politicien, et il est entraîné par la police). Après la scène violente, on s'étonne de voir Platon quitter le tribunal en signe de protestation. La source disait-elle qu'il quitta la ville? Selon Ol., *In Gorg.*, il part (immédiatement?) pour la Sicile(!).

39. Cf. D.L. III 35, où Socrate s'exprime en des termes encore plus forts à propos du *Lysis* : Ἡράκλεις, ὡς πολλά μου καταψεύδεται ὁ νεανίσκος, «Par Hercule! que d'accusations mensongères lancées contre moi par ce jeune homme!». Un passage de Michel Psellus (*Philosophica minora,* ed. Duffy, Leipzig 1990, Traité 33.2-4 = R. Hercher, *Philologus* 8, 1853, p. 166, 1-3) doit être une citation directe du nôtre : Ὁ Σωκράτης ἐκεῖνος ὁ Σωφρονίσκου τοῖς πλατωνικοῖς ἐντυχὼν λόγοις, 'οὗτός με', φησίν, 'ὁ νεανίας (περὶ Πλάτωνος λέγων) ἄγει ἔνθα καὶ βούλεται'. «Le célèbre Socrate, fils de Sophroniscus, ayant lu les discours de Platon, dit (à propos de Platon) : Ce jeune homme me mène où il veut».

40. Platon, élève des Pythagoriciens : *Index hercul.*, col. I 8-9 (p. 6-7 Mekler); Cic., *Tusc. disp.* I 17,39; Val. Max. VIII 7, ext. 3; Apul., *De Plat.* I 3; D.L. III 6; Ol., *In Alc.* 2.89-92; *In Gorg.* 211.7-8; 16-19. Voir Riginos p. 62-63 (n. 6).

41. Sur ce terme, voir *infra* p. 59 et n. 96.

42. L'information sur Platon élève de Cratyle vient d'Aristote, *Metaph.* A 6, 987 a 32; cf. Apul., *De Plat.* I 2; D.L. III 6 (passage qui prouve que dans notre texte Ἑρμίππῳ est une erreur pour Ἑρμογένει, le personnage du *Cratyle,* supposé être Pythagoricien); Orig., *C. Cels.* IV 39; Ol., *In Alc.* 2.86-89.

43. Le séjour en Égypte s'explique facilement par le début du *Timée* et par d'autres allusions (recueillies par Riginos, p. 64, n. 13); les auteurs chrétiens y trouvaient du renfort pour leur théorie d'un Platon judaïsant (*ibid.* p. 65, n. 18). Les textes : *Socratic. ep.* 28; Cic., *De fin.* V 29,87; D. Sic. I 96; Val. Max. VIII 7, ext. 3; Plut., *De genio Socr.* 7, 578 F; *De Is. et Osir.* 10, 354 E; Apul., *De Plat.* I 3; Philostr., *Vita Apoll.* I 2; D.L. III 6; Clém. Alex., *Strom.* I 15.69; Lactance, *Inst.* IV 2,4; Augustin, *Doctr. Chr.* II 28; Procop. Gaz., *Ep.* 2 G.-L.; Ol., *In Alc.* 2.134-137; *In Gorg.* 211.19-21. Cf. L. Brisson, «L'Égypte de Platon» dans *Les Études philosophiques* 1987, p. 153-168.

44. Apul., *De Plat.* I 3, et D.L. III 7, disent qu'à cause des guerres Platon dut renoncer à son intention d'aller en Perse pour y rencontrer les mages; selon Ol., *In Alc.* 2.138-141, c'est pour cette raison qu'il alla les trouver en Phénicie. Pline, *Nat. hist.* XXX 1 (2), 9, mentionne le voyage, sans en indiquer la destination. L'origine de la légende est Pl., *Alc. I,* 122 A 1-2 : «L'un lui apprend la magie de Zoroastre, fils d'Horomazdès, c.-à-d. le culte des dieux».

45. But scientifique (ou touristique) du premier voyage en Sicile : Apul., *De Plat.* I 4 ; D.L. III 18 ; Athénée XI 507 b ; Ol., *In Alc.* 2.94-96 ; *In Gorg.* 211.22-24 ; voir aussi p. XXXIV.

Page 7.

47. Fondation de l'Académie : D.L. III 7 ; Ol., *In Alc.* 2.145-146 ; *Suda,* IV 141.18.

48. Pausanias (I 30.4) dit avoir vu, près de l'Académie, une tour appelée Tour de Timon.

49. *Socratic. ep.* 24.2 ; Ol., *In Alc.* 2.147 : Timon ne tolère que la compagnie de Platon.

50. Les deux épigrammes se retrouvent dans l'*Anth. Pal.,* où elles font partie d'une série de huit épitaphes de Timon (VII 313-320), dont deux attribuées à Callimaque ; la plupart des autres, pour autant qu'on peut se fier aux titres, ne sont guère plus récentes. Il est donc impossible de dire où l'auteur des *Prolégomènes* a rencontré ce petit recueil ; ce n'était certainement pas dans l'une des grandes anthologies (Méléagre, Philippe, Agathias). Plutarque (*Vie d'Antoine,* 70.7-8) cite la première des nôtres (qui serait, « à ce qu'on dit », de Timon lui-même) et encore une autre de Callimaque, qui figure dans l'*Anth.* comme la seconde moitié de l'épigramme d'Hégésippe (VII 320.3-4). La seconde (*Anth.* VII 316.1-2) est attribuée à Léonidas de Tarente (début du IIIe s. av. J.-C.) ou à Antipater de Sidon (IIe s. av. J.-C.). Sur Timon, voir A. A. Long, *Hellenistic Philosophy,* London, 1974, p. 80-84 et du même auteur un article dans les *Proceedings of the Cambridge Philol. Society,* 204 (1978), p. 68-91.

51. L'Académie, enclos consacré aux Muses : Ol., *In Alc.* 2.146 ; cf. aussi D.L. IV 1, qui parle d'un μουσεῖον, mais ce terme avait déjà acquis un sens moins spécifique.

52. Sur les femmes élèves de Platon : *Index Hercul.* col. VI 26-27 (p. 37 Mekler) ; Ol., *In Alc.* 2.147-149. Dexithéa est une erreur pour Axiothéa : D.L. III 46 (source : Dicéarque, fr. 44 Wehrli) et IV 2 ; Clém. Alex., *Strom.* IV 19, 122 ; Thémist., *Or.* 23, 295 C. Lasthénia : *Socratic. ep.* 36 ; D.L., *loc. cit.* ; Athénée, VII 279 E ; XII 546 D ; Jambl., *V. Pyth.* 36, 267 ; Clém. Alex., *loc. cit.* (Riginos, p. 183-184).

53. Platon, *Théét.* 182 A 8-9 : ἴσως οὖν ἡ ποιότης ἅμα ἀλλόκοτόν τε φαίνεται ὄνομα καὶ οὐ μανθάνεις ἀθρόον λεγόμενον (« peut-être cette qualité est-elle pour toi un nom insolite et incompréhensible comme terme général ») ; D.L. III 24 ; Ammon., *In cat.* 81.25-28 ; Ol., *In cat.* 117.31-118.2 ; El., *In cat.* 225.17-22.

Page 8.

55. Pl., *Tim.* 63 A 2-4 : ἀλλ' εἰ καὶ περὶ αὐτὸ πορεύοιτό τις ἐν κύκλῳ, πολλάκις ἂν στὰς ἀντίπους ταὐτὸν αὐτοῦ κάτω καὶ ἄνω προσείποι : « Bien plus, si quelqu'un se déplaçant en cercle autour de ce solide, aussi

souvent qu'il s'arrêterait et qu'il serait aux antipodes, il pourrait appeler le même point du monde tantôt 'bas' et tantôt 'haut'» (trad. Rivaud; le mot, tel que l'emploie Platon, a l'air moins technique, mais on a cependant l'impression que c'est un terme déjà connu); D.L. III 24.

56. À proprement parler, les deux exemples cités de longueur (*Théét.* 148 A 7 ; *Rép.*, IX 587 D 7) se rapportent à des lignes. Pour προμήκης ἀριθμός, *Théét.* 148 A 3-4 : τῷ προμήκει αὖ σχήματι ἀπεικάσαντες προμήκη ἀριθμὸν ἐκαλέσαμεν («par analogie avec la figure rectangulaire nous l'avons appelé 'nombre rectangulaire'»). Plus spécifiquement, opposé à ἰσομήκης, *Rép.*, VIII 546 C 4. Même constatation chez D.L. III 24. Sur la classification de ces nombres cf. p. ex. Th. L. Heath, *Euclid's Elements,* vol. 2, Cambridge, 1926, p. 288-290.

57. Pl., *Tim.* 80 C 2-4 : ... καὶ τῶν Ἡρακλείων λίθων, πάντων τούτων ὁλκὴ μὲν οὐκ ἔστιν οὐδενί ποτε, τὸ δὲ κενὸν εἶναι μηδὲν περιωθεῖν τε αὐτὰ ταῦτα εἰς ἄλληλα : «... et les pierres d'Héraclée : dans aucun de ces cas il ne s'agit d'attraction, mais c'est qu'il n'existe pas de vide, et que ces objets se poussent eux-mêmes l'un vers l'autre»; cf. Philopon, *De aet.* IX 2, 319.2-5.

58. Sur ce commentaire de l'anonyme, voir Introduction, p. LXXVIII. La question était soulevée à propos d'Aristote, *Anal. post.* I 7, 75 b 13-14 (cf. Philopon, note suivante).

59. Textes au sujet du problème délien : Plut., *De genio Socr.* 7, 578 F-579 D ; *De E ap. Delph.* 6, 386 E ; Théon Smyrn. *Exp. rer. math.* p. 2.3-12 Hiller; *Lettre d'Ératosthène à Ptolémée* chez Eutocius, *In Archim.* III p. 88.23-90.11 Heiberg = p. 64.5-66.2 Mugler; Philop., *In anal. post.* 102.12-20 (cité *supra* p. LXXVII); Asclép., *In Nicom.* II ιζ' (Riginos p. 141-146).

60. Sur ce principe, dur à supporter pour l'anonyme et ses contemporains, voir ci-dessus, Introduction, p. XVIII, avec les passages cités, n. 37.

61. Pythagore : méprise pour Protagoras? On n'accusait guère les Pythagoriciens d'avarice. Pour Protagoras, Diogène Laërce (IX 52) cite la somme de cent mines, ce qui reflète peut-être les honoraires de cent mines que l'on payait à Zénon selon Platon, *Alc. I* 119 A 5-6 (c'est à ce passage que se rapportent les remarques d'Olympiodore citées *supra* p. XX-XXI). Cf. aussi la plaisanterie de Socrate (*Crat.* 384 B 2- C 1) au sujet du choix que Prodicus offrait entre un cours simplifié (de linguistique) au prix d'une drachme, et un cours plus détaillé à cinquante drachmes, que Socrate ne pouvait pas se permettre.

Page 9.

63. Cf. Aulu-Gelle, *Noct. Att.* III 17.5-6; D.L. VIII 15 et 85; Jambl., *V. Pyth.* 31, 199; *In Nicom.* p. 105.12-17 ; Procl., *In Tim.* I 1.8-13 ; 7.18-21 ; *schol. Pl. Tim.* 20 A. Cf. Riginos, p. 169-174. Tous ces témoignages dérivent des vers satiriques de Timon de

Phlionte cités ici (fr. 54.2-3 Diels = fr. 828.2-3 Lloyd-Jones). Le Ps.-Timée de Locres que nous possédons (dernière éd. W. Marg, Leiden 1972 ; ed. minor dans H. Thesleff, *The Pythagorean Texts of the Hellenistic Period,* Åbo 1965, p. 203-225) prétend être l'écrit que Platon aurait acheté et plagié. Proclus, qui croyait à son authenticité, l'avait mis en tête de son commentaire sur le *Timée* (Procl., *In Tim.* I 1.8-16).

64. Dans cette nouvelle édition, on s'est décidé pour la correction στιϐάδας (Coraïs), la seule qui explique la corruption τηβάδας du ms. Il faut alors supposer que ce mot, qui signifie proprement des banquettes, a été employé aussi, par extension, pour désigner une salle à manger, ou même une salle de classe. D.L. VIII 88 : τινὲς δέ φασι καὶ συμπόσιον ἔχοντι τῷ Πλάτωνι αὐτὸν (= Eudoxus) τὴν ἡμικύκλιον κατάκλισιν, πολλῶν ὄντων, εἰσηγήσασθαι (cf. *schol. Pl. Gorg.* 451 E : ἡ δὲ περίοδος σκολιὰ ἐγίνετο διὰ τὴν θέσιν τῶν κλινῶν ἐπὶ οἰκημάτων πολυγωνίων οὐσῶν) ; Riginos, p. 188, n. 6. On connaît, en latin, le terme *stibadium* pour désigner un édifice circulaire muni de banquettes, cf. Martial XIV 87 ; Pline, *Ép.* V 6.36 et Ch. Picard, « Un type méconnu de lieu saint dionysiaque : le *Stibadium* », *Comptes rendus de l'Ac. des Inscr.,* 1944, p. 127-157. Le passage d'Élias, *In isag.* 21.29-30 : (εὐθεῖά ἐστιν ἧς τὰ μέσα τοῖς ἄκροις ἐπιπροσθεῖ) ... διὰ τοῦτο ... καὶ αἱ διατριβαὶ κυκλοτερεῖς, ἵνα ὁρῶσιν ἀλλήλους καὶ τὸν διδάσκαλον, peut être utilisé pour confirmer la correction στιβάδας, bien que la raison alléguée ne soit pas tout à fait la même ; le mot διατριβάς (auditoires) est trop éloigné, du point de vue paléographique, de τηβάδας, pour fournir une correction plausible.

65. Et, de même, la sphère est le plus vaste des corps à surface égale. Héron, *Déf.* 82 ; Théon, *In Ptol. Almag.* I 3, p. 355-379 Rome, où est longuement cité le traité de Zénodore consacré aux isopérimètres ; Simpl., *De caelo* 412.11-17 ; Philop., *In anal. post.* 182.14-18 ; *De an.* 56.8-9 ; 84.29-85.13 ; 139.7-9. Déjà chez Platon, *Tim.* 33 B 4-7, selon l'interprétation de Procl., *In Tim.* II 70.32-71.5 et 76.7-29 ; Simpl., *De caelo* 414.12-17.

66. Voir *infra,* p. 26.48-49, et n. 226 (p. 77-78 des Notes complémentaires).

69. Interprétation ammonienne, semble-t-il, de la théologie d'Aristote : l'intellect créateur est à la fois cause finale, cause exemplaire et cause efficiente (voir *infra,* p. 15 et n. 106, p. 60 des *Notes complémentaires*). Elle se justifie, en quelque façon, par le rapprochement des causes efficiente et formelle, *Phys.* VIII 5, 257 b 9-10 : τὸ δὲ κινοῦν ἤδη ἐνεργείᾳ ἐστίν, οἷον θερμαίνει τὸ θερμὸν καὶ ὅλως γεννᾷ τὸ ἔχον τὸ εἶδος. « Quant au moteur, il est déjà en acte : par exemple, c'est le chaud qui échauffe, ce qui engendre, c'est ce qui possède la forme » (trad. Carteron).

70. Le rêve du troisième œil se trouve aussi chez Origène, *C. Cels.* VI 8 (t. III, p. 196.23-24 Borret), lequel se réfère à des biographes de Platon (*ibid.* 196.14-15), preuve que cette historiette

est fort ancienne et qu'elle n'est pas une invention des biographes tardifs ; et chez Olympiodore, *In Phaed.* 5 § 7.2-3, διὸ καὶ τριόφθαλμον ἑαυτὸν ἐθεάσατο, ἡνίκα τὰς ἰδέας ηὗρεν, avec la scolie (p. 185) ση. φασὶ Πλάτωνα τὰς ἰδέας ἐν τῷ παραδειγματικῷ αἰτίῳ εὑρόντα, οὐκ ἐν τῷ ποιητικῷ καὶ δευτέρῳ ἐκείνου, καθὼς οἱ πρὸ αὐτοῦ, ἑωρακέναι ἑαυτὸν τρίτον ὀφθαλμὸν ἔχοντα. « On dit que Platon, après avoir découvert les idées dans la cause exemplaire, plutôt que dans l'efficiente qui lui est inférieure, comme le pensaient ses prédécesseurs, s'est vu lui-même pourvu d'un troisième œil ». La scolie dérive certainement des *Prolégomènes,* dont elle reprend tous les éléments, v.g. la mention des prédécesseurs ; elle doit dater du IXe s. Les trois yeux sont les deux yeux naturels et l'œil de l'âme.

71. *Tim.* 37 D 1-38 B 2 : le temps, image de l'éternité qui ne connaît ni passé ni présent ni futur ; cf. A. J. Festugière, « Le sens philosophique du mot αἰών », *La Parola del Passato* 11 (1949), p. 172-189 (repris dans *Études de philosophie grecque,* Paris 1979, p. 254-272) ; voir aussi E. R. Dodds, *Proclus, Éléments* ..., p. 227 ss.

72. Diogène Laërce (III 48) dit à peu près la même chose : le dialogue, invention de Zénon d'Élée (ou, d'après Aristote Περὶ ποιητῶν, fr. 3 Ross, d'un certain Alexamenus), fut mené à sa perfection par Platon. Le nom de Parménide est une de ces bévues si fréquentes dans les *Prolégomènes* (voir Introduction, p. IX et n. 11).

Page 10.

73. Platon mourut à l'âge de 81 ans selon Hermippe (ap. D.L. III 2, qui ajoute que, d'après Néanthès, il vécut jusqu'à 84 ans), Cic., *Caton* 5, 13 (source de Jérôme, *Ép.* 52.3) ; Sénèque, *Ad Lucil.* 58.31 ; Censorinus, *De die nat.* 14, 12 et 15, 1 (qui note que *quadrati numeri potentissimi dicuntur* : 81 constitue une année « climactérique »), tandis que dans le second passage il énumère des hommes célèbres morts à 81 ans — Platon, Diogène le Cynique, Ératosthène et Xénocrate. Sénèque attache une signification particulière à ce nombre (δυναμοδύναμις, quatrième puissance, de trois, cf. Héron, *Metrica* I 17), signification reconnue par des mages qui étaient de passage à Athènes (texte cité *infra* p. 10 et n. 79, p. 57 des Notes complémentaires) ; de même, Censorinus *(loc. cit.)* et, à ce qu'il semble, Ps.-Lucien, *Macrob.* 20 (ἱερώτατος ὤν). Le rapport avec Apollon et les Muses n'est établi que dans notre texte.

74. Cet oracle n'est connu que par les *Prolégomènes.* Porphyre (*V. Plot.* 22), en citant les oracles de la Pythie sur Socrate et Plotin, ne le mentionne pas. À remarquer que la Pythie joint Plotin aux hommes qui ont atteint le rang de δαίμονες, avec Minos, Rhadamanthe, Éaque, Pythagore et Platon ; Platon n'y figure donc pas encore comme un dieu (même remarque pour Porphyre, Φιλόλογος ἀκρόασις, ap. Eus., *P.E.* X 3, 24, I 566.22 Mras : καὶ αὐτὸς οὗτος ὁ ἥρως Πλάτων, οὗ τὴν ἐπώνυμον ἑορτὴν σήμερον πανηγυρίζομεν, mots écrits, d'ailleurs, pendant la période pré-plotinienne de

l'auteur). En revanche, une épigramme citée par Diogène Laërce (III 44 = *Anth. Pal.* VII 61) le compte déjà parmi les dieux immortels ; elle a souvent été tenue pour l'épitaphe authentique de Platon, mais voir L. Tarán, « Plato's Alleged Epitaph », *Gr., Rom. and Byz. St.* 25, 1984, 63-82.

75. C'est la première moitié d'une épigramme de Diogène Laërce, qu'il cite lui-même (III 45 = *Anth. Pal.* VII 109) :

Φοῖβος ἔφυσε βροτοῖς Ἀσκληπιὸν ἠδὲ Πλάτωνα,
τὸν μὲν ἵνα ψυχήν, τὸν δ' ἵνα σῶμα σάοι.
Δαισάμενος δὲ γάμον πόλιν ἤλυθεν ἥν ποθ' ἑαυτῷ
ἔκτισε καὶ δαπέδῳ Ζηνὸς ἐνιδρύσατο.

« Phébus engendra pour les mortels Asclepios et Platon, l'un pour sauver les âmes, l'autre pour sauver les corps. Un jour qu'il était à un festin de noces, Platon s'en fut dans la ville qu'il s'était jadis bâtie et fixa son séjour dans la demeure de Zeus » (trad. A. Dain). On remarque qu'il n'y a aucun rapport entre le premier distique (dont le motif est élaboré dans l'épigramme précédente, D.L., *loc. cit.* = *Anth. Pal.* VII 108) et le second qui raconte, tout à fait dans la manière de Diogène, les circonstances de la mort de Platon. Nous sommes donc enclin à donner raison à A. Dain (éd. Budé *ad loc.*), qui suggère que le premier distique a pu exister à part avant Diogène. Quoi qu'il en soit, Olympiodore (*In Alc.* 2.164-167) le cite, sous la forme Δύο Ἀπόλλων φῦσ', etc., comme l'épitaphe officielle de Platon. L'auteur des *Prolégomènes,* de son côté, remplace Apollon par le père mortel, Ariston, on a déjà vu pourquoi (Introduction, p. LX-LXI) ; encore une fois, c'est par erreur que l'épigramme-épitaphe est maintenant devenue un oracle.

76. Il est peu probable qu'il y ait eu une célébration de cet anniversaire en dehors des écoles platoniciennes. La fête est mentionnée par Plutarque, *Quaest. conv.* VIII 1, 717 A : Τῇ ἕκτῃ τοῦ Θαργηλιῶνος ἱσταμένου τὴν Σωκράτους ἀγαγόντες γενέθλιον τῇ ἑβδόμῃ τὴν Πλάτωνος ἤγομεν (« Ayant célébré l'anniversaire de Socrate le 6 Thargélion, nous observions celui de Platon le 7 »). Voir *ibid.* 717 D, et encore *praef.* 717 A, où il se sert de l'expression ἐν τοῖς Πλάτωνος γενεθλίοις, employée aussi par Porphyre, *V. Plot.* 2.40-43 : καίπερ ἐν τοῖς Πλάτωνος καὶ Σωκράτους παραδεδομένοις γενεθλίοις θύων τε καὶ ἑστιῶν τοὺς ἑταίρους, ὅτε καὶ λόγον ἔδει τῶν ἑταίρων τοὺς δυνατοὺς ἐπὶ τῶν συνελθόντων ἀναγνῶναι (« pourtant aux anniversaires traditionnels de Platon et de Socrate il sacrifiait et il offrait un repas à ses amis ; ce jour-là, ceux qui en étaient capables devaient lire un discours devant l'assemblée », trad. Bréhier). *Ibid.* 15.1, c'est Porphyre lui-même qui récite à cette occasion (ἐν Πλατωνείοις) son poème sur le *Mariage sacré.* La Φιλόλογος ἀκρόασις de Porphyre également est supposée se dérouler le même jour (chez Longin à Athènes), cf. Eus., *P.E.* X 3, 1, I, 561.14 ss. Mras : τὰ Πλατώνεια ἑστιῶν ἡμᾶς Λογγῖνος Ἀθήνησι κέκληκεν, voir aussi *ibid.*

X 3, 24, p. 566.21-23. De même la VIe dissertation du *Comm. de la République* de Proclus est présentée comme une conférence prononcée à l'anniversaire de Platon : *In Remp.* I 69.23-24, Ἔναγχος ἡμῖν (*scil.* Proclus) ἐν τοῖς τοῦ Πλάτωνος γενεθλίοις διαλεγομένοις.

79. Sénèque, *Ad Lucil.* 58, 31 : *Ideo magi, qui forte Athenis erant, immolaverunt defuncto, amplioris fuisse sortis quam humanae rati, quia consummasset perfectissimum numerum, quem novem novies multiplicata componunt.* « Aussi des mages, qui par hasard se trouvaient à Athènes, sacrifièrent au défunt, le croyant d'une condition supérieure à l'humaine, parce qu'il avait complété le nombre le plus parfait, qui est le produit de neuf multiplié par neuf » (cf. *supra*, p. 55 et n. 73. Leur présence est donc accidentelle. Une autre version, *Index hercul.*, col. III 38-41 (p. 13 Mekler) : ὅτι γεγηρακὼς ἤδη Πλάτων ξένον ὑπεδέξατο χαλδαῖον : « Platon, alors qu'il était déjà âgé, reçut comme hôte un Chaldéen ». Cf. Riginos, p. 66, n. 23 ; 190-191.

Page 11.

82. Supériorité de la philosophie platonicienne : Eus., *P. E.* X 14.16, I 613. 4-5 Mras « ... Platon qui, d'abord auditeur de Socrate, puis disciple des Pythagoriciens, surpassa tous ses devanciers par son intelligence, sa sagesse et ses doctrines philosophiques ». Ol., *In Alc.* 6.5-6.

83. Ce sont exactement les poètes mentionnés par Platon, *Apol.* 41 A 6-7, et *Prot.* 316 D 7-9 (avec Simonide). Cf. Hermias, *In Phaedr.* 146.30-31 (Homère, Orphée, Hésiode et Musée, poètes visionnaires). — Noter que pour Proclus ce sont-là les sources de la théologie proprement hellénique, par opposition à la théologie des barbares (= les *Oracles chaldaïques*), lesquels sont totalement absents des *Prolégomènes*.

84. Pour le Ps.-Plutarque, *Plac.* I 3, et Diogène Laërce, I 13, la division fondamentale dans l'histoire de la philosophie est celle entre les écoles ionienne et italienne. Cf. Procl., *In Parm.* I, 629.24-33 ; 659.30-36 (l'école italienne s'occupe des intelligibles, l'école ionienne, du monde de la nature ; l'école d'Athènes est intermédiaire entre les deux) ; même type de considérations dans *In Tim.* I 1.25 ss.

85. C'est la distinction entre la Nouvelle Académie et le Scepticisme telle qu'elle est présentée par Sext. Emp., *Hypot. pyrrh.* I 226-331, ou par Aulu-Gelle, *N. Att.* XI 5 ; voir sur cette question p. ex. J. Glucker, *op. cit.*, p. 290-292. — Sur le concept d'ἀκαταληψία cf. *ibid.* ; voir aussi P. Couissin, « Le Stoïcisme de la Nouvelle Académie », *Rev. d'hist. de la philos.* 3 (1929), p. 241-276.

86. L'idée est platonicienne (*Apol.* 22 B1-C8 ; *Ion* 533 E 3-534 B 7 ; *Phèdre* 245 A 5-8), mais l'expression provient d'une maxime d'Héraclite, fr. B 92 D.-K., citée par Plut., *De Pyth. orac.* 6, 397

A : Σίβυλλα δὲ μαινομένῳ στόματι ... φθεγγομένη χιλίων ἐτῶν ἐξικνεῖται τῇ φωνῇ διὰ τὸν θεόν («La Sibylle s'exprime *d'une bouche phrénétique*... et sa voix parvient au-delà de mille années grâce au dieu»). La locution devint proverbiale : Jambl., *Myst.* 117.7-8 ; Procl., *In remp.* I 140-16 ; 166.20-21 ; *De prov.* 1.20 *(maniaco ore)* ; Asclép., *In metaph.* 195.20 ; ou sous la forme ἐνθέῳ στόματι, Procl., *Théol. plat.* I 4, p. 18.2 ; *In Crat.* CX, 62.3-4 ; *In remp.* I 72.4 ; *In Parm.* I 646.26-27 (f. l. ἐν θείῳ στόματι).

87. La supériorité de Platon réside en ce que, seul, il fournit des démonstrations scientifiques : cf. Procl., *Theol. plat.* I 4, 20.19-25.

Page 12.

88. Les Néoplatoniciens acceptaient les mythes orphiques et homériques comme sources d'inspiration théologique, aussi ne pouvaient-ils suivre Platon dans son rejet total de cette poésie dans *Rép.* II-III. Leur solution est que l'exposé de Platon vise les besoins de l'éducation et qu'il juge le symbolisme poétique inconvenant pour les jeunes gens, sans nier sa fonction révélatrice. Voir Procl., *In remp.* (VIe diss.) I 71-86 ; 159-163 ; *Theol. plat.* I 4, 21.1-22.7 ; Ammon., *De int.* 249.1-25 ; Philop., *De an.* 69.30-70.2 ; 116.23-26 ; Ol., *In Gorg.* 237. 24-239.30 ; 242.18-243.15. Sur la position de Proclus, voir maintenant R. Lamberton, *Homer the Theologian*, Berkeley 1986 (et naturellement les travaux de J. Pépin, *Mythe et allégorie*, [2]Paris, 1976).

89. Sur ces règles de composition des mythes, qui proviennent de l'exposé de Socrate, *Rép.* II 376 E-383 C ; cf. Proclus, *In remp.* I 27-41 ; *Theol. plat.* I 4, 17-21 ; Ol., *In Phaed.* 6 § 6.3-4 ; *In Gorg.* 176.8-11 ; 260.5-8.

90. Sur ce passage confus, voir Introduction, p. XCII.

92. La doctrine platonicienne des causes (*Phéd.* 96 A 6-102 A 2 ; *Tim.* 28 A 4-31 B 3 ; 46 C 7-E 2) est élaborée par Procl., *Elem.* 75 (cf. le comm. de Dodds, p. 240-241) ; *In Tim.* I 2.1-4.5 ; Dam., *In Phaed.* I § 407-411 ; Simpl., *In phys.* 3.16-19 ; 10.32-11.3. Cf. *infra*, 17.42-48, et la note 167 (p. 68 des *Notes complémentaires*).

Page 13.

93. Comparer (outre les passages de Platon cités dans l'apparat des sources), les mots presque aussi fameux d'Aristote, *Metaph.* A 3, 984 b 15-19 (οἷον νήφων ἐφάνη παρ' εἰκῇ λέγοντας τοὺς πρότερον), mots qui reparaissent souvent sous une forme plus ou moins modifiée, comme ici : Procl., *In Tim.* I 2.11-13 (καθευδόντων τῶν ἄλλων) ; Ascl., *In metaph.* 4.27-29 (τῶν ἄλλων καθευδόντων ὥσπερ ἀπὸ κάρου ἀναστάς) ; Philop., *De aet.* VI 20, 183.10-13 (ὥσπερ ἐξ ὕπνου ἀναστάντα).

94. Le corps sans qualité (τὸ ἄποιον σῶμα) : sur cette théorie, évidemment postérieure à Platon, voir la note sur Dam., *In Phaed.*

I § 249.8 (p. 150-151). Pour les Néoplatoniciens ce terme (emprunté aux Stoïciens, mais dans un sens modifié) signifie une substance intermédiaire entre la matière prime et le corps qualifié ; on l'appelle aussi «second substrat».

95. Voici le passage de Platon dont il s'agit, *Tim.* 48 B 3-C 2 : Τὴν δὴ πρὸ τῆς οὐρανοῦ γενέσεως πυρὸς ὕδατός τε καὶ ἀέρος καὶ γῆς φύσιν θεατέον αὐτὴν καὶ τὰ πρὸ τούτου πάθη· νῦν γὰρ οὐδείς πω γένεσιν αὐτῶν μεμήνυκεν, ἀλλ' ὡς εἰδόσιν πῦρ ὅτι ποτέ ἐστιν καὶ ἕκαστον αὐτῶν ἀρχὰς αὐτὰ τιθέμενοι στοιχεῖα τοῦ παντός, προσῆκον αὐτοῖς οὐδ' ἂν ὡς ἐν συλλαβῆς εἴδεσιν μόνον εἰκότως ὑπὸ τοῦ καὶ βραχὺ φρονοῦντος ἀπεικασθῆναι. «Quelle était donc, avant la naissance du Ciel, la nature du feu, de l'eau, de l'air et de la terre, il le faut examiner, considérant cette nature en elle-même et quelles propriétés elle avait, avant que le Ciel existât. Car, jusqu'ici, nul ne nous a expliqué l'origine des éléments. Mais, comme si nous savions d'avance ce que peuvent être le feu ou chacun de ces corps, nous les appelons les principes et nous supposons que ce sont les 'éléments' du Tout. Or, il ne convient même pas de les comparer avec quelque vraisemblance à des syllabes, si borné que l'on soit» (trad. Rivaud). Dans la suite, Platon développe, d'abord, sa notion du «lieu» comme le réceptacle de la réalité visible (identifié, depuis, avec la matière prime d'Aristote), puis, sa théorie mathématique des éléments, selon laquelle ceux-ci se réduisent aux polyèdres réguliers, dont les composants ultimes sont deux triangles : l'isocèle au sommet droit, et celui qui forme la moitié du triangle équilatéral. C'est ces triangles qui, dans la structure de l'univers, font fonction de «lettres» (= στοιχεῖα = éléments), tandis que les polyèdres sont analogues aux syllabes, et les corps composés, aux paroles. Comme si souvent, l'anonyme a embrouillé les choses : le «corps sans qualité» peut très bien avoir figuré dans le commentaire de Proclus (qui nous est perdu), mais il est inconcevable que celui-ci ait regardé la matière informe comme l'élément ultime de notre monde.

96. Cf. aussi Procl., *Theol. plat.* I 4, 20.8-12 ; *In Tim.* I 2.29 ss., etc. ; Ascl., *In metaph.* 64.38-65.3 ; Philop., *In anal. post.* 301.26-28 ; Simpl., *In phys.* 204.12-19. — Sur le sens du terme πράγματα cf. A. J. Festugière, «Modes de composition des commentaires de Proclus», *Mus. Helv.* 20 (1963), 77-100 (en part. 94-100), repris dans *Études de philos. grecque*, Paris 1971, 551-554 (568-574) et P. Hadot, «Sur divers sens du mot *pragma* dans la tradition philosophique grecque» dans *Concepts et catégories dans la pensée antique*, P. Aubenque éd., Paris 1980, p. 309-319.

97. La position néoplatonicienne se fonde surtout sur *Soph.* 243 B 3-250 D 4 et *Parm.* 141 E 7-142 A 1. Voir Procl., *Theol. plat.* II 4.

98. Argument courant, qu'on trouve déjà chez Sallustius, *De diis* 5, p. 10.24-25 Nock ; ensuite chez Procl., *Theol. plat.* I 25, p. 111.19-21 ; *In Alc.* 144.4-5 ; 337.12-13 ; *In remp.* II 89.27-28 ;

90.25-26 ; Dam., *In Phaed.* I § 475 ; II § 91 ; Ol., *In Alc.* 117.13-15 ; El., *In isag.* 1.8-9.

99. Sur le matérialisme stoïcien : Procl., *Theol. plat.* I 3, 12.13-17 ; *In Parm.* VII, 1214.9-10 ; *In Tim.* I 414.1-7 [*SVF* II 1042], où sont opposées les conceptions de Chrysippe et de Platon ; Ol., *In Phaed.* 6 § 2.14-15 [*SVF* II 1030] ; El., *In isag.* 47.29-32 ; David, *In isag.* 111.4-5.

Page 14.

100. Sur le rôle des anges, cf. *infra*, p. 19 et n. 128 (p. 63 des Notes complémentaires).

101. Ce que l'anonyme présente ici comme une doctrine épicurienne (cf. El., *In cat.* 112.1-3), est une thèse que les manuels doxographiques attribuent à Aristote : Ps.-Plut., *Plac.* II 3, 886 D-E ; Calcid., *In Tim.* 250, p. 260.7-9 Waszink ; voir Diels, *Doxographi*, p. 131, n. 2. Consulter naturellement l'art. du P. Festugière, «Aristote dans la littérature grecque chrétienne» dans *L'idéal religieux des Grecs et l'Évangile*, Paris 1932 ([2]1981), p. 221-263 *(passim)* — la doctrine provient du *De mundo*, 2, 391 b 9 ss. Mais la suite évoque un texte célèbre d'Épicure, *Rat. sent.* 1 (ap. D. L. X 139), τὸ μακάριον καὶ ἄφθαρτον οὔτε αὐτὸ πράγματα ἔχει οὔτε ἄλλῳ παρέχει, voir aussi Cic., *De nat. deor.* I 20, 56 (I, p. 330.1-2 Pease et n. *ad loc.*).

102. Exposé plus ample chez Proclus, *Theol. plat.* I 15, 76.10-25 ; *Elem.* 122 ; voir aussi *In Alc.* 53.19 ss. ; *In Parm.* IV 921.12 ss., etc.

103. Plotin, *Enn.* V 9 [5], 6.23, dit que la nature, pour mouvoir les corps, n'a aucun besoin d'une force mécanique : οὐδὲ ταῖς πολυθρυλλήτοις μοχλείαις χρωμένη. Le terme vient d'Aristote, *Phys.* VIII 6, 259 b 19-20 (le corps se meut par la force du levier) ; la manière dont Plotin l'utilise prouve que c'était un lieu commun, employé surtout par les Épicuriens (voir les arguments de l'Épicurien Velleius contre la Stoa chez Cic., *Nat. deor.* I 20, 52-54) ; autres exemples chez Proclus, *In Tim.* I 297.28 ; 395.28.

104. Hérésie péripatéticienne que Proclus accuse Origène (l'élève d'Ammonius) d'avoir introduite dans le Platonisme (*Theol. plat.* II 4, 31.4-22) ; cf. aussi Ol., *In Alc.* 122.12-13 ; 145.6-7 ; ci-dessus, 8.25-31 ; voir encore *Theol. plat.* I 3, 12.23-13.5 ; *In Parm.* VII, 1214.11-12 ; *In Tim.* II 121.25 ss. ; 122.28-123.27.

Page 15.

106. Arist., *Metaph.* Λ 7, 1072 a 24-b4 ; Procl., *In Tim.* I 266.28-267.1. L'intellect est à la fois cause finale et efficiente d'après Ammonius, cité par Simpl., *De caelo* 271.13-21 ; *In phys.* 1363.8-12 ; Ascl., *In metaph.* 103.3-4 ; 151.5-32 ; Étienne, *De an.* 571.1-5. Cf. Introduction, *supra*, p. LXXVI et n. 52.

107. Si l'un peut être dit cause efficiente (et cause exemplaire),

c'est que l'intellect (et l'intelligible) sont de quelque façon anticipés en lui. Cf. Dam., *In Phil.* § 114, et *In Phaed.* I § 413.4-6 : Ascl., *In metaph.* 22.35-23.3.

108. C'est évidemment la position de la Nouvelle Académie, voir Sext. Emp., *Hypot. pyrrh.* I 221-225 ; D. L. III 51-52 (surtout à propos des dialogues aporétiques, cf. *infra* lignes 16-22) et IX 72. Elle est réfutée par Ammonius, chez Ol., *In Phaed.* 8 § 17 ; par Ol., *ibid.* 10 § 15 ; El., *In cat.* 110.12-28.

109. L'usage, chez Platon, de particules exprimant le doute est un sujet discuté très fréquemment dans les commentaires : Hermias, *In Phaedr.* 20.7 ; Procl., *In Alc.* 21.10-24.11 ; 95.25-96.22 ; Ol., *In Alc.* 24.11-20 ; 33.21-34.2 ; 212.14-18 ; *In Phaed.* 1 § 8.3-8 ; 6 § 14 ; cf. *In Gorg.* 60.11-15 ; 188.15-17 ; Palladius, *In Hipp. epid. lib. VI*, p. 24.22-23 Dietz (*Scholia in Hipp. et Gal.*, vol. II) ; dans le contexte général du scepticisme supposé de Platon : Élias, *In cat.* 110.12-16.

Page 16.

110. La vaine recherche d'une définition de la science est le sujet du *Théétète* ; le nombre y est discuté à plusieurs reprises (147 D 3-148 B 2 ; 198 A 5-C 10 ; 204 B 10-E 7), mais il n'est ni nié ni mis en question.

111. Métaphore bien connue empruntée à Aristote, *De an.* III 4, 429 b 30-430 a 2 : ὅτι δυνάμει πώς ἐστι τὰ νοητὰ ὁ νοῦς, ἀλλ' ἐντελεχείᾳ οὐδέν, πρὶν ἂν νοῇ · δυνάμει δ' οὕτως ὥσπερ ἐν γραμματείῳ ᾧ μηθὲν ἐνυπάρχει γεγραμμένον, «l'intellect est en puissance, d'une certaine façon, les intelligibles mêmes, mais n'est, en acte, aucun d'entre eux avant d'avoir pensé ; — en puissance comme une tablette sur laquelle il n'y a rien d'écrit». Cf. Procl., *In Alc.* 277.20-22 et n. 1, p. 318 (p. 435-436 des Notes complémentaires) ; 281.2-3 ; *In Eucl.* 16.8 ss. ; Dam., *In Phil.* § 175.1-2 ; Étienne, *De an.* 533.23-25 ; ci-dessous 15.45-46.

112. Thèse soutenue aussi par Procl., *In Tim.* I 249.13-22 ; 250.25-28 ; *Prov.* 51.22-25 ; elle est niée par Ol., *In Phaed.* 4 § 6.6-13.

Page 17.

113. Procl., *In Tim.* I 343.7-11 : ἐπεὶ καὶ αἴσθησιν μὲν ἐλέγχει φαντασία, διότι μετὰ πάθους γινώσκει κατὰ σύγκρισιν ἢ διάκρισιν, ὧν αὐτὴ καθαρεύει · δόξα δὲ φαντασίαν, διότι μετὰ τύπου καὶ μορφῆς, ὧν αὐτὴ κρείττων · ἐπιστήμη δὲ δόξαν, διότι χωρὶς τοῦ τῆς αἰτίας ἀπολογισμοῦ γινώσκει, ὃν αὐτὴ μάλιστα καταδεῖ. «Aussi bien la représentation convainc de faute la sensation, parce que la perception sensible, par agrégation ou ségrégation, implique un pâtir, ce dont la représentation est indemne. L'opinion convainc de faute la représentation, parce que la représentation est accompagnée d'une

impression et d'une forme, ce à quoi l'opinion est supérieure. La science convainc de faute l'opinion, parce que celle-ci connaît sans le raisonnement causal, raisonnement que la science a pour principal office d'établir de manière certaine» (trad. Festugière).

114. Même interprétation chez Ol., *In Phaed.* 6 § 3.1-11.

115. Platon, *Soph.* 247 C 4-5, parle des matérialistes comme σπαρτοί τε καὶ αὐτόχθονες (allusion au mythe de Cadmus). Le même passage est cité par Élias, *In isag.* 47.22-23, et par David, *In isag.* 111.4-5 (voir les textes, Introduction, p. LXXXIII).

116. Platon ne connaît pas le mot οὐρανοπολῖται (qui se trouve aussi chez Étienne, *De an.* 563.8; le terme est bien connu des Chrétiens, cf. Lampe, *PGL* s.v.); l'idée dérive de *Rép.* IX 592 B 2-3 : l'état idéal qu'on a esquissé n'existe nulle part sur la terre, mais ἐν οὐρανῷ ἴσως παράδειγμα ἀνάκειται τῷ βουλομένῳ ὁρᾶν καὶ ὁρῶντι ἑαυτὸν κατοικίζειν («il y en a peut-être un modèle dans le ciel pour qui veut le contempler et s'y établir» [trad. Chambry, modifiée]). On peut comparer aussi *Tim.* 90 A 6-7 φυτὸν οὐκ ἔγγαιον, ἀλλὰ οὐράνιον («une plante non pas terrestre, mais céleste»).

117. Cf. Ol., *In Gorg.* 175.22-176.4.

118. Procl., *In Alc.* 170.28-171.6; Ol., *In Alc.* 12.12-14.

Page 18.

122. Ce passage résume un long développement qu'on trouve chez Procl., *In Alc.* 27.16-30.1 ; voir aussi Hermias, *In Phaedr.* 21.10-15; Ol., *In Alc.* 175.14-18. La citation de Platon se compose de plusieurs morceaux de phrase indiqués dans l'apparat des sources.

123. Sur cette triade, cf. *Théol. plat.* I 22-24, 100.17-109.2 et III 22, 78.15-81.20.

124. Cf. Ol., *In Alc.* 12.11-16; 63.17-19.

125. Voici ce que dit Platon (*Soph.* 235 C 4-6) : πάντως οὔτε οὗτος οὔτε ἄλλο γένος οὐδὲν μή ποτε ἐκφυγὸν ἐπεύξηται τὴν τῶν οὕτω δυναμένων μετιέναι καθ' ἕκαστά τε καὶ ἐπὶ πάντα μέθοδον, «Aucun moyen que ni lui ni quelque autre espèce que ce soit puisse jamais vanter d'esquiver une poursuite aussi méthodiquement conduite dans le détail et l'ensemble» (trad. Diès). La forme estropiée sous laquelle cette phrase est citée ici était déjà devenue traditionnelle, voir Introduction, p. LXXXV-LXXXVI.

Page 19.

126. Encore un dicton très célèbre de l'*Alc. I* (114 E 7-9); voir l'interprétation d'Ol., *In Alc.* 114.4-12; *In Gorg.* 107.10-12; 214.16-18; voir Introduction, p. LXXXVI.

127. La philosophie de Platon, telle qu'elle est présentée dans ce bref paragraphe, n'est qu'un aperçu très comprimé de la *Théol. plat.* de Proclus. L'auteur fait mention de l'Un (*Theol.*, livre II, et

en particulier, II 7, 46.17-20) ; du limitant et de l'illimité, principes de l'ordre inteligible (III 8-10) ; du monde intelligible qui en procède (III 11-28) ; des dieux hypercosmiques (livre VI 1-14) et encosmiques (livre VII, perdu, ou, plus probablement, jamais écrit).

128. Les anges remplacent les δαίμονες de *Phèdre* 246 E 6 : τῷ δ' ἕπεται στρατιὰ θεῶν τε καὶ δαιμόνων κατὰ ἕνδεκα μέρη κεκοσμημένη· μένει γὰρ Ἑστία ἐν θεῶν οἴκῳ μόνη. τῶν δὲ ἄλλων ὅσοι ἐν τῷ τῶν δώδεκα ἀριθμῷ τεταγμένοι θεοὶ ἄρχοντες ἡγοῦνται κατὰ τάξιν ἣν ἕκαστος ἐτάχθη. « Il (Zeus) est suivi par une armée de dieux et de démons, qui est ordonnée en onze sections ; Hestia en effet reste à la maison des dieux, toute seule. Quant aux autres, tous ceux qui, dans ce nombre de douze, ont obtenu rang de dieux conducteurs sont chefs de file à leur rang, au rang qui a été assigné à chacun » (trad. L. Robin). Ces dieux sont les dieux-chefs, déjà mentionnés ci-dessus comme hypercosmiques, de Proclus ; les démons qui les escortent ont été transformés en anges, car l'anonyme évite le mot de δαίμων, qu'Olympiodore avait déjà trouvé difficile à utiliser (Introduction p. XXVIII-XXX). Ici, comme en 9.7 et 13.19, δαίμων est remplacé par ἄγγελος, notion depuis longtemps courante dans la philosophie religieuse païenne. Sans compter les messagers divins homériques, Hermès et Iris, eux aussi des ἄγγελοι, le terme est bien établi au moins depuis les *Oracles chaldaïques* (fr. 137 et 138) ; ensuite, il est employé par Porphyre chez Jambl., *De myst.* 2.3-4, ouvrage dont la composition est entièrement déterminée par la série : dieux, archanges, anges, démons, héros, âmes ; plus tard par Proclus, *In remp.* II 255.18-28 ; *In Crat.* 75.9-76.19 ; Ol., *In Alc.* 21.19-22.5. Voir surtout l'article classique de F. Cumont, « Les anges du paganisme », *Rev. hist. rel.* 72 (1915), 159-182.

Page 20.

132. Exposé plus ample de cette idée chez Procl., *In remp.* I 67.10-69.19.

133. Sur ces écrits, cf. Arist., *fr.* 27-31 Rose (Philop., *De an.* 75.34-35 ; *In phys.* 521.14-15) ; voir encore Arist., *Phys.* IV 2, 209 b 15.

Page 21.

134. Sur ce chapitre, voir Introduction p. LXIII-LXIV.

135. Définition d'Albinus, *Isag.* 1, et de Diogène Laërce, III 48 : Ἔστι δὲ διάλογος <λόγος> ἐξ ἐρωτήσεως καὶ ἀποκρίσεως συγκείμενος περί τινος τῶν φιλοσοφουμένων καὶ πολιτικῶν μετὰ τῆς πρεπούσης ἠθοποιίας τῶν παραλαμβανομένων προσώπων καὶ τῆς κατὰ τὴν λέξιν κατασκευῆς (= *Suda*, II 62.23-26).

136. Discussion semblable du même sujet chez Ol., *In Gorg.* 1.5-19.

137. Le motif de la ποικιλία joue un rôle plus important chez Proclus (*In remp.* I 46.7-47.14; 49.20-51.25; 63.12 ss.; *In Alc.* 197.13) que chez Platon qui, dans ce contexte, n'emploie le mot que deux fois (*Rép.* III 399 E 9 et 404 E 3).

138. L'anonyme se trompe de nouveau; tout en rejetant la flûte (*Rép.* III 399 D 3-5; Proclus, *In Alc.* 196.22-198.13), Platon accepte la cithare dans son plan d'éducation idéale (*ib.* D 7-8). Rappelons que la traduction de αὐλός par «flûte», traditionnelle, est cependant inexacte (cf. *In Alc.* II, p. 255 et n. 1).

Page 22.

141. Pour cette défense, cf. Ascl., *In metaph.* 138.7-9.

142. Ol., *In Alc.* 56.17-22. La même analogie sera poursuivie en détail dans les chapitres suivants, 16-17. Sur le thème voir J. Coulter, *The Literary Microcosm : Theories of Interpretation of the Later Neoplatonists* (Columbia Studies in the Classical Tradition, II), Leiden 1976, p. 101-103, et L. Brisson, «Le discours comme univers et l'univers comme discours. Platon et ses interprètes néo-platoniciens» dans *Le texte et ses représentations*, Paris, 1987, p. 121-128.

143. Sur cette doctrine, cf. *infra* 22.16-18, et n. 188, ainsi que 27.78-79.

144. Commentaires sur le passage cité du *Phèdre* (264 C 2-5) : Procl., *In remp.* I 6.24-7.1; 11.9-12; *In Parm.* I, 659.12-19; Ol., *In Alc.* 56.14-16; cf. J. Coulter, *op. cit.*, p. 73-74 et *passim*.

Page 23.

146. L'auteur vise, respectivement, le *Lysis*, le *Premier Alcibiade* (cf. ci-dessous, 23.24-31) et *Gorgias* 525 B 1-C 8 (cf. Ol., *In Gorg.* 267.1-4). — Les châtiments de l'Hadès viennent naturellement de *Gorg.* 525 B 1-C 8 (et du Mythe d'Er dans la *Rép.*).

147. Dialogue et dialectique : cf. Procl., *In Alc.* 169.12-171.6. — Sur le rôle de la dialectique, voir *supra* 11.5-12.

148. Sur l'image, voir plus haut, 10.27-28 et n. 111 (p. 61 des Notes complémentaires).

149. Ce motif est allégué aussi par Procl., *In Alc.* 170.6-13; Ol., *In Alc.* 56.25-57.4; *In Gorg.* 13.29-31.

Page 24.

150. Eschine, *Or.* 3.192, dit : Τὸ δὲ νυνὶ γιγνόμενον πρᾶγμα ὑπερκαταγέλαστόν ἐστιν· ὁ μὲν γὰρ γραμματεὺς ἀναγιγνώσκει τὸ παράνομον, οἱ δὲ δικασταὶ ὥσπερ ἐπῳδὴν ἢ ἀλλότριόν τι πρᾶγμα ἀκροώμενοι πρὸς ἑτέρῳ τινὶ τὴν γνώμην ἔχουσι. «La chose telle qu'elle se fait de nos jours est plus que ridicule : le greffier lit la loi qui interdit une procédure, et les jurés, comme s'ils écoutaient une

incantation ou quelque chose qui ne les regarde pas, pensent à autre chose». Citation très libre chez Ol., *In Alc.* 57.1-2, ὄναρ δ' ἑώρων τῆς δίκης λεγομένης, «ils rêvaient pendant le plaidoyer», et semblablement, *ibid.* 108.10-11 ; dans notre texte, la citation a été transformée en anecdote (autre exemple de ce procédé, *infra* 27.63-65 et n. 236, p. 79 des notes complémentaires).

152. Proclus renvoie à un ouvrage où il a déjà traité le même sujet, dans *In Alc.* 10.4-8 : Δεῖ γοῦν, ὥσπερ καὶ ἐν ἄλλοις εἴπομεν περὶ τῶν διαλόγων, ἕκαστον ἔχειν ἅπερ καὶ τὸ πᾶν· καὶ εἶναι τὸ μέν τι τῷ ἀγαθῷ τεταγμένον ἀνάλογον ἐν αὐτοῖς, τὸ δέ τι τῷ νῷ, τὸ δὲ τῇ εἴδει, τὸ δὲ αὐτῇ τῇ ὑποκειμένῃ φύσει. «En tout cas, il faut, comme nous l'avons aussi dit ailleurs à propos des dialogues, que chacun d'eux contienne tout ce qui est contenu dans le tout : il doit y avoir en eux quelque chose d'analogue au Bien, quelque chose d'analogue à l'intellect, à l'âme, à la forme, et même à la nature qui sert de substrat» (trad. Segonds); la suite du texte applique ces principes à l'*Alcibiade*. Le renvoi vise probablement les *Prolégomènes* de Proclus, cf. ci-dessus, Introduction, p. LVIII-LIX.

153. Sur cette thèse, cf., outre Procl., *In Alc.* 10.4-8 (cité à la note précédente), Dam., *In Phaed.* I § 478 (chacun des dieux encosmiques possède : matière, corps, nature, âme, intellect, divinité); Ol., *In Alc.* 17.12-13 : ἔστιν γὰρ ἐν τοῖς οὐρανίοις θεότης, νοῦς, ψυχὴ λογική, ψυχὴ ἄλογος, εἶδος, ὕλη («Il y a donc dans les êtres célestes : divinité, intellect, âme rationnelle, âme irrationnelle, forme et matière»); cf. encore Dam., *In Phaed.* II § 95 (les démons peuvent être classés selon leur principe dominant : l'un, l'intellect, l'âme, la nature, le corps, la matière).

Page 25.

154. Procl., *In remp.* I 6.7-10 : τρίτον δὲ τὴν ὕλην..., ἣν ἔν τε προσώποις καὶ τόποις καὶ καιροῖς θεωρεῖσθαι συμβέβηκεν, «troisièmement, la matière ..., qu'on découvre dans les personnages, les lieux et les circonstances». Dans la suite (10-12), Proclus renvoie de nouveau à cet ouvrage où il a traité du σκοπός, avec lequel les éléments matériels doivent s'accorder (cf. *infra*, p. 21.1-3 et n. 176, p. 69 des Notes complémentaires). Voir aussi *In remp.* I 16. 26-27; *In Tim.* I 8.30-9.24; *In Alc.* 10.15-16.

155. Sur l'expression ὧν οὐκ ἄνευ (= *sine qua non*) cf. la note à Dam., *In Phaed.* I § 113.2-3, p. 72.

156. Cf. l'introduction de Proclus au *Cratyle*, 5.11-22 : Cratyle représente la science, Hermogène l'opinion; et celle d'Olympiodore au *Gorgias*, 7.2-8 : Socrate est caractérisé par l'intelligence et la science, Chéréphon par l'opinion vraie, Gorgias par la fausseté, Polus par l'injustice et l'ambition, Calliclès par la bestialité.

157. La construction d'une ignorance quadruple est unique; elle ne se retrouve que chez Aréthas de Césarée, qui l'a sans aucun doute empruntée aux *Prolégomènes* (cf. *supra*, Introduction,

p. LXXXIX, n. 2). Le point de départ est le passage bien connu du *Sophiste*, 229 B 7-C 10, sur l'ignorance simple et l'ignorance double, celle qu'on reconnaît comme telle et celle qu'on ne reconnaît pas (cf. Pl., *Alc. I*, 117 E 9-118 C 6 ; Procl., *In Alc.* 175.2-6 ; Ol., *In Alc.* 65.12-15 ; 128.22-129.6). Une scolie sur *Gorg.* 458 A 3, écrite (mais non pas nécessairement composée) par Aréthas, y ajoute une troisième catégorie : Ὅτι ἡ ἄγνοια τριττή, ἁπλῆ, διπλῆ, μεγίστη· καὶ τῆς μὲν ἁπλῆς δίδαξίς ἐστιν ἡ κάθαρσις (lire κάθαρσίς ἐστιν ἡ δίδαξις) ἀπαλλάττουσα τῆς κατεχούσης ἀγνοίας· τῆς δὲ διπλῆς, ἥτις καὶ οἴησις κέκληται, κάθαρσις ὁ ἔλεγχος [ἀναγκάζων?] τὸν [ἔχοντα?] ἀπαλλαγῆναι τοῦ κακοῦ· τῆς δὲ μεγίστης κάθαρσις ἡ κόλασις τὸ τῷ λόγῳ μαχόμενον πάθος σωφρονίζουσα. « L'ignorance est triple : la simple, la double, la suprême ; on est purgé de la simple par l'instruction, qui nous délivre de l'ignorance qui dominait ; de la double (dite aussi 'vaine opinion') on est purgé par la réfutation, laquelle force l'ignorant à se débarrasser de ce mal ; on est purgé de l'ignorance suprême par la punition, laquelle réprime la passion qui se débat contre la raison ». La troisième sorte paraît provenir, tant pour l'idée que pour le terme, de *Prot.* 357 E 2, ὥστε τοῦτ' ἐστὶν τὸ ἡδονῆς ἥττω εἶναι, ἀμαθία ἡ μεγίστη (« c'est donc là l'ignorance suprême, se laisser vaincre par le plaisir »). La punition comme remède rappelle le mot d'Aristote (*Top.* I 11, 105 a 5-7) οἱ μὲν γὰρ ἀποροῦντες πότερον δεῖ τοὺς θεοὺς τιμᾶν καὶ τοὺς γονεῖς ἀγαπᾶν ἢ οὔ, κολάσεως δέονται, « ceux qui se demandent si l'on doit, ou non, honorer les dieux et aimer ses parents, ont besoin de punition [et non d'arguments] »). Pour la quatrième forme d'ignorance, l'ignorance sophistique, le texte de base est *Soph.* 267 E 10-268 A 4 : (conclusion du dialogue : le sophiste n'est pas du nombre de ceux qui savent, il les imite seulement ; mais il y a deux sortes d'imitateurs) ὁ μὲν γὰρ εὐήθης αὐτῶν ἐστιν, οἰόμενος εἰδέναι ταῦτα, ἃ δοξάζει· τὸ δὲ θατέρου σχῆμα διὰ τὴν ἐν τοῖς λόγοις κυλίνδησιν ἔχει πολλὴν ὑποψίαν καὶ φόβον ὡς ἀγνοεῖ ταῦτα ἃ πρὸς τοὺς ἄλλους ὡς εἰδὼς ἐσχημάτισται, « Car un de ces personnages est le naïf, qui croit avoir science de ce dont il n'a qu'opinion. Quant à la figure que fait l'autre, d'avoir tant roulé parmi les arguments y met une forte dose de méfiance, une appréhension très vive d'ignorance personnelle sur les sujets mêmes où, devant les autres, il se donne figure de savant » (trad. Diès). Il y a, sans le moindre doute, un rapport entre les classifications tripartite et quadripartite, mais elles ne proviennent pas du même contexte. La première doit être tirée d'un commentaire sur le *Gorgias*, au point où on la lit dans les scolies (l'éditeur, Greene, pense qu'il s'agit du commentaire de Proclus, mais il n'est pas certain qu'un commentaire de celui-ci sur le dialogue entier ait jamais existé ; d'autre part, le commentaire de Plutarque d'Athènes était encore à la disposition des scoliastes du IXe s.). Le classement quadripartite, d'autre part, pourrait être composé de réminiscences d'un commentaire sur le *Sophiste* (p. ex. celui d'Olympiodore), ou bien, parce que le procédé est très caractéristique de Proclus, qui aime à recueillir et systématiser les idées dispersées de Platon sur un même sujet, les *Prolégomènes* de Proclus peuvent être la source de ce passage comme de tant d'autres.

Page 26.

159. Une certaine confusion règne dans tout cet alinéa : le mot ἔκδοσις, ainsi que l'idée que ces ouvrages seraient une contribution à la fête du jour, suggèrent que l'auteur parle de la date de la composition ; d'autre part, les références se rapportent plutôt à la date dramatique. C'est à celle-ci que semblent se limiter les remarques de Proclus, *In remp.* I 18.6-9 ; 17-18 ; 19.2-10 ; *In Parm.* 643.5-644.2 ; toutefois, dans l'*In Tim.* I 84.12-85.30, les discours de Timée et de Critias sur la victoire des Athéniens sont représentés comme un autre péplos offert à la déesse à l'occasion des Petites Panathénées, ou un hymne en son honneur.

160. Si tout ceci est à prendre au pied de la lettre, Platon aurait écrit la plus grande partie de ses ouvrages majeurs du vivant de Socrate. Cf. *supra* 3.33-39 *(Lysis)* et *infra* 24.8-12 (le *Phèdre* fut écrit le premier). D'après Élias, *In cat.* 110.21-23, même les *Lois* furent écrites pendant cet exil volontaire : ἐν Κρήτῃ γὰρ τὰς διατριβὰς ἐποιεῖτο· οὐ γὰρ ἠξίου ἔτι σκηνὰς τῶν αὐτοῦ διαλόγων ποιεῖσθαι τὰς Ἀθήνας διὰ τὰ συμβάντα τῷ Σωκράτει, «car il séjournait en Crète, parce qu'il ne voulait plus faire d'Athènes la scène de ses dialogues à cause de ce qui était arrivé à Socrate», passage encore plus confus que celui des *Prolégomènes* ; aucun des deux ne paraît tenir compte de l'existence de l'Académie.

161. Procl., *In remp.* I 17.1-3 : ὁ μὲν δὴ τόπος ἐστὶν ὡς τῆς πρώτης συνουσίας ὁ Πειραιεύς, οὕτω τῆς δευτέρας καὶ τρίτης ἡ πόλις : «Quant au lieu, de même que, pour le premier entretien [la conversation de la *Rép.*] ç'avait été le Pirée, de même pour le second [la conversation de la *Rép.* racontée par Socrate] et le troisième [le discours de Timée], c'est la ville» (trad. Festugière).

162. Cette classification se trouve déjà chez Denys d'Halic., *Ad Pomp.* 2; ensuite chez Procl. gramm., *Chrestom.* § 4-7 (= Phot., *Bibl.* 239, 318 b 26-34). Elle est reprise par Procl., *In remp.* II 7.23-8.1 ; *In Parm.* I 633.8-10 ; 645.9-647.24. Dans les introductions : (philosophie) Ps.-Él. 27.24-25 ; (médecine) Jean d'Alex., *In Hipp. De nat. pueri* 208.1-6 Dietz.

Page 27.

164. Albinus, *Isag.* 3 : ἐνθάδε δὲ γνωστέον τοσοῦτον περὶ τῶν ἀνωτάτω χαρακτήρων, ὅτι δύο ὄντων, ὑφηγητικοῦ καὶ ζητητικοῦ, ὁ μὲν ὑφηγητικὸς ἥρμοσται πρὸς διδασκαλίαν καὶ πρᾶξιν καὶ ἀπόδειξιν τοῦ ἀληθοῦς, ὁ δὲ ζητητικὸς πρὸς γυμνασίαν καὶ ἀγῶνα καὶ ἔλεγχον τοῦ ψεύδους· καὶ ὅτι ὁ μὲν ὑφηγητικὸς τῶν πραγμάτων στοχάζεται, ὁ δὲ ζητητικὸς τῶν προσώπων. «Ici, il suffit de savoir quant aux types du

discours les plus généraux, qu'il y en a deux, l'exposition et la recherche ; celui-là est approprié à l'instruction, l'action, et la démonstration du vrai, celui-ci à l'exercice, à la lutte et à la réfutation du faux ; l'exposition vise les faits, la recherche, les personnes». Diogène Laërce, III 49, adopte la distinction d'Albinus ; Proclus, *In remp.* I 15.19-23, y ajoute le type mixte.

165. Sur cette manière de désigner la *Rép.* (ἐν Πολιτείαις, au pluriel), cf. Introduction, p. LXXXI et n. 4.

Page 28.

166. L'analogie entre le cercle et l'intellect est établie pour la première fois par Platon, *Tim.* 34 A 1-5 ; le traité de Plotin, *Enn.* II 2, *Sur le mouvement du ciel,* commente ce passage. Après Plotin, lieu commun des néoplatoniciens (p. ex. Procl., *In Eucl.* 92.1-8).

167. La liste platonicienne des six causes se compose des quatre causes d'Aristote (la matérielle, la formelle, la motrice [= l'efficiente] et la finale, *Phys.* II 3), auxquelles les Platoniciens ajoutent l'exemplaire (*Timée* 28 A 7, B 2; 29 B 4; 31 A 4 etc.) et l'instrumentale (*Polit.* 281 E 1-5). Voir *supra* 8.3-6, et n. 92 (p. 58 des Notes complémentaires), et encore Procl., *In Tim.* I 263, 19-264.2 ; 357.12-23 ; *In Alc.* 168.20-169.3 (et note *ad loc.,* p. 386 des Notes complémentaires) ; Dam., *In Phaed.* II § 8-11 ; Simpl., *In phys.* 26.5-7 ; Philop., *De aet.* VI, 159.6-13, *In Phys.* 5.7 ss ; Ol., *In Gorg.* 3.24-4.5.

Page 29.

169. Mêmes choix et même décision chez Procl., *In Alc.* 11.22-14.27 ; comparer aussi *In remp.* I 7.1-4 ; *In Parm.* I, 634.8-17 ; Ammon., *In cat.* 8.6-10 ; Philop., *In cat.* 8.1-6 ; Dam., *In Phil.* § 7 ; Simpl., *In cat.* 8.25-30 ; Ol., *In Alc.* 11.7-8 ; *In cat.* 14.5-9 ; El., *In cat.* 128.27-129.1. — Le terme τμῆμα apparaît depuis Ammon., *In anal. pr.* 67.39 ; ensuite Ol., *In Alc.* 62.18 ; 137.9 ; etc. ; *In Phaed.* 8 § 7.12 ; El., *In isag.* 39.22 ; etc. ; David, *In isag.* 93.7 ; etc. ; Ps.-Él., *In isag.* 27.14-15 ; etc. ; Étienne, *De int.* 1.9 ; etc. Sur le terme τμῆμα et son équivalence avec κεφάλαιον dans ces contextes cf. Procl., *In Alc.,* éd. Segonds, Préface, p. LXXXII, n. 2 ; voir *In Eucl.* 83.7.

170. C'est ce que fait Ol., *In Gorg.* 5.19-22.

Page 30.

174. Le *Parménide* est l'unique exemple d'une mise en scène à quatre niveaux, cf. Procl., *In Parm.* I, 625.37-627.39 et 644.1-645.8, qui applique des principes de correspondance différents dans les deux passages : d'abord, les quatre niveaux où se

manifestent les idées, ensuite, les quatre niveaux de la réalité. Cette diversité indique que le troisième schéma, établi ici, pourrait également provenir de Proclus. Cf. Introduction, p. LXV-LXVI.

175. Division de la ligne dans *Rép.* VI 509 C 5-511 E 5.

Page 31.

176. Procl., *In remp.* I 6.1-4 indique, en des termes à peu près identiques, avoir discuté ce point : οὓς πολλάκις οἶδα κανόνας εἰπὼν περὶ τῆς εὑρέσεως τῶν ... σκοπῶν, « les règles que je sais avoir souvent énoncées touchant la découverte des buts ... » (trad. Festugière). La liste remonte donc, au moins en partie, à lui ; Élias (*In cat.* 131.10-13) nous apprend que la première règle avait déjà été établie par Jamblique, l'initiateur de la recherche du σκοπός. Voir Introduction, p. LXVI. — La question du dessein est une partie intégrante des introductions aux commentaires dans les écoles athénienne et alexandrine : Hermias, *In Phaedr.* 8.15-12.25 ; Procl., *In Alc.* 6.4-9.18 ; *In Crat.* 1.1-9 ; *In Parm.* I, 630.21-643.5 ; *In remp.* I 7.5-14.14 ; II 7.8-10 ; 97.9-101.12 ; *In Tim.* I 1.4-4.7 ; *In Eucl.* 81.23-83.6 ; Ammon., *In isag.* 22.3-5 ; *In cat.* 8.20-13.2 ; Philop., *In cat.* 8.27-12.11 ; Dam., *In Phaed.* II § 82 ; *In Phil.* § 1-6 ; Simpl., *In cat.* 9.4-13.26 ; *In phys.* 1.3-4.7 ; Ol., *In Alc.* 3.3-9 ; *In Gorg.* 3.1-20 ; *In meteor.* 1.18-3.16 ; El., *In isag.* 35.14-36.30 ; David, *In isag.* 83.7-86.30. On n'a cité que les principaux commentaires philosophiques, mais le procédé a été transféré aussi à la grammaire, à la rhétorique et à la médecine.

177. Le même passage de Platon (*Phèdre* 237 B 7-C 2) est cité par Ol., *In Gorg.* 17.2-5 ; 40.8-11 ; El., *In isag.* 41.4 ; In cat. 127.7 ; David, *In isag.* 9.21 ; 95.19 ; Philop., *De an.* 33.21-23 ; 43.8-10 ; Simpl., *In phys.* I 75.4-6. — La citation, comme souvent dans les *Prol.,* s'écarte assez notablement du texte de Platon.

178. Les doubles titres des dialogues, qu'on trouve aussi dans les manuscrits et, jusqu'au XIXe s., dans les éditions, dérivent du classement tétralogique de Thrasylle (D.L. III 56-61) : titre, soustitre, genre.

Page 32.

181. Encore un argument employé par Proclus, *In remp.* I 11.9-12. Le passage du *Phèdre* est également cité par Hermias, *In Phaedr.* 9.8-9 ; 11.17-18 ; voir aussi *supra*, p. 22, n. 144.

182. Dans la liste tétralogique (D.L. III 58), ainsi que dans la plupart des manuscrits, le *Sophiste* porte le titre Σοφιστὴς ἢ περὶ τοῦ ὄντος, λογικός. D'après Jamblique, cité par le scoliaste de Platon (*Soph.* 216 A, p. 40 Greene = fr. 1 Dillon), ὁ σκοπὸς νῦν περὶ τοῦ ὑπὸ σελήνην δημιουργοῦ, « le sujet, ici, c'est le démiurge sublunaire » ; Proclus, *In Parm.* I, 637.9-12, veut sans doute dire la même chose lorsqu'il soutient que le sujet du dialogue n'est pas la méthode de

division, qui sert seulement de moyen, mais le πολυκέφαλος σοφιστής. De même, *In remp.* I 8.24-28 : le vrai sujet est le sophiste, et tout ce qui est dit à propos de l'être et du non-être est accessoire à ce dessein ; pour d'autres passages qui prouvent que Proclus se conforme à l'exégèse de Jamblique, voir *supra*, Introduction, p. LXIX et n. 34 et 37. Ol., *In Alc.* 110.8-9, dit : ὡς ἐν τῷ Σοφιστῇ ἐν τοῖς περὶ τοῦ ὄντος λόγοις ἀκριβέστερον μαθησόμεθα, ce qui, d'ailleurs, ne signifie pas nécessairement que pour lui l'être était le sujet principal. L'anonyme, en tout cas, est ici en désaccord avec Proclus ; ci-dessous, 23.10-19, il supporte au moins la position négative de Proclus, à savoir que la méthode employée ne saurait constituer le sujet principal d'un dialogue.

183. Proclus aime à faire paraître telle ou telle de ses conclusions secondaires comme un corollaire d'une autre proposition plus importante, cf. p. ex. *In Alc.* 139.19 et n. 1, p. 116 (p. 206 des Notes complémentaires) ; on a aussi des exemples de πόρισμα chez Olympiodore, mais souvent en dépendance de Proclus.

184. Cf. Ol., *In cat.* 114.33-35, où le double titre du ch. 8 des *Cat.*, Περὶ ποιοῦ καὶ ποιότητος, est justifié. Les doubles titres sont pourtant très fréquents dans l'Antiquité et, sans aller bien loin, on a de Marinus Πρόκλος ἢ περὶ εὐδαιμονίας. Rappelons encore les satires de Lucien et de l'empereur Julien.

Page 33.

185. De même, Hermias, *In Phaedr.* 9.6-9 et 11.16-19 ; un anonyme cité par Proclus, *In Parm.* I, 631.2-4 (le sous-titre περὶ τῶν ἰδεῶν est rejeté comme étant partiel) ; Ol., *In Gorg.* 3.4-20, rejette successivement, pour la même raison, «la rhétorique», «justice et injustice» (*infra*, 22.8-10) et «le démiurge», comme thèmes du *Gorgias*, pour enfin retenir un sujet plus compréhensif : «Les uns disent que le dessein [de Platon dans le *Gorgias*] est de discuter de la rhétorique, et ils intitulent [le dialogue] : '*Gorgias ou sur la rhétorique*', à tort. C'est en effet parce que Gorgias discute de rhétorique qu'ils en tiraient le dessein [du dialogue] alors que ces discussions ne sont pas très considérables. D'autres disent que la discussion porte sur la justice et l'injustice, [puisqu'on montre] que les justes sont heureux, tandis que les injustes sont malheureux et misérables ; que plus on est injuste, plus on est misérable ; que si l'injustice dure, on est plus misérable, et que si elle est infinie, on est d'autant plus misérable. Ces gens aussi déterminent le dessein à l'aide d'une partie (ἀπὸ μέρους τὸν σκοπὸν ἐκλαμβάνουσιν), à partir de la discussion avec Polus. D'autres disent que le dessein [du dialogue] est de discuter du démiurge. Ces gens-là aussi déterminent [le dessein] à l'aide d'une partie, parce que c'est [seulement] dans le mythe, comme nous le verrons, qu'est mentionné le démiurge ; ces gens aussi se trompent d'une manière

totalement absurde. Nous disons donc que le dessein de ce dialogue est de discuter des principes éthiques qui nous conduisent au bonheur social» (περὶ τῶν ἀρχῶν τῶν ἠθικῶν... τῶν φερουσῶν ἡμᾶς ἐπὶ τὴν πολιτικὴν εὐδαιμονίαν) ; cf. *ibid.* 30.13-17 ; 86.12-13 ; et ci-dessous, l. 11-12. Notons cependant qu'un peu plus bas (l. 39-44, et note 191) l'enseignement de la véritable rhétorique est accepté comme le dessein du *Gorgias*, par contraste avec la réfutation de la fausse rhétorique, afin d'illustrer le principe que le dessein supérieur doit être préféré à l'inférieur. On voit bien que, dans ce chapitre, il s'agit de donner des exemples plutôt que de préciser le σκοπός de chacun des dialogues mentionnés.

186. Rhétorique : Hermias, *In Phaedr.* 10.27-28 (quelques-uns) ; la beauté universelle : *ibid.* 9.9-10 (Jamblique) et 11.19-2 ; sur ces textes d'Hermias, cf. A. J. Festugière, «L'ordre de lecture des dialogues de Platon aux ve/vi^e siècles», *Mus. Helv.* 26 (1969), p. 281-296 [290-292] (repris dans *Études de philos. grecque*, p. 535-550 [544-546].

187. Cf. ci-dessus le texte d'Olympiodore, traduit p. 70-71 dans la note 185.

188. Sur l'homme créature intermédiaire (notion qui a son point de départ chez Platon, *Timée* 35 A 1-4) cf. p. ex. Procl., *In Alc.* 226.9 ss. et n. 1 (p. 412 des Notes complémentaires) : l'âme de l'homme est μέση (voir *infra* 27.78-79). C'est une doctrine très répandue dans tout le néoplatonisme et même dans l'anthropologie judéo-chrétienne, cf. p. ex. Némésius, *Nat. hom.* 1, p. 2.24-3.5 ; 5.9-18, etc. À propos de la position divergente de Plotin et Porphyre (l'âme appartient au monde intelligible) consulter H. Dörrie, *Porphyrios' «Symmikta Zetemata»*, (Zetemata, 29), Munich 1959, p. 192-198.

Page 34.

189. Dans son introduction au *Timée* (*In Tim.* I 1.4-4.5), Proclus commence par définir le sujet ainsi : Ὅτι μὲν ἡ τοῦ πλατωνικοῦ Τιμαίου πρόθεσις τῆς ὅλης φυσιολογίας ἀντέχεται ..., «Que le *Timée* de Platon ait pour dessin de s'attacher à tout l'ensemble de la science de la Nature ...», mais il précise en ajoutant καὶ ὡς πρὸς τὴν τοῦ παντὸς ἀνήκει θεωρίαν, «qu'il se réfère à la considération de l'Univers» (trad. Festugière), c.-à-d., il le rattache à la superstructure métaphysique. De même, *In Parm.* I, 641.15-18 : ὁ Τίμαιος οὐχ ἁπλῶς φυσιολογεῖ κατὰ τοὺς πολλοὺς φυσιολόγους, ἀλλὰ καθ' ὅσον πάντα ἀπὸ τοῦ ἑνὸς δημιουργοῦ κεκόσμηται διδάσκει, «Le *Timée* ne traite pas de la nature simplement, comme le font la plupart des physiciens, mais il le fait en tant que toutes choses ont été mises en ordre par l'unique démiurge». On peut sans trop de difficulté prêter ce sens à la restriction proposée ici par l'anonyme.

190. Pour cet usage de κινεῖσθαι avec un adverbe au comparatif, voir Aréthas, *Scripta minora* I 98.19 (συγγνωμονικώτερον... κεκινημέ-

νος) et 332.7 (ζητητικώτερον... κεκινημένος), qui a, d'ailleurs, pu imiter ce passage des *Prolégomènes* ; mais cf. aussi Ol., *In Gorg.* 46.11, οὐχ ἑτεροκινήτως φέρεται.

191. Ce que fait Proclus, *In Tim.* I 2.1-4.5 (voir aussi 9.25-14.3).

192. D.L. III 59 (dans la liste des tétralogies) : Γοργίας ἢ περὶ ῥητορικῆς, ἀνατρεπτικός («réfutateur»). Voir ci-dessus, p. 33 et n. 185 (p. 70 des Notes complémentaires).

193. Procl., *In Alc.* 8.4-6 : οὔτε ἀποστάντας τῶν προκειμένων σκεμμάτων ἐπ' ἄλλας οὐσίας οὐδὲν ἡμῖν προσηκούσας, θείας ἢ δαιμονίας, μεταφέρειν τὴν ζήτησιν, «ni, nous détournant des questions examinées, transporter la recherche vers d'autres essences qui ne nous concernent pas, dieux ou démons ...» (trad. Segonds).

194. «L'intellect qui se contemple lui-même» : allusion évidente à Amélius et sa théorie du triple démiurge : celui qui est, celui qui a, celui qui voit (Procl., *In Tim.* I 12.1-7 ; 306.1-14 ; *Theol. plat.* V 5, 23.9-23). C'est donc lui qui a dû interpréter le Zeus du mythe du *Gorgias* comme l'intellect qui se voit lui-même et comme le démiurge dont parle Ol., *In Gorg.* 3.14-17. — Sur Amélius, voir maintenant L. Brisson, «Amélius : Sa vie, son œuvre, sa doctrine, son style», dans *ANRW* II 36, 2 (1987), p. 793-860.

Page 35.

196. Procl., *In Parm.* I, 631.27-28 : ὥσπερ ἀμέλει καὶ πρὸς Θουκυδίδην ἀγωνιζόμενος τὸν Μενέξενον ἀπειργάσατο, «ainsi, par exemple, il a composé le Ménéxène en rivalisant avec Thucydide». Dans ce passage (631.14-633.12), Proclus rapporte l'opinion d'un commentateur anonyme qui reconnaît, chez Platon, trois modes d'opposition : l'imitation améliorée *(Ménéxène),* la contradiction directe (Zénon dans le *Parménide*) et un mélange des deux (Lysias dans le *Phèdre*). Denys d'Halicarnasse, *Démosth.* 23, p. 180.9-12 U.-R. : κράτιστος δὴ πάντων τῶν πολιτικῶν λόγων ὁ Μενέξενος, ἐν ᾧ τὸν ἐπιτάφιον διεξέρχεται λόγον, ὡς μὲν ἐμοὶ δοκεῖ, Θουκυδίδην παραμιμούμενος, ..., «Le meilleur de tous ses ouvrages politiques est le *Ménéxène,* dans lequel il présente l'oraison funèbre, en imitant, à mon avis, Thucydide ...».

197. D.L. III 58 (liste des tétralogies) : Φίληβος ἢ περὶ ἡδονῆς, ἠθικός. Dam., *In Phil.* § 1-2, cite cette opinion pour la rejeter. — Les six biens : cf. Dam., *In Phil.* § 250-257.

198. Principe énoncé aussi par Procl., *In Alc.* 8.1-3 : οὔτε τὰ ὄργανα τὰ διαλεκτικὰ προτείνειν ὡς σκοποὺς τῆς συνουσίας, οἷον τὴν προτροπὴν ἢ τὴν μαείαν ἢ τὸν ἔλεγχον, «ni présenter les instruments de la dialectique comme le but de l'entretien, par exemple l'exhortation, la maieutique ou la réfutation» (trad. Segonds).

199. Sur le dessein du *Sophiste,* voir *supra* 21.39-45 et n. 182 (p. 69-70 des Notes complémentaires).

200. La combinaison de ces deux passages de Platon (cités sous

la même forme libre) se retrouve *infra,* 27.21-24 et chez David, *In isag.* 9.29-30; voir aussi *supra* 11.20-21 et n. 125, ainsi que l'Introduction, p. LXXXV-LXXXVI.

Page 36.

201. Procl., *In Alc.* 7.18-24 : Οὐ μὴν ἀλλ' αἰσχυνθείην ἂν ἐμαυτόν, εἰ... τὰ δεύτερα καὶ ἀτελέστερα καὶ μερικώτερα σκοποὺς ποιησαίμην τοῦ προκειμένου συγγράμματος : « J'aurais honte de moi si... je désignais... comme but du présent ouvrage des problèmes de second rang, moins parfaits et plus particuliers » (trad. Segonds).

202. *Ibid.* 7.1-4 : Καὶ γὰρ ἡμῶν ἕκαστος καὶ τῶν ἄλλων ἀνθρώπων ἐναργέστερον ἢ ἀμυδρότερον τοῖς αὐτοῖς ἔνοχος παθήμασιν οἷσπερ δὴ καὶ ὁ Κλεινίειός ἐστι, « En effet, chacun de nous et chacun des hommes, qui plus clairement, qui plus obscurément, est en proie aux mêmes passions que le fils de Clinias » (trad. Segonds).

203. Sur cette question, cf. A. J. Festugière, « Ordre de lecture ... » art. cit., *supra* p. 33 et n. 186 (p. 71 des n. compl.). Le problème était déjà discuté au IIe siècle, chez Albinus et Théon de Smyrne.

Page 37.

205. Cette raison a déjà été mentionnée *supra* 3.2-4 (et n. 32, p. 49).

206. Sur l'état inachevé des *Lois,* et le rôle de Philippe d'Oponte comme éditeur, voir D.L. III 37. Plutarque, *De Is. et Osir.* 48, 370 F, dit que Platon était « déjà un vieillard ». Philippe, évidemment, ne fut pas le successeur de Platon ; les renseignements qu'on possède sur lui (et dont les plus substantiels se trouvent dans la *Suda,* s.v. φιλόσοφος, IV p. 733.24-34) ont été recueillis et évalués par L. Tarán, *Academica : Plato, Philip of Opus, and the Pseudo-Platonic* Epinomis, Philadelphia 1975, p. 115-139.

207. Sur la classification en tétralogies, cf. Albinus, *Isag.* 4 ; D.L. III 56-61 ; cette classification était attribuée à Thrasylle et Dercyllide (Ier siècle de notre ère).

208. Sans doute dans ses *Prolégomènes.* Autres références : Procl., *In remp.* II 134.5-7 : ἀλλ' ἡ μὲν Ἐπινομὶς νοθείας ὑπάρχουσα μεστὴ καὶ νοῦ μυστηριώδους τὸν νηπιόφρονα καὶ νῷ ἀρχαῖον ἀπατᾷ, « cependant l'*Épinomis,* pleine comme elle est d'inauthenticité et de signification énigmatique, trompe le naïf et le simple d'esprit » (trad. Festugière) ; *De prov.* 50.15-16 : *olim enim nobis hec pigritie coegit et iudicium et sententiam,* « car cet ouvrage encourut jadis de notre part une accusation et une sentence d'inauthenticité » (trad. Isaac) ; voir encore *In Eucl.* 42.12 : <ὁ> τὴν Ἐπινομίδα συνθείς, « l'auteur de l'*Épinomis* » ; Dam., *In Phaed.* I § 532 (avec la note) ; Tarán, *op. cit.* p. 3-47, et A. E. Taylor, « On the Authenticity of the *Epinomis* », *Logos* 4 (1921), 42-59 (où sont examinés les

arguments de Proclus); et encore *infra*, p. 39, n. 214. — Le titre de 'Επινόμιον (au lieu de 'Επινομίς, ou Νυκτερινὸς Σύλλογος, ou Φιλόσοφος, ou Νόμων ιγ', qu'on trouve ailleurs, voir Tarán, *op. cit.*, p. 23, n. 88; p. 182) peut avoir un rapport avec celui de Δευτερονόμιον. Comme la forme 'Επινόμιον n'est attestée qu'ici, il est peu vraisemblable que les traducteurs de l'Écriture l'aient connue; c'est plus probablement le nom de Δευτερονόμιον qui a influencé notre texte.

Page 38.

210. Cf. Albin., *Isag.* 4 : «La première tétralogie comprend l'*Euthyphron*, l'*Apologie*, le *Criton* et le *Phédon*. L'*Euthyphron*, parce qu'il y est question du procès de Socrate; l'*Apologie*, parce que Socrate doit s'y défendre; ensuite le *Criton*, parce qu'il y séjourne en prison; enfin le *Phédon*, parce que Socrate y connaît la fin de son existence».

Page 39.

212. Liste de onze dialogues regardés comme apocryphes chez D.L. III 62 : «Parmi les dialogues on rejette unanimement : *Midon* ou *l'éleveur de chevaux*; *Éryxias* ou *Érasistrate*; *Alcyon*; les *akephaloi* (?) ou *Sisyphe*; l'*Axiochus*; *les Phéaciens*; *Démodocus*; *l'Hirondelle*; *la Semaine* (? 'Εβδόμη); *Épiménide*». L'*Alcyon* serait d'un certain Léon, d'après Favorinus, voir Athénée, XI 506 c, qui cite Nicias de Nicée comme source; le texte de cet écrit figure traditionnellement dans les éditions de Lucien (N° 72, t. IV de l'éd. M. D. McLeod, Oxford 1986). Nos éditions de Platon en contiennent six : *Du juste, De la vertu, Démodocus, Sisyphe, Éryxias* et *Axiochus*, ainsi que les *Définitions* (c.-à-d., tous les apocryphes connus de notre anonyme). L'attribution des *Définitions* à Speusippe est rejetée unanimement (ou presque : voir L. Tarán, *Speusippus of Athens*, Leiden 1981, p. 197); impossible de dire si elle dérive du titre "Ὅροι dans la bibliographie de Speusippe chez D.L. IV 4-5, ou bien inversement.

213. Il ne faut pas se méprendre quant au sens de cette «exclusion»; il va sans dire que Proclus a reconnu comme authentiques la *Rép.*, les *Lois* et les *Lettres*, qu'il cite partout; en outre, la *Rép.* et les *Lois* figurent dans son canon de 54 dialogues, mentionné immédiatement après (voir Introduction, p. LXVII).

214. Puisque le chiffre 54 est obtenu en ajoutant au premier canon les nombres 10 et 12 (procédé arbitraire, car il s'agit de livres, non de dialogues; inversement, D.L. III 57 remarque que dans le système des tétralogies *Rép.* et *Lois* comptent pour un!), il semble bien que le canon de Proclus ait été le produit d'un symbolisme arithmétique. On peut deviner que le premier canon de 36 dialogues a pu être la somme des nombres 1 jusqu'à 8;

Proclus aurait alors construit l'œuvre de Platon en forme de pyramide descendante, probablement avec le *Parménide* au sommet ; ce serait aussi la raison véritable expliquant pourquoi l'*Épinomis* devait disparaître. Il va sans dire que tout cela reste entièrement spéculatif. — Remarquons enfin que 54 est le nombre parfait adopté par Porphyre dans son édition des ouvrages de Plotin, rangés en six Ennéades (*V. Plot.* 24.11-16), mais ce fait ne vaut que pour la somme totale, puisque la *Rép.* et les *Lois* sont indivisibles.

215. Le canon de Jamblique est attesté aussi par Procl., *In Alc.* 11.14-21 : Καί μοι δοκεῖ καὶ διὰ ταύτην τὴν αἰτίαν ὁ θεῖος Ἰάμβλιχος τὴν πρώτην αὐτῷ διδόναι τάξιν ἐν τοῖς δέκα διαλόγοις ἐν οἷς οἴεται τὴν ὅλην τοῦ Πλάτωνος περιέχεσθαι φιλοσοφίαν... Οἵτινες δέ εἰσιν οἱ δέκα καὶ ὅπως αὐτοὺς προσήκει τάττειν καὶ ὅπως ἐν τοῖς δύο τοῖς μετ' αὐτοὺς συνῄρηνται, προηγουμένως ἐν ἄλλοις πεπραγματεύμεθα. « Et il me semble que c'est aussi pour cette raison que le divin Jamblique assigne à l'*Alcibiade* le premier rang parmi les dix dialogues qui, pense-t-il, enferment la totalité de la philosophie de Platon... Quels sont ces dix dialogues, comment il convient de les ranger et comment ils sont résumés dans les deux dialogues qui les suivent, nous en avons traité ailleurs spécialement » (trad. Segonds). Pour « les deux dialogues qui les suivent », voir la note suivante ; pour la reconstitution du présent passage, cf. Introduction, p. LXVIII-LXXIII. Noter surtout dans le texte cité de Proclus, le mot προηγουμένως, « spécialement », qui doit se rapporter à une introduction générale.

216. Confirmé par Procl., *In Tim.* I 13.14-19 : ὀρθῶς ἄρα φησὶν ὁ θεῖος Ἰάμβλιχος τὴν ὅλην τοῦ Πλάτωνος θεωρίαν ἐν τοῖς δύο τούτοις περιέχεσθαι διαλόγοις, Τιμαίῳ καὶ Παρμενίδῃ· πᾶσα γὰρ ἡ περὶ τῶν ἐγκοσμίων καὶ ὑπερκοσμίων πραγματεία τέλος ἔχει τὸ ἄριστον ἐν αὐτοῖς, καὶ οὐδεμία τάξις τῶν ὄντων ἀδιερεύνητος παραλέλειπται, « Aussi est-ce à bon droit que, selon le divin Jamblique, toute la philosophie de Platon est embrassée en ces deux dialogues, le *Timée* et le *Parménide* ; de fait, tout ce qui concerne les êtres encosmiques et les hypercosmiques se trouve pleinement achevé en ces deux, et il n'est aucune classe d'êtres qui ait été laissée de côté inexplorée » (trad. Festugière). *Theol. plat.* I 8, p. 32.15-18 : ... τὴν Πλατωνικὴν θεωρίαν εἰς ἕνα τὸν Παρμενίδην ἀνοίσομεν, ὥσπερ δὴ τὴν περὶ φύσεως ἐπιστήμην σύμπασαν ὁ Τίμαιος περιέχειν ὑπὸ πάντων ὁμολογεῖται τῶν καὶ σμικρὰ συνορᾶν δυναμένων, « nous rapporterons la théologie de Platon au seul *Parménide,* de même que tous ceux qui ont un tant soit peu d'intelligence des choses s'accordent pour dire que le *Timée* contient la science de la nature dans son entier » (trad. Saffrey-Westerink). Cf. *In Parm.* I, 641.15-643.5 (comparaison de la structure du *Parménide* avec celle du *Timée*) ; Ol., *In Alc.* 11.4-6 (l'*Alcibiade,* les propylées, le *Parménide,* le sanctuaire).

217. Sur ce sens de πράττειν (= « faire » un texte, expliquer un texte dans une école) cf. A. J. Festugière, « Ordre de lecture... », p. 283 et n. 22 (= *Études,* p. 537, n. 22).

218. L'*Alcibiade* fonctionnait comme texte d'introduction depuis le moyen Platonisme : Albin., *Isag.* 5 ; D.L. III 62 ; ensuite, chez les néoplatoniciens : Procl., *In Alc.* 11.14-17 ; Ol., *In Alc.* 10.18-11.6. — La connaissance de soi-même, sujet principal de ce dialogue : Procl., *In Alc.* 6.3-7.1 ; Ol., *In Alc.* 3.3-4 ; cf. 4.15-17.

219. Ce passage du *Phèdre* (229 E 6-7) est aussi utilisé par Procl., *In Alc.* 6.16-17 dans le même contexte, et par Ol., *In Alc.* 10.19-11.1.

220. Cf. Dam., *In Phil.* § 5, qui, d'ailleurs, restreint le σκοπός à un bien non-transcendant (Jamblique, Syrianus, Proclus : «la cause finale de tous les êtres» ; Dam. : «le bien qui se manifeste dans tous les êtres eux-mêmes, auquel toutes choses aspirent et qu'ils atteignent, le transcendant étant hors d'atteinte»), ce qui répond mieux au contenu du dialogue.

221. La hiérarchie des vertus construite par Plotin (*Enn.* I 2), systématisée par Porphyre (*Sent.* 32), a été complétée des deux côtés par les néoplatoniciens postérieurs ; voir surtout Marinus, *Proclus,* ch. 3 ; Philop., *In cat.* 141.25-142.3 ; Dam., *In Phaed.* I § 138-144 (avec les notes) ; Ol., *In Phaed.* 1 § 5.1-9 ; 8 § 2.1-12. Sur cette classification cf. O. Schissel von Fleschenberg, *Marinos von Neapolis und die neuplatonischen Tugendgrade* (Texte u. Forsch. z. byz.-neugr. Philol. 8), Athen, 1928, p. 59 (et le compte-rendu de W. Theiler, *Gnomon* 5 (1929), p. 307-317) ; J. Pépin, *Théologie cosmique et théologie chrétienne,* Paris, 1964, p. 380-386.

Page 40.

222. Ol., *In Gorg.* 6.1-6 : Μαθόντες γὰρ ἐν τῷ Ἀλκιβιάδῃ ὅτι ψυχή ἐσμεν καὶ ψυχὴ ἡ λογική, ὀφείλομεν κατορθῶσαι τάς τε πολιτικὰς αὐτῆς ἀρετὰς καὶ τὰς καθαρτικάς· οὐκοῦν ἐπειδὴ δεῖ τὰ πολιτικὰ πρότερον εἰδέναι, ἀναγκαίως οὗτος ὁ διάλογος μετ' ἐκεῖνον ἀναγινώσκεται, καὶ μετὰ τοῦτον ὁ Φαίδων ὡς ἔχων τὰς καθαρτικάς, «Après avoir appris dans l'*Alcibiade* que nous sommes âme — et plus précisément, âme rationnelle, nous devons mener à bien et les vertus politiques et les vertus cathartiques propres à celle-ci ; puis donc qu'il faut connaître d'abord la science politique, nécessairement on lit ce dialogue-ci [*scil.* le *Gorgias*] après celui-là [*scil.* l'*Alcibiade*), et après celui-ci le *Phédon,* en tant qu'il traite des vertus cathartiques». Voir encore *In Alc.* 177.19-22 : après l'*Alc.* il faut lire le *Gorg.* (texte traduit dans l'article du P. Festugière, p. 287 = *Études,* p. 541) ; Dam., *In Phaed.* II § 82 ; Ol., *In Phaed.* 2 § 14 ; 4 § 11.1-4.

223. Pour une reconstitution de ce passage confus, voir l'Introduction, p. LXXI-LXXII), où l'on trouvera aussi les références pour l'interprétation du *Sophiste* et du *Politique* comme portant sur la nature. C'est le texte de cette reconstitution que nous suivons dans la trad. française (reconstitution acceptée v.g. par A. J. Festugière, *art. cit.,* p. 284-285 = *Études,* p. 538-539), sans pourtant l'introduire dans notre texte grec.

224. Depuis Plotin, *Enn.* V 8, la beauté absolue du *Banquet* (et du *Phèdre*) est identifiée avec l'intelligible, conformément à *Phil.* 64 E 1, où le Beau est situé «dans le portail du Bien». Hermias, *In Phaedr.* 9.9-10, nous apprend que d'après Jamblique le «dessein» du *Phèdre* est περὶ τοῦ παντοδαποῦ καλοῦ, «le beau dans toutes ses manifestations» (Dillon, fr. 1[a]), mais des données sur son interprétation du *Banquet* font défaut, on ne peut donc que deviner pourquoi, dans son canon des dialogues, le *Phèdre* précède le *Banquet* (le sujet du *Banquet* est-il le Beau absolu?). Pour Proclus, le cas est clair : le sujet du *Phèdre* est l'ordre intelligible-intellectif (*Théol. plat.* IV 4-26), celui du *Banquet,* l'être intelligible (*ibid.* III 22, p. 80.7-27), mais cette distinction ne vaut pas encore pour Jamblique (voir aussi A. J. Festugière, *art. cit.,* p. 290-292 = *Études,* p. 544-546, où les principaux textes sont cités et traduits *in extenso*).

226. Ce classement des constitutions a déjà été mentionné ci-dessus, 5.44-45. Le point de départ est celle sous laquelle existe la communauté de toutes choses, femmes, enfants, propriété [celle de la *Rép.*]; «la cité que nous avons ébauchée maintenant [dans les *Lois*] sera, si elle se réalise de quelque façon ..., la seconde pour la valeur; quant à la troisième, s'il plaît à Dieu, nous en parlerons plus tard» (*Lois* V 739 E 3-5, trad. des Places). Aristote, *Pol.* IV 1, 1288 b 21-1289 a 7, se réfère à ce passage, mais sans vouloir le reproduire, lorsqu'il dit que la science politique s'occupera de trois sortes de constitution : (1) la meilleure absolument, (2) celle qui est la meilleure pour le plus grand nombre possible, τὴν ἐκ τῶν ὑποκειμένων ἀρίστην, b 26, et (3) τὴν ἐξ ὑποθέσεως, b 28, qui n'est ni l'une ni l'autre, mais qui, tout en étant moins bonne, est plus facile à réaliser. Le moyen platonisme exprime la position de Platon dans les termes d'Aristote : Alcin., *Didasc.* 34 : Τῶν δὲ Πολιτειῶν φησι τὰς μὲν ἀνυποθέτους εἶναι, ἃς ἐν τῇ Πολιτείᾳ διεξῆλθεν· ... ὑπογράφει δὲ καὶ ἄλλας πολιτείας ἐξ ὑποθέσεως, ὧν ἐστιν ἥ τε ἐν Νόμοις καὶ ἡ ἐκ διορθώσεως ἐν Ἐπιστολαῖς, ᾗ χρῆται πρὸς τὰς νενοσηκυίας πόλεις τὰς ἐν τοῖς Νόμοις, «Pour les constitutions, il dit qu'il y a les idéales, qu'il a discutées dans la *République*; ... il en décrit aussi d'autres qui dépendent d'une situation donnée, telle celle décrite dans les *Lois*, et la constitution réformée décrite dans les *Lettres*, qu'il applique aux cités dites, dans les *Lois*, malades». La même terminologie se retrouve chez Thémistius, *Or.* 26, 327 B : ξυγγράφεις νόμους τε καὶ πολιτείας ἀνυποθέτους τε καὶ ἐξ ὑποθέσεως, καὶ αὖ πρὸς διόρθωσιν ἑτέρους ὁρῶντας, «tu écris des lois et des constitutions, idéales et celles qui dépendent d'une situation donnée, et puis d'autres lois qui visent la réforme». Proclus, *In remp.* I 6.12-16, fait mention de l'existence de plus d'une constitution d'après Platon, puis, pour établir le σκοπός de la *Rép.*, il paraphrase le passage cité de *Lois* V (I 9.17-10.8). Dans le traité sur le discours des Muses (II 8.15-23), il est un peu plus précis : Τῶν τριῶν πολιτειῶν εἰς τὰς τρεῖς δημιουργίας ἀναφερομένων, εἰς τὴν Δίιον, εἰς τὴν Διονυσιακήν, εἰς τὴν Ἀδωνιακήν (πᾶς γὰρ πολιτικὸς

ἀπεικονίζεσθαι βούλεταί τινα δημιουργόν, ὁ μὲν πάντα κοινὰ ποιῶν τὸν τὰ ὅλα ποιοῦντα, ὁ δὲ νέμων καὶ διαιρῶν τὸν διελόντα ἀπὸ τῶν ὅλων τὰ μέρη, ὁ δὲ ἐπανορθῶν τὸ διάστροφον εἶδος τὸν τὰ γιγνόμενα καὶ φθειρόμενα ἀνυφαίνοντα), νῦν ὁ Πλάτων περὶ τῆς πρώτης διδάσκων πολιτείας μιμεῖται τὸν ὅλον δημιουργόν, «Comme les trois manières d'administrer la chose publique ont rapport avec les trois démiurgies, celle de Zeus, celle de Dionysos, celle d'Adonis — car tout homme d'état veut copier un certain Démiurge, celui qui établit la communauté de toutes choses, le Démiurge qui crée le Tout, celui qui divise et distribue, le Démiurge qui sépare les parties du Tout, celui qui redresse ce qui a été perverti, le Démiurge qui renouvelle ce qui naît et périt —, Platon qui, à cette heure, nous instruit sur le premier mode d'administration, imite le Démiurge universel» (trad. Festugière). Proclus lui-même renvoie à ce passage, *In Tim.* I 446.5-7.

Page 41.

227. Proclus, *Theol. plat.* I 4, p. 17.15-24, distingue quatre modes d'exposition : ἐνθεαστικῶς, διαλεκτικῶς, συμβολικῶς, ἀπὸ τῶν εἰκόνων, dont le premier seulement se retrouve ici (mais exactement dans les mêmes termes !). Les quatre méthodes suivantes (démonstration, définition, division, analyse), sont les quatre parties traditionnelles de la logique (voir Dam., *In Phil.* § 52-56, note) : elles figurent comme τρόποι διδασκαλικοί dans les introductions à l'*Isagoge* (El. 39.26-31 ; David 93.25-94.6 ; Ps.-El. 27.22-23). Tout le reste est inconnu par ailleurs.

228. Procl., *Theol. plat.* I 4, p. 17.25, emploie le même texte, Ἐν Φαίδρῳ μὲν γὰρ νυμφόληπτος γενόμενος (et, comme ici, Platon, au lieu de Socrate, est le sujet grammatical) ; Olympiodore, *In Alc.*, 1.9-2.12, cite les mêmes exemples d'extase platonicienne : *Timée, Rép.* VIII et *Phèdre*, auxquels il ajoute *Théétète* 173 C 6-177 B 7 (ici «et dans quelques autres dialogues»). À propos du discours des Muses (*Rép.* VIII), Proclus, *In remp.* II 8.8-11, dit : Ὁ δὲ τρόπος τῆς διδασκαλίας μικτός ἐστιν, ἀποφαντικὸς μὲν ὢν διὰ τὰς λεγούσας (πρέπει γὰρ θεῶν λόγοις, διὸ καὶ τοῖς ἐνθουσιάζουσιν καὶ τοῖς χρησμῳδοῖς), εἰκονικὸς δὲ διὰ τὰ πράγματα, «Le mode d'enseignement est mixte, car il est catégorique en vertu de celles qui parlent — ce mode convient en effet aux discours des dieux, c'est pourquoi il convient aussi aux hommes inspirés et à ceux qui rendent des oracles — et il procède par le moyen de copies à cause du sujet» (trad. Festugière). La parenthèse explique pourquoi, dans ce contexte, ἀποφαντικός est identique à ἐνθεαστικός.

Page 43.

235. Voir Ol., *In Gorg.* 83.17-20, et 85.3-4 (où δικαστική remplace δικαιοσύνη comme ici ; cf. ci-dessus, Introduction p. LXXXVI).

236. Ce mot de Démosthène, *Or.* 3.22 *(Troisième Olynthienne)* se rapporte aux démagogues en général, et c'est ainsi qu'il est compris par Olympiodore, qui le cite plusieurs fois (*In Gorg.* 2.12-14 ; 15.10-12 ; 74.1-4 ; 164.24-265.1). C'est l'auteur des *Prolégomènes* qui le transforme en anecdote, de la même façon que *supra* 15.53 et n. 151 (p. 64-65 des Notes complémentaires).

237. Pour Proclus, le nombre est un cas spécial de l'image, voir *Theol. plat.* I 4, p. 19.6-17 ; *In remp.* II 8.11-13.

238. Cf. *supra* 23.6-7.

I. INDEX NOMINVM

II. INDEX AVCTORVM

III. INDEX VERBORVM

INDEX IV

Grammaire

Morphologie

Noms : νοῖ **9**.39 ; **13**.20 ~ ναί **27**.37.
Adjectifs féminins en -ος : Ἐπικούρειος **7**.12 ; Ἀλκιβιάδειος **23**.30.
Adjectifs numéraux : δύο indéclinable **25**.5 ; τριάκις **6**.8.
Verbes : πεποιήκεσαν **2**.26. ~ λογισόμεθα **11**.25-26. ~ ἐσήμανεν **2**.17 ; ἐκφᾶναι **15**.45. ~ αἱρησάμενος **13**.17 ; αἱρησώμεθα **21**.50 ; **22**.40. ~ ὠνησάμενος **5**.35. ~ ῥεῦσαι **2**.27. ~ ἐγενήθη **1**.55. ~ δεικνυουσι **22**.50. ~ συνιστῶντα **16**.2. ~ ἔφησεν **1**.42 ; **5**.50.
Auxiliaires : εἶναι **3**.38 (ἦν γεγραφώς). ~ μέλλειν (futur) **7**.42 ; (à l'imparfait, pour exprimer la non-réalisation) **8**.27 ; **9**.12, 32 ; **21**.25. ~ ἔχειν (au sens de 'pouvoir') **11**.19 ; **26**.26 ; **27**.39 ; (ἂν) εἶχεν ('aurait pu') **16**.36 ; **24**.9 ; **25**.8.

Syntaxe

Accord : verbe au pluriel avec sujet neutre : **1**.49 ; **4**.21 ; **7**.17 ; **8**.5, 11, 12, 15, 28 ; **9**.5, 14 ; **12**.8 ; **13**.19, 21, 25 ; **15**.4, 14 ; **16**.4, 35, 38 ; **17**.1, 35, 41 ; **20**.14, 15, 20 ; **26**.36, 54 ; **28**.9. ~ verbe au pluriel après ἑκάτερος : **1**.47. ~ καὶ τοῦτο ('à savoir') indécl. **11**.4. ~ τοῦ τὶ μὴ ὄντος **21**.43. ~ δηλοῦν employé comme une copule **1**.52.
Cas : emploi du datif pour noter l'agent (avec un verbe à l'imparfait) **3**.20 ; (verbe à l'aoriste) **3**.24.
Pronoms : αὐτοῦ possessif devant le nom auquel il se rapporte : **1**.1, 14 ; **2**.40, 43 ; **3**.3 ; **6**.20 ; **7**.2 ; **13**.2 ; (avec insistance) **21**.7 (= 'ses propres ouvrages') ; devant l'article gouvernant le mot auquel αὐτοῦ se rapporte : **1**.47. ~ ἑαυτοῦ non réfléchi : **1**.27 ; ἑαυτούς = 'l'un l'autre' : **13**.29 ; αὐτοῦ employé comme réfléchi : **2**.40 ; **3**.38 ; **25**.9 cf. **15**.45 ; ἐκείνου employé comme réfléchi : **11**.23. ~ οἰκεῖος employé comme possessif, quelquefois sans insistance particulière : **5**.33 ; **13**.5 ; **16**.32, 34, 55 ; cf. l'emploi de ἴδιος en **16**.51. ~ αὐτός au lieu de οὗτος : v.g. **25**.11 ; **26**.16 (peut-être aussi le cas lorsque αὐτός se réfère à Platon : v.g. **5**.41, 49, 54, etc.). ~ τοιοῦτος au lieu de οὗτος : **14**.19 ; **15**.1, 23, 47 ; **21**.9 ; **25**.20. ~ ποῖος au lieu de τίς : **8**.5 ; **21**.14 ; **26**.2 ; **27**.69. ~ ὅστις avec un antécédent déterminé : **20**.14 ; **23**.4 ; **24**.27 ; **26**.35.

TABLE DES MATIÈRES

*Ce volume,
le trois cent trente-cinquième
de la série grecque
de la Collection des Universités de France,
publié aux Éditions Les Belles Lettres,
a été achevé d'imprimer
en avril 2023
sur les presses
de La Manufacture Imprimeur
52205 Langres Cedex, France*

*N° d'éditeur : 10538
N° d'imprimeur : 230274
Dépôt légal : avril 2023*